行政法视野下的
网络信息治理机制研究

尹建国 著

人民出版社

责任编辑:邓创业
封面设计:胡欣欣

图书在版编目(CIP)数据

行政法视野下的网络信息治理机制研究/尹建国 著. —北京:人民出版社,
　2018.1
ISBN 978-7-01-018942-0

Ⅰ.①行…　Ⅱ.①尹…　Ⅲ.①网络信息资源-信息管理-研究-中国
　Ⅳ.①G255.76

中国版本图书馆 CIP 数据核字(2018)第 286425 号

行政法视野下的网络信息治理机制研究
XINGZHENGFA SHIYEXIA DE WANGLUO XINXI ZHILI JIZHI YANJIU

尹建国　著

人民出版社 出版发行
(100706　北京市东城区隆福寺街 99 号)

北京建宏印刷有限公司印刷　新华书店经销

2018 年 1 月第 1 版　2018 年 1 月北京第 1 次印刷
开本:710 毫米×1000 毫米 1/16　印张:14.25
字数:250 千字

ISBN 978-7-01-018942-0　定价:48.00 元

邮购地址 100706　北京市东城区隆福寺街 99 号
人民东方图书销售中心　电话 (010)65250042　65289539

目　　录

前　言 ·· 1

第一章　网络信息治理机制的探索 ··· 1

一、网络信息接受治理的正当性 ··· 1

二、网络信息治理机制的基本类型 ······································· 7

三、我国网络信息治理机制的现状与问题 ····························· 14

四、我国网络信息治理机制的创新与重构 ····························· 19

第二章　网络有害信息的范围判定 ··· 27

一、网络有害信息范围判定的立法规定与治理实践 ················· 27

二、网络有害信息范围判定的指导原则与审查标准 ················· 37

三、网络有害信息范围的类型建构 ····································· 41

四、网络有害信息范围的法律重述 ····································· 47

五、网络有害信息范围的统一解释 ····································· 51

第三章　网络信息内容分级制度 ··· 57

一、网络信息内容分级的必要性与可行性 ····························· 57

二、网络信息内容分级的域外经验 ····································· 62

三、电影、电视、游戏分级制度的比较观察 ··························· 66

四、我国网络信息内容分级制度之构建 ································· 70

第四章　网络实名制度 ·· 79

一、网络实名制的基本内涵与法理意蕴 ···················· 79

二、网络实名制韩国实践的比较观察 ······················ 82

三、网络实名制正当性与局限性的再认识 ·················· 87

四、间接网络实名制度之构建与展开 ······················ 96

第五章　网络信息治理的正当法律程序制度 ················ 108

一、网络信息治理的管理手段类型 ······················· 109

二、网络信息治理的现行程序及其不足 ··················· 113

三、国外网络信息治理正当法律程序的经验及启示 ········· 122

四、我国网络信息治理正当法律程序的建构 ··············· 134

第六章　网络信息治理的统一立法探索 ···················· 146

一、网络信息治理既有立法梳理 ························· 147

二、网络信息治理统一立法的正当性 ····················· 153

三、网络信息治理域外立法的比较观察 ··················· 157

四、网络信息治理统一立法的基本原则 ··················· 165

五、网络信息治理统一立法的主要制度构建与条款设计 ············ 170

参考文献 ·· 188

后　记 ·· 210

前　言

2016年11月7日，全国人大常委会审议通过了《中华人民共和国网络安全法》(以下简称《网络安全法》)，该法对我国网络主权、网络服务提供者安全注意义务、网络用户个人信息保护、关键信息基础设施安全保护制度、重要数据跨境传输规则等系列重大问题做出了明确规定，为网络环境下的公民隐私权、表达权等权益保障提供了新的规范依据，也对政府加强网络管理、依法控制网络有害信息的传播和利用等提出了更多、更高的要求。如何维护网络产业的健康有序发展，更好地保障国家空间安全、社会公共利益及各类网络用户的合法权益，并在维护网络信息安全与公众表达自由等基本权益间保持适度均衡，是我国创新社会管理手段、贯彻依法行政基本原则、全面建设社会主义法治国家，必须面对和解决的重大现实课题。

一、研究意义

随着传播资讯功能的发展，网络泄密、网络色情、网络欺诈、网络诽谤、网络煽动、网络恐怖主义等逐渐成为网络安全新的威胁因素。实践中也出现了不少热点事件。网络信息安全已由传统上相对单一的病毒入侵，转化为一种源头更广泛、形式更多样的多发性社会问题，并有愈演愈烈之势。

在此背景下，网络信息安全问题日益成为世界各国共同关注的焦点，各国也逐渐采取深入多样的安全防御和治理措施。但以政府为代表的各类主体介入治理网络有害信息，不可避免地面临着一个突出难题，即如何应对干预言论自由的质疑，如何证成信息内容监管的正当性，并实现权力干预与言论自由保护间的适度均衡。在网络无处不在的现代社会,对网络信息完全不管,无异于放纵和渎职,令互联网陷入一片混乱的沼泽,最终将会影响并破坏我们生存的真实世界的各项秩序。在错综复杂、乱象丛生又满载希望的网络热土上,政府部门、行业组织、网络企业、网络用户等主体该如何发挥作用、践行职责,又保持克制、适可有度,是法治国家、有限政府、公民社会背景下,考验社会各界集体智慧与能力的一项系统工程。

总之,比较观察域外成熟作法,有效整合既有各种规制资源,制定更精细、科学的网络有害信息治理规则,全面提升防范、应对网络信息安全威胁的整体实力,业已成为我国当前网络安全和法治建设刻不容缓的时代使命。

二、研究现状

(一)国外研究现状

在以美国、英国为代表的西方发达国家,网络曾经被认为是超脱于法律监管的域外之地,[1]但随着网络的繁荣,隐藏在繁荣之下的问题也日渐突出,如何治理网络这块域外之地成为越来越多学者关心的话题。学者们围绕着美国宪法第一修正案、[2]网络空间的管辖权、[3]网络信息内容安全和网络监管技术等问题展开了深入的讨论,诞生了不同的流派,主要包括网络自由主义、网络自治主义、网络现实主义和网络管制主义等。

网络自由主义学派与自由主义一脉相承,延续了笛卡尔的思想,即认为人从根本上分为思想上的人和物质上的人,而物质有限思想长存,因此他们极力捍卫保障人们精神世界的自由,主张网络空间是自由的乐土,现实社会中的法

---

[1]　See David R.Johnson & David Post,"Law and Borders—The Rise of Law in Cyberspace",48 Stanford Law Review(1996),p.1367.

[2]　美国宪法第一修正案禁止制定任何法律以"确立国教"、阻碍信仰自由、剥夺言论自由、侵犯出版自由和集会自由、干涉或禁止人民向政府和平请愿的自由。See Mark S.Nadel,"The First Amendment's Limitations on the Use of Internet Filtering in Public and School Libraries:What Content Can Librarians Exclude?",78 Texas Law Review(2000),p.1117;Cass R.Sunstein,"The First Amendment in Cyberspace",104 Yale Law Journal(1995),p.1757.

[3]　See William S.Byassee,"Jurisdiction of Cyberspace:Applying Real World Precedent to the Virtual Community",30 Wake Forest Law Review(1995),p.197.

律等制度规范不应该适用于网络空间。典型代表如约翰·佩里·巴洛(John Perry Barlow)主张网络空间不应有任何规矩、任何统治。① 大卫·约翰逊(David Johnson)和大卫·波斯特(David Post)运用溢出效应的理论,阐明网络的兴起打破了地理的界限,从根本上颠覆了基于地理界限的统治,因此国内法律不应该适用于网络空间,而应该让网络空间发展出自我管理的法则,自我监督,自我管理。② 特罗特·哈代(Trotter Hardy)认为网络空间应该由它自我管理,其倡议建立一种类似于中世纪商会的管理模式。③ 约翰·德拉古(John T. Delacourt)也认为自我管理这样一种基于双发自愿基础上的管理模式,是解决管理过度和跨边界管理的最佳途径。④

早期的网络自由主义排斥任何束缚和管理,事实上是近似于一种乌托邦式的网络无政府主义。⑤ 但诚如劳伦斯·莱斯格(Lawrence Lessig)所言,网络空间并不是一块超然独立的"净土",⑥即使网络空间能够完全剥离于现实空间,但只要其依旧属于人与人之间组成的社会,冲突矛盾就不会停歇。乔尔·雷登伯格(Joel R.Reidenberg)⑦和潘恩·萨罗尔逊(Pam Samuelson)⑧也反驳称网络空间的生活与现实并无二致,都是要受到法律的监管制约。他们还认为,在网络空间里,代码代行着法律的职能,因为代码决定了在网络

---

① See John Perry Barlow,"A Cyberspace Independence Declaration",http://www.eff.org/Publications/John_Perry_Barlow/barlow_0296.declaration,2016 年 3 月 9 日。

② See David R.Johnson & David Post,"Law and Borders-The Rise of Law in Cyberspace",48 Stanford Law Review(1996),p.1367.

③ See I.Trotter Hardy,"The Proper Legal Regime for Cyberspace",55 University of Pittsburgh Law Review(1994),pp.1015-1025.

④ See John T.Delacourt,"The International Impact of Internet Regulation",38 Harvard International Law Journal(1997),p.207.

⑤ See Jack L. Goldsmith, "Against Cyberanarchy", 65 University of Chicago Law Review(1998),pp.1199-1200.

⑥ See Lawrence Lessig,"The Zones of Cyberspace",48 Stanford Law Review(1996),pp.1403-1406.

⑦ See Joel R.Reidenberg,"Governing Networks and Rule-Making in Cyberspace",45 Emory Law Journal(1996),pp.911-929; R.Reidenberg,"Lex Informatica:The Formulation of Information Policy Rules Through Technology",76 Texas Law Review(1998),p.553.

⑧ See Pamela Samuelson,"Privacy As Intellectual Property?",43 Stanford Law Review(1996),p.454.

里许可哪种行为,又支持哪种价值,法律的监管隐藏于代码背后,间接地实现着对网络空间的管理。

网络现实主义学派的代表人物劳伦斯·莱斯格(Lawrence Lessig)尤其强调针对网络信息和网络空间的技术控制立场,①他认为代码、软件等造就了整个网络空间的运行规则。例如,有的需要在访问之前先输入密码而有的不需要,有时信息可以加密而有时加密是非法的。代码就是通过在写入时创制种种规则,禁止某些行为同时又许可某些行为,以此来实现对网络空间的管理。② 政府并不直接对网络实施管理,而是通过代码间接地管理网络空间,让代码成为管理的工具。而如果代码是受到政府监管的一种法律形式,那么政府对不开放代码的监管是有力的,对开放代码的监管是无力的。③ 至于如何在保障自由的同时限制政府的权力滥用,则是一个不容回避的问题,这也需要回归到双方之间的博弈和平衡层面之上反复权衡。

随着网络的发展,自由主义的观点逐渐转向于让网络空间进行自我管理。但是,学者们也表达了担忧:这条自我管理的道路又能走多远?有时候,依赖自我管理类似于让监狱依赖犯人的自我管理,其多大程度上具有可行性?并且,这种管理由谁执行,有多大的执行力?这些都是不可回避的问题。于是自由主义学派又提出一种类似于中世纪商会模式的管理形式,并强调不遵守规则的人将会被驱逐出组织。但事实上,一个不守纪的人从一个网站被驱逐出去,他仍可以选择另一个网站进行活动,没有强而有力的震慑来保障纪律的执行,违纪行为将会屡禁不止,这种商会模式也终将成为无本之木,形同虚设。④

---

① See Lawrence Lessig,"The Regulation of Social Meaning",62 University of Chicago Law Review(1995),p.943;"The Constitution Of Code:Limitations On Choice——Based Critiques Of Cyberspace Regulation",5 CommLaw Conspectus(1997),p.181.

② See Joel R.Reidenberg,"Governing Networks and Rule-Making in Cyberspace",45 Emory Law Journal(1996),p.911;David Johnson & David Post,"Law and Borders-The Rise of Law in Cyberspace",48 Stanford Law Review(1996),p.1367.

③ See Lawrence Lessig,"The Limits In Open Code:Regulatory Standards And The Future Of The Net",14 Berkeley Technology Law Journal(1999),p.759.

④ See Mark A.Lemley,"The Law and Economics of Internet Norms",73 Chicago-Kent Law Review(1998),pp.1257-1268.

　　与赞成网络自治理论同时期的网络管制主义学派,则秉持传统的观念,坚持政府是最合适的网络管理者,政府监管网络合法且正当。原因在于,政府有一整套系统的制度设计和执行保证,其应该延续其传统角色而将网络空间也纳入管辖范围。但其反对者认为,互联网没有纯粹地理意义上的界限划分,无法划分政府的管辖范围。更为重要的是,政府管理网络空间缺乏正当性的依据,因为政府并不是通过人人参与的民主方式选择出来的管理者。① 对于网络空间的管辖权纠纷,管制主义学派认为,管辖权的争议由来已久,现实社会的管辖权争议处理原则对网络管理产生的管辖纠纷一样适用。但反对者称,现实中的管辖权争议处理原则并不能照搬到网络空间,因为网络空间的自由流通性,使得用户并不能事前得知自己的行为可能触犯他国规定,因此受到惩罚将会极大限制网络信息的自由传播,会阻碍人们的言论自由,这有悖现代法治的精神。

　　网络管制的反对者还对政府的执行问题提出了疑问,他们称网络是国际化、全球化的场域,执行难的问题将会使政府的管理沦为一纸空谈,因此政府并不是最合适的管理者。但是,网络管制主义学派回应称,执行难并不能否认政府管理的正当性,如果要求非得具有完美执行力才能成为网络空间的管理者,那么没有任何一个组织能够满足该要求。② 网络空间的管理并不需要极尽完美,只需有效即可。③ 事实上,即使没有法律规则的惩罚,大多数人也会自觉地遵守规则。④ 反对者称,即使不需要完美的执行力,必要的执行仍是不可或缺的,但是政府在没有界限的网络空间是否具有必要的执行力仍然是问题。因为信息的自由流通,使得网络信息的提供者只需换到相对宽松的管理环境中提供可能被禁止传播的信息,就可以逃避责任,这就使得国与国之间的

---

　　① See Aron Mefford,"Lex Informatica:Foundations of Law on the Internet",5 Indiana Journal of Global Legal Studies(1997),pp.211-217.

　　② See Lawrence Lessig,"The Zones of Cyberspace",48 Stanford Law Review(1996),pp. 1403-1405.

　　③ See Jack Goldsmith,"Regulation of the Internet:Three Persistent Fallacies",73 Chicago-Kent Law Review(1998),pp.1119-1126.

　　④ See Eric A.Posner,"Law and Social Norms:The Case of Tax Compliance",86 Virginia Law Review(2000),p.1781.

界限失去意义。① 管制主义学派再次反驳称,只需控制住信息的源头就不难解决这个问题,新加坡就是典范,通过精心设计的过滤系统来实现监管——尽管这个系统可能花费甚巨或收效不佳——但仍不失为一种选择。② 还有学者研究发现,一个网站并不会把监管制度作为选择位置时的唯一决定性考量因素。③ 因此,网络的政府监管仍将会是一种主导趋势。

简言之,网络自由主义学派推崇网络自治,强烈拒绝公权干预;网络现实主义学派强调网络秩序主要可通过技术手段得以维护;网络管制学派则赞成针对网络信息的政府管制立场。整体来看,西方学界已基本达成网络信息应接受必要监管的共识,分歧和差异主要集中于审查模式、执行主体、控制范围和干预程度等方面。

（二）国内研究现状

在我国,网络治理学术研究已初现规模,既有研究成果主题涉及网络犯罪、网络侵权、网络民主、网络法制、舆情监控、传媒与司法、危机事件处理中的信息工具等方面,从有害信息治理角度讨论网络信息安全问题的论述近年也呈增长态势。整体来看,我国网络信息治理在学理上的研究跟网络社会问题之发生与演变过程有着密切的关联。

笔者经过对相关研究文献资料的整理与分析发现,在 2000 年之前,我国互联网发展尚处于初兴阶段,这一时期互联网主要用于政府公务或者企业间的邮件资料传输等工作,网络有害信息的治理尚未明显构成为一项社会问题。到了 2000 年之后,随着百度、新浪、腾讯等互联网企业的崛起,越来越多的人开始接触到网络,网络的功能和内容得以极大丰富,网络信息安全问题也日益凸显。早期针对网络信息监管问题的研究,指向较为明显,主要围绕网络病

---

① See Joel R. Reidenberg, "Governing Networks and Rule-Making in Cyberspace", 45 Emory Law Journal(1996), pp.911-928.

② See Graham Hutchings, "Beijing Builds Barriers Against an Electronic Democracy Wall", Daily Telegraph, Mar.15,1996, at 38.

③ See Dan L. Burk, "Virtual Exit in the Global Information Economy", 73 Chicago-Kent Law Review(1998), pp.943-972.

毒、网络色情、网络谣言等单一信息内容展开。到了 2010 年之后，网络变得更加普及，功能也更加强大，网络问题和相应学术研究也开始大量出现。学者们的研究范围进一步扩展，所讨论的问题也越来越复杂化，比如开始更为重视网络隐私、政府监管、网络民主、网络舆情、网络知识产权、网络犯罪、网络意见领袖等方面的研究。2014 年中央网络安全和信息化领导小组（2018 年 3 月，改为中共中央网络安全和信息化委员会）的正式成立，则标志着网络安全、网络信息治理开始向国家重大战略和行政管理体制创新层面上升，网络治理开始成为国家治理的重要组成部分。在此进程中，学者们的研究热度和研究方向也随之发生明显变化，并逐渐由针对单一性问题的研究转向针对综合性问题的研究，例如网络表达自由的法理、网络信息安全的内涵、网络信息传播的规律、网络社会秩序的维护、网络信息主权等深层次问题。简单地说，这一阶段之后的网络治理学术研究更具综合性、全面性和体系性。

就网络监管和网络信息治理主题而言，国内法学界[①]的相关研究和探讨包括了宏观和微观两个方面的系列成果：

一方面，网络信息治理宏观方面的既有研究成果涵盖了治理模式、基本理念、基础范畴、网络法制等基本问题。例如，王世伟分析比较了"信息安全、网络安全、网络空间安全"三者之间的区别与联系。他认为三者均属于非传统安全领域，且都聚焦于信息安全，有时候三者在概念上可以交互使用。但它们在内涵与外延方面也有一定差异，信息安全较多地关注信息系统的物理安全和技术安全，网络安全是因为信息安全的扩张而无法完全涵盖而提出的替代表达，网络空间安全则更加注重空间、全球的范畴以及整个的网络生态环境问题。[②] 张新宝等提出，网络信息治理应"有针对性地坚持依法综合治理的基本

[①]　网络信息治理是法学、新闻传播学、政治学、公共管理学、社会学、马克思主义理论、计算机科学与技术等多学科共同关注的热点和重点话题，各学科所使用的研究方法、研究对象和研究重点也有一定差异。法学学科对网络信息治理之研究，比较明显地偏重于网络信息治理的合法性理由、网络空间的权利义务内容、网络信息治理的权力边界、网络信息治理的实体和程序性法律制度、网络立法等问题，对网络伦理道德、网络信息传播规律、网络舆情监控与预警、网络意见领袖、网络政治传播、"三网融合"等问题之关注度相对偏淡一些。国内深入研究网络及网络治理问题的专家学者数量众多。本处综述仅简要评介国内法学领域的相关研究成果，在后续章节的具体行文过程中，可能会涉及对其他学科相关论述的援引、评价与讨论。

[②]　参见王世伟：《论信息安全、网络安全、网络空间安全》，《中国图书馆学报》2015 年第 2 期。

原则"。具体来说,就是在加强"法律体系、技术手段、国家体制"等基础性保障的前提下,综合运用多种法律手段(民事、行政、刑事手段)、有效发挥市场主体自律、促进社会法治化监督、扩大国际法律合作等多种途径,通过发挥协同作用来实现依法综合治理的目标。① 周汉华从"尊重互联网规律"角度考虑,认为网络治理、网络立法均应根据社会关系的变化和互联网本身的规律,进行整体结构设计。只有尊重了互联网规律,有针对性地制定法律,才能将挑战转化为机会,更好地处理互联网法与其他法律的关系,从而实现自由、安全、秩序等价值。② 王明国归纳指出全球互联网治理经历了技术治理模式、网格化治理模式、联合国治理模式和国家中心治理模式。③ 蔡翠红认为,世界上越来越多的国家,包括美国在内开始认同并接受主权国家对互联网的监管与治理,往昔自由放任和市场导向的网络空间规则逐步让位于国家主导的管控。④ 罗楚湘将世界各国互联网内容管理大致划分为三种模式:政府主导模式、行业自律模式和行业主导模式。后两种主要强调行业作用,而政府主导模式则主要强调政府通过立法和行政手段加强对互联网内容的监管,并将我国归为这一模式。⑤ 还有学者以网络治理法治化为中心,提出了"实现网络空间治理法治化"之理念。并认为网络空间治理法治化的核心是,在立足网络安全、自由、秩序等价值的前提下,通过法律制度化完善、法治文化的培育,引导各方参与主体自觉遵从规制意识、责任意识和权利意识,最终构建出一种秩序的、理性化的网络社会。⑥ 马民虎则对我国网络信息安全困境、治理机制、信息安全

---

① 参见张新宝、林钟千:《互联网有害信息的依法综合治理》,《现代法学》2015 年第 2 期。
② 参见周汉华:《论互联网法》,《中国法学》2015 年第 3 期。
③ 参见王明国:《全球互联网治理的模式变迁、制度逻辑与重构路径》,《世界政治与经济》2015 年第 3 期。
④ 参见蔡翠红:《国家—市场—社会互动中网络空间的全球治理》,《世界政治与经济》2013 年第 9 期。
⑤ 参见罗楚湘:《网络空间的表达自由及其限制——兼论政府对互联网内容的管理》,《法学评论》2012 年第 4 期。
⑥ 相关学者的研究参见谢晓娟、金国峰:《网络空间法治化建设的路径分析》,《马克思主义研究》2016 年第 8 期;韩德强:《网络空间法律规制》,人民法院出版社 2015 年版;孙午生:《网络社会治理法治化研究》,法律出版社 2014 年版等。

服务、信息安全审查以及信息安全与社会问题研究等进行了系统研究。① 孙佑海总结了我国网络安全面临的十大问题，并就相关问题在立法体系上的解决对策提出了建议。② 尤其值得一提的是，在网络安全严峻形势和学术界的共同呼声中，我国《中华人民共和国网络安全法》于 2016 年 11 月 7 日正式通过。该法兼顾了"安全与发展"的双重价值需求，在加强网络个人信息保护、明确网络运营者安全义务、强化关键信息基础设施安全保护、重视信息技术人才培养等方面均作出了系统规定，为我国网络治理实践提供了重要的法律规范依据。

　　另一方面，网络信息治理治理微观方面的研究包括网络有害信息范围、网络治理实体制度、执法主体、技术工具等具体问题。例如，张新宝将立法所涉及的网络有害信息归纳为五种类型：攻击政党和政府的信息、赌博诈骗信息、低俗内容信息、淫秽色情信息以及其他违反法律法规的信息等。同时，在有害信息识别方面，还对有害信息、有害数据、垃圾信息、不健康信息、不良信息以及违法信息等相关概念做了辨析。并提出，作为网络安全立法规制的对象之一，有害信息当然也是违法信息，但相较垃圾信息、不健康信息、不良信息，它的危害性程度更高，并违法了道德观、价值观的底线性评价标准；后三者更多的是指危害性较低的合法信息，如果有害性程度较高的话就转化为违法信息。③ 许玉镇则使用了"网络言论失范"的概念，并将失范言论分为不良言论和违法网络言论两种。在失范言论产生原因的解析上，将其归为法律规范不健全、政府治网模式及观念落后、自律机制不完善等三个方面，进而提出了多

　　① 马民虎教授的相关论著可参见《网络安全：法律的困惑与对策》，《中国人民公安大学学报》(社会科学版)2007 年第 1 期；《论我国网络信息安全法的本位价值、影响及任务》，《河北法学》2006 年第 5 期；《我国信息安全法的法理念探析》，《西安交通大学学报》(社会科学版)2007 年第 3 期；《信息安全与网络社会法律治理：空间、战略、权利、能力》，《西安交通大学学报》(社会科学版)2015 年第 2 期；《国家网络安全审查制度的法律困惑与中国策略》，《云南师范大学学报》(哲学社会科学版)2015 年第 5 期等。
　　② 参见孙佑海：《我国网络信息安全立法急需解决的若干重大问题》，《中国信息安全》2014 年第 9 期；孙佑海：《论我国网络安全面临的十大问题和立法对策》，《中国信息安全》2014 年第 10 期。
　　③ 参见张新宝、林钟千：《互联网有害信息的依法综合治理》，《现代法学》2015 年第 2 期。

中心治理路径。① 彭珺通过对威胁网络信息安全因素的分析,进而从技术控制角度提出了及时安装漏洞补丁程序、入侵检测、文件加密等五种常用的计算机网络信息安全保护策略。② 此外,还有学者针对网络信息内容分级、③网络实名制④等具体网络管理制度进行了研究与探索。

总的来看,国内学界针对网络信息治理之研究,已初现规模,层次和角度较为多元。但集中深入讨论网络有害信息范围、网络信息治理主体重构、网络信息治理法律程序等问题的论著相对还不太多。前人成果是本书相关研究得以深入开展的基础,但缘于研究主题的多元和视角的分散,既有研究依然不免存在着局部性、碎片化和粗放型特点,不尽适应网络信息全局统筹、综合治理的现实之需。加之,实践中涉及网络信息安全的新案例、事件仍在不断涌现,域外针对我国的专项观察与评论(以希拉里"互联网自由"演说为典型)也需进一步反思、应对和辩驳。凡此表明,作为网民数量全球第一、网络治理初始待兴、政府管制传统独特之国度,在我国继续深入推进网络信息治理相关研究,尤其开展全面涵盖其理论基础、实践介评、宏观模式、审查标准、实体制度、程序保障、组织机构、统一立法等综合机制的系统性研究,学界依然任重而道远。

三、研究内容与研究思路

作为一个处于转型期的发展中国家,无论是外在的挑衅、批判、暗中破坏,还是内在的利益冲突、舆情盲动、权力(利)滥用等,均为我国的网络信息治理

---

① 参见许玉镇、肖成俊:《网络言论失范及其多中心治理》,《当代法学》2016 年第 3 期。

② 参见彭珺、高珺:《计算机网络信息安全及防护策略》,《计算机与数字工程》2011 年第 1 期。

③ 参见时飞:《网络过滤技术的正当性批判——对美国网络法学界一个理论论争的观察》,《环球法律评论》2011 年第 1 期;黄晓斌、邱明辉:《网络信息过滤中的分级体系研究》,《中国图书馆学报》2004 年第 6 期;张志铭:《内容分级制度视角下的网络色情淫秽治理》,《浙江社会科学》2013 年第 6 期等。

④ 参见陶文昭:《网络实名制可行吗?》,《红旗文稿》2008 年第 12 期;马艳华:《网络实名制相关法律问题探析》,《河北法学》2011 年第 2 期;周永坤:《网络实名制立法评析》,《暨南学报》(哲学社会科学版)2013 年第 2 期;杨福忠:《公民网络匿名表达权之宪法保护——兼论网络实名制的正当性》,《法商研究》2012 年第 5 期等。

工作设置了无尽难题。健康网络秩序之维护,有赖于政府部门、行业组织、网络企业、网络用户等多方力量的协作配合、共同推动。其中,政府治理无论是从便捷性还是有效性角度看,均是目前的主导力量。但在法治视野下,政府治理网络有害信息面临着正当性质疑和心理抵触等问题,政府部门滥用治理权力的现象也客观存在。如何设置更为科学、合理、有效的网络信息治理机制,在维护网络信息安全的同时,不至于侵害表达自由等基本权益,值得社会各界共同关注和持续深入思考。本书意图在实践评介、理论分析基础上,采用多维研究方法,对网络信息治理机制的理论基础、实践发展、宏观模式、操作制度及立法保障机制等进行初步研究与探索,并尤其关注探讨政府参与网络信息治理的正当性、权力边界与相应实体及程序性制度等问题。

本书的相关研究意图勉力回应并解决以下问题:一是网络媒体与传统媒体相比有何新特点,针对传统平面媒体的治理理论与制度是否可适用于网络新媒体?二是我国与西方发达国家在网络有害信息治理方面,面临着怎样的不同背景与任务,在机制设计上,应如何坚持共性并尊重差异?三是网络有害信息应如何判定,针对网络有害信息的治理活动应接受何种法律原则与规则制约,均衡维护网络信息安全与公众表达自由等基本权益的"临界点"如何选取并具体化?四是如何设计一套适合中国国情的网络信息治理综合性机制,这一机制的宏观模式和微观制度分别应如何确立和展开?

为完成以上研究内容,本书分如下六章展开讨论:

第一,我国网络信息治理机制的探索。本章将归纳讨论网络信息接受治理之正当性基础,并在系统评析网络信息政府宽松治理和严格治理两大模式之价值基础与优劣基础上,尝试探索适合我国国情的网络信息宏观治理模式。初步认为,中国应在发挥网络媒体议程设置功能,践行政府监管间接控制、威慑模式等理论模型基础上,构建一个宽严相济的中间型模式。本章将对该模式的理论基础、形成路径、支撑机制、创新因素等进行论证与建构。网络信息治理的宏观模式,可通过标准方面的网络有害信息范围判定、实体层面的内容分级制度和实名制度、操作过程的正当程序制度、主体角度的组织体系重构以及整体视野下的统一立法等得以落实和法治化。

第二,网络有害信息的范围判定。本章将评析网络信息治理活动可能存在的滥权风险,指出网络信息治理应恪守之法治原则的基本要求。然后拟通过法条解读,重点明晰应接受审查的网络有害信息范围,并在借鉴域外既有审查标准(恶劣倾向、明显而即刻的危险、法律保留、事后限制、利益衡量标准等)基础上,通过实证分析,尝试确立判定网络有害信息应遵循之微观标准。

第三,网络信息内容分级制度。本章论证在我国构建网络信息内容分级机制之正当性,并结合对域外成熟经验的比较观察,勉力对我国网络信息内容分级的指导原则、分级范围、分级主体、分级层级、分级程序等"一揽子"机制,进行系统讨论并提出具体建议。

第四,网络实名制度。本章比较观察域内外网络实名制的发展历程和存废争议,研讨分析在我国实施网络实名制的必要性和可行性,在理论证成和实践经验借鉴的基础上,尝试建构一套适合中国国情的网络实名管理制度体系。

第五,网络信息治理的正当法律程序制度。现阶段,我国网络信息治理的程序制度,存在瑕疵与不足。本章将集中论证构建网络信息治理正当程序机制的必要性,并将重点讨论通知——删除、行政参与、教示、行政公开、说明理由等具体程序构建、完善的推进路径。

第六,网络信息治理的统一立法探索。本章基于前述理论、实践分析结论,讨论网络信息监管统一立法的必要与可行性。并在整合《中华人民共和国网络安全法》《关于加强网络信息保护的决定》《关于维护互联网安全的决定》及《互联网信息服务管理办法》等规范文本内容基础上,就网络信息监管统一立法的指导原则、制度构建、条款设计等提出具体建议。

四、研究方法

本书拟综合运用实证研究法、比较分析法、调查法与跨学科研究法、历史考察法、规范分析法、功能分析法等多种研究方法,其中主要的研究方法如下:其一,实证研究法。本书拟考察、剖析大量案例及热点事件,揭示网络信息治理的既有模式、制度与现实需求间的冲突与困境,并探索问题解决之策。其二,比较分析法。本书将比较观察域内外网络信息治理实践及背景与成效,以归纳总结域外成熟经验对我国相应机制构建的参考意义。其三,跨学科研究法。本书拟综合运用法学、新闻传播学、政治学、公共管理学、社会学等领域专业知识,以打破学科藩篱,增强结论的科学性与普适性。其四,规范分析法。本书拟以现有网络信息治理相应法律规范体系为研究对象,梳理考察现有法律规范和法律体系的内容、效力、范围、概念及其推理和适用机制等,总结归纳现有网络信息治理法律规范之问题与不足,并最终对我国网络信息治理之统一立法提出初步建议。

第一章　网络信息治理机制的探索

　　网络信息治理是我国网络法治建设不容回避的当前要务与时代使命,健康网络秩序之维护,有赖于政府部门、网络企业、行业组织、网络用户等多方力量的协作配合、共同推动。然而,在法治视野下,以政府部门为代表的各类主体介入治理网络信息,不得超越必要边界,其应找到一个"均衡点",在维护网络信息安全的同时,更要维护公民的合法权益。

　　放眼世界,基于国情、文化及法治程度差异,域外不同国家和地区对网络空间大体秉持宽松和严格治理两种不同理念。倡导宽松治理的国家,一般推崇表达自由,反对公权扩张,主张在国家不干预或较少干预情况下,由网络用户和经营者对网络实施自律和自治;倡导严格治理的国家,多提倡国家、集体利益优先,赞成对网络从严控制以维护文化安全、社会秩序及政局稳定。作为处于转型期的发展中国家,我们应在评估社会现状、权衡网络治理价值取向基础上,选择合适路径以确保政府等主体在介入治理网络信息时,既要发挥作用、践行职责,又应保持开放、自由、适可有度。

一、网络信息接受治理的正当性

　　与传统媒体相比,网络媒体存在着无中心化、交互性、载体身份多样性、用户身份匿名性等特点,这使其在造成侵害时,手段更加多样和便捷,范围更为广泛,后果往往也更为严重。故在过去十余年中,政府对传统媒体正从严格管制逐渐走向放宽甚至解除管制;而网络媒体规范环境的发展趋势却恰好相

反——正在从无人管制日益走向增加管制。① 在我国,这种治理态度之转变,也具有阶段性的正当基础:

第一,网络新媒体的行业自律及技术控制措施,存在着先天不足,②需要附加外部监管以实现新闻报道与监督权利的健康、有序行使。合理利用技术手段,实现对网络违法信息的治理,是我国监管网络媒体的一贯主张。这一点,在我国国务院新闻办公室于2010年6月8日发表的《中国互联网状况》白皮书中有详细介绍。该白皮书第四部分"管理互联网的基本原则与实践"中明确指出,我国的互联网管理要合理运用多种技术手段、有效参照国际通行作法、加强网络法制和道德教育、鼓励各类媒体和社会组织积极参与。③ 可以说,利用技术控制措施和网络道德自律的方式维护网络信息内容安全,是我国政府一贯高度重视的网络治理路径。但是,考虑到技术功能的有限性和补救措施相对于侵权技术的滞后性,仅仅依靠单一的技术措施,并不能完全解决所有危及网络信息安全的问题,政府适时的预防和监督管制,不可或缺。另外,网络道德自律建立在网民素质提升、法治发达、行业规范等前提基础之上,其发展也是一个漫长和渐进的过程,为了及时治理现存的网络信息侵权行为,以政府为代表的公权力主体通过法律和行政强制手段治理网络信息,逐步成为现实的必然选择和客观要求。

第二,对新闻及媒介予以必要监管是维护国家安全的客观需要。换言之,政府对网络媒介进行监管可以防范其对国家主权的冲击。④ 如有学者所言:"互联网绝不是一个脱离真实世界之外而构建的全新王国……互联网的发展完全是由强大的政治和经济力量所驱动。"⑤在网络空间,没有领

---

① 参见张西明:《从 Non-regulation 走向 Regulation——网络时代如何保障言论自由》,《法学》2001年第7期。

② 有学者系统总结了媒体缺乏自律精神的十四大表现:受贿无闻;假新闻出现的频率越来越高;"假事件"频繁;免费看节目看比赛和免费旅游;赶场拿"红包";侵犯公民的隐私权;"媒介审判"较为普遍;侵犯当事人的著作权;偷拍偷录成风;拒绝更正与答辩;炒作明星绯闻和犯罪新闻;记者对血腥、暴力和涉及人的尊严的事件;表现冷漠,采用毫无人性的词句描写事实;虚假广告较多等。参见陈力丹:《表达自由与传媒自律》,《新闻界》2005年第5期。

③ 参见国务院新闻办公室编:《中国互联网状况》,人民出版社2010年版,第1—27页。

④ 参见张小罗:《网络媒体政府管制的正当性研究》,《政治与法律》2009年第12期。

⑤ [美]丹·希勒:《数字资本主义》,杨立平译,江西人民出版社2001年版,第289页。

土和疆域的概念,网络信息发布活动很容易超越国界并造成国家难以控制的影响。① 处于信息垄断地位的发达国家,时刻向世界倾销海量信息,日益侵蚀后发国家的信息和文化市场。"信息殖民主义"阴影笼罩之下,一国政府既有必要,也有义务采取适当干预措施,以维护本国政治、经济和文化安全。

第三,对网络信息进行监管,是维护社会秩序与稳定、实施必要社会治理的现实需要。互联网是一把双刃剑,它在促进信息交流、加快科技进步和经济飞速发展的同时也带来了诸如网络色情、反动信息、垃圾邮件、隐私侵权和黑客攻击等系列问题。此时,以必要强制手段对网络新媒体进行治理,是维护社会稳定和良好秩序的客观需要。在网络上传播的不良信息,内容众多,主要包括色情信息、反动信息、垃圾邮件、携带病毒的信息等类型。为治理网络上的上述种种非法信息内容,有学者指出,在宏观上,一要完善网络法制建设,二要建立专门化的网络执法机构,三要树立正确的网络伦理道德观,四要加快发展网络安全防范技术。在微观方面,则既要规范 ISP、ICP、BBS 服务商的责任,也要借助各种过滤软件、防火墙实施技术控制。② 而上述措施中的绝大部分,均需通过各级、各类具体的监管措施才能有效展开。

第四,网络信息接受监管,还是防止民众盲动,引导社会风气,防止社会道德沦丧的重要手段。近年来,随着网民数量的急剧增长,以及网民年龄的低龄化、受教育程度的参差不齐,网络领域的"道德判准""娱乐形式""行为取向"等,均发生了翻天覆地的变化。

鉴于网络世界的纷繁复杂与畸形变异,有学者提出了"哄客社会"的新概念。其形象地描述称:"侏儒式的巨人、面容丑陋的美人、举止粗鄙的淑女、身段走形的模特、技艺拙劣的舞蹈家、恐怖走调的歌手、文字恶俗的作家,这些丑角是价值倒置的英雄,向精英主义制订的公共审美尺度,发出咄咄逼人的挑战。尤其是那些歌者和舞者,冒着遭到耻笑的危险,以惊人的率真,展开电视——互联网抒情,引发了公众的无限惊叹。"这些"渴望民间丑角诞生的娱

---

① 参见杜敬明等:《互联网时代的法律探索》,法律出版社 2004 年版,第 26—28 页。
② 参见刘青等:《网络违法信息的传播及其治理》,《计算机安全》2006 年第 11 期。

乐群众",便汇聚成了庞大的"哄客社会"。① 最近几年,网络世界的种种喧嚣,不仅没有收敛,且呈愈演愈烈之势。例如,"凤姐""网络虐猫事件""富二代炫富"及各类"门"事件等等,②每一件莫不是对传统道德观、审美观的极大冲击,甚至彻底摧毁。同时,"互联网的兴起与发展削弱了传统集权控制的能力,改善了民主参与的技术手段,有助于政治社群的整合。这些都为民意表达、监督政府提供了新的条件,但互联网上民意表达的群体极化等躁狂现象,也为政府对社会秩序的监督和维护带来了新的压力"。③ 在此背景下,持网络监管立场的学者和政府官员认为,面对网络世界的喧嚣扰攘,目睹传统道德礼仪观的日渐沦丧,政府很难再做一个袖手旁观的看客,民众也不能以简单的一句"法不禁止即自由"来逃避监管。故,无论是作为社会客观需要,还是政府的主观意愿,对网络信息进行适当监管、引导甚至一定程度的钳制,就具有了一定正当性与必要性。

第五,对新闻媒体予以管制,是防止媒体滥用权利,实现新闻法治的有效路径。目前来看,对新闻媒体进行监管的方式主要包括民众监督、行业自律、政府监管等方式。相较于其他手段,政府等公共权力主体的监管具有一定优势:一是政府等公共权力主体的监管更加具有强制力与"刚性"。相对于其他管理手段,政府的监管一般发布禁止性命令、行政处罚、行政强制等为主要手段,有国家强制力作为后盾与保障,具有明显的刚性特点,其针对性强,成效往往也更明显。二是政府对于网络言论的管控,以其掌握的技术优势、垄断资源为基础和依托,可确保处理过程和反应速度的及时性和快捷性。政府可以通过关键词搜索、过滤、防火墙等技术,推行网络论坛发言审查、屏蔽等机制,对网络新媒体中的反动、色情等不良言论进行限制,这些技术和资源优势,是其他规制手段难以企及的。三是政府可以通过制定法律规范、执行法律规范,对

---

① 参见朱大可:《从芙蓉姐姐看丑角哄客与文化转型》,《东方早报》2005 年 6 月 27 日;李永刚:《我们的防火墙:网络时代的表达与监管》,广西师范大学出版社 2009 年版,第 201 页。

② 更多的网络热点事件,还可参见喻国明主编:《中国社会舆情年度报告(2010)》,人民日报出版社 2010 年版;杜骏飞主编:《沸腾的冰点:2009 中国网络舆情报告》,浙江大学出版社 2010 年版等。

③ 李永刚:《我们的防火墙:网络时代的表达与监管》,广西师范大学出版社 2009 年版,第 17 页。

网络信息服务提供者的市场准入、日常运营等行为进行全方位的控制和治理。为规范网络新闻媒体的正常运转,政府可制定法律、法规,对网络新媒体的准入、运行、制裁等问题予以事先、事中和事后的全程管理。通过"一揽子"的治理方式运用,可以扩张媒体监管的深度和广度。显然,基于政府的独特地位、所掌握的异常广泛的各类资源及技术优势,通过政府等公共权力主体来实现对网络等新媒体的有效监管,是实现新闻法治的有效路径。

第六,在大多的危机事件中,如果不对网络信息进行必要监管,有可能扩大危机的损及范围,甚至导致社会失序。网络媒体及网络信息在危机事件中,应得到及时管控与疏导,这种紧迫性与必要性相较于一般的正常状态,往往体现得更加明显。

在危机事件中,作为大众沟通交流平台和信息渠道的网络媒体,既有可能对化解危机起到正面的积极作用,也有可能产生负面的消极影响。从正面讲,网络媒体在危机事件中可以充当政府与社会交流与沟通的平台和桥梁,政府可以借助网络媒体表达态度、传递信息、公开措施,社会也能借助网络媒体向政府反馈情况、表达心声、传递诉求。这种正面的功能具体可表现为:一是监测环境,及时收集危机舆情信息;二是快速发布信息,满足公众需要;三是通过得力措施,引导舆论;四是提高危机意识,动员公众参与;五是稳定民心,实施心理安抚效能。但网络舆论也有可能对危机处理产生负面作用:一是扩大发生危机的可能性;二是扩大危机规模的可能性;三是可能减少危机反应的时间;四是可能增加危机的破坏性;五是可能导致危机信息失真。① 此时,如果不对网络信息进行必要监管,将有可能导致严重的灾难和提升危机升级的风险。如有学者所言,"网络传播的特性带来了网络舆论客体的丰富异常、舆论主体自主性的提高,促使众多舆论场的出现以及舆论意识环境的多变,这一方面使公众有更多的舆论空间,有可能实现公众整体的言论自由,促进社会民主化的进程;但另一方面也带来对政府危机决策的挑战和负效应"。② 具体表现

---

① 参见黄鸣刚:《公共危机中的网络舆论预警研究——以浙江省为例》,中国广播电视出版社2009年版,第95—102页。
② 黄鸣刚:《公共危机中的网络舆论预警研究——以浙江省为例》,中国广播电视出版社2009年版,第113—118页。

在:一是负向网络舆论的影响增大。网络环境下,公众利用网络媒介言论的自主性已大大提高,每一位网络用户都可利用网络媒介远远优于传统大众传媒的传播功能来组织和制造舆论,这也为谣言、流言、谬理等形态的负向舆论的形成和发展提供了前所未有的空间。二是部分网络舆论质量尚待提升。由于网络交流的匿名性和身份的虚拟性,使发言者不用考虑社会责任,从而使一些情绪化、挑衅性、非理性的发言甚嚣尘上。三是网络舆论容易被误导。网络信息浩如烟海,良莠不齐,信息大爆炸的环境下往往会出现泥沙俱下的局面,各类道听途说的虚假消息也会被编发上网。这些都会误导网络舆情,破坏网络信息的权威性与稳定性。四是网络民族主义舆论蔓延。民族主义者在传统条件下很难有效借助大众传播媒介宣传自己的观点。网络条件下,由于网络的跨地域性,民族主义传播的地域限制被完全打破,为网络民族主义者发表观点,传递信息提供了可能。① 在这种情况下,"政府没有能力也不需对芸芸众生——公关,(但)无孔不入的大众传媒作为横立在政府和大众之间的强大力量,传媒如同一个杠杆,使得政府可以轻而易举地实现撬动整个社会舆论"。② 显然,在危机事件中,对网络媒体和网络信息进行适当引导和监管,不仅可以防止危机进一步扩散,还可以大大提升危机处理的效力和效率。

第七,对包括网络媒介在内的新闻媒体予以监管是世界各国的普遍作法,差别仅在于管制手段和程度上的差异。例如,在英国,立法非常重视新闻出版自由和表达自由间的均衡,英国通过制定诽谤法、藐视法庭法、保密法等法律构建了对新闻媒体的管制体系。同时,政府还通过"间接控制""鼓励行业自律""政府相对节制""渐进式改革"等手段践行着对媒体的"柔性"监管。另外,随着欧洲一体化进程的加快,保守的英国已经越来越明显地感受到了来自欧洲人权公约和欧洲人权委员会的压力,业已开始更

---

① 参见黄鸣刚:《公共危机中的网络舆论预警研究——以浙江省为例》,中国广播电视出版社 2009 年版,第 113—118 页。

② 黄鸣刚:《公共危机中的网络舆论预警研究——以浙江省为例》,中国广播电视出版社 2009 年版,第 91 页。

进一步地着手修订、完善相关法律、法规,以实现对媒体的有效监管。① 又如,即便在非常重视新闻自由的美国,政府等公共权力主体对新闻媒体的监管也是异常普遍的事实。自 20 世纪 50 年代起,美国即兴起了有关政府监管与新闻媒体关系的"责任模式"。该模式的理论大前提是:自由与义务相伴而生,享有部分社会特权的报刊媒体,相应也需对社会承担某种主要职责。因此,社会责任理论强调:媒介要履行一定的义务,在履行义务时,要在法律的范围内自我约束;媒介必须多元化,要允许各种见解的发表;社会和公众有权介入传播。② 根据该模式,新闻媒介负有一种特殊的社会责任,其既要接受法律的制约,也要接受公众监督和政府监管。"责任模式"之下,一旦媒体脱逸其应当恪守的固有责任,政府的矫正和制裁便获得了正当性;同时,为预防媒体的失序、"失职",政府的事先监管与制约,也是有正当依据并能获得广泛认同之心理基础的。包括网络在内的各类新闻媒体,也并非完全是责任与良知的代言人,它们也有着自身的利益诉求。为追逐这种利益,媒体也经常出现错误、步入歧途。故,保持必要的监督,课以贯穿事前、事中和事后的监管机制,既应是一种公共权力,也属于一种公共责任。

总之,网络信息接受必要监管是基于国情作出的现实权衡,有着一定的理论及现实基础。正如有学者所总结的:"政府加强对互联网的内容监管有其自身对多重困境的独立判断……以公共选择理论确认的政府自利假设看,考虑到大国转型之艰难、压力赶超之焦虑、改革进程之复杂等客观因素,监管应当是政府基于国情做出的现实权衡。"③

二、网络信息治理机制的基本类型

基于国情、文化、价值选择及法治程度等差异,全球范围内的网络信息

---

① 参见吴飞、林敏:《政府的节制与媒体的自律——英国传媒管制特色初探》,《浙江大学学报》(人文社会科学版)2005 年第 2 期。

② 参见[美]西伯特等:《报刊的四种理论》,中国人民大学新闻系译,新华出版社 1980 年版,第 126 页。

③ 李永刚:《我们的防火墙:网络时代的表达与监管》,广西师范大学出版社 2009 年版,第 201 页。

治理机制可大致区分为四种具体类型:一是明确反对政府等公权力主体审查网络信息的网络自由主义模式;二是突出强调对网络信息实施技术控制和行业自律的网络现实主义模式;三是相对赞成公权力主体干预网络信息的网络管制主义模式;四是高度认可网络信息接受全面审查的网络威权主义模式。

(一)网络自由主义

网络自由主义高度推崇网络自治,强烈拒绝公权干预。该模式代表性支持者包括约翰·巴洛(John Perry Barlow)、托德·拉平(Todd Lapin)、温特·瑟夫(Vint Cerf)、约翰逊(D.R.Johnson)、波斯特(D.G.Post)、詹姆斯·博伊尔(James Boyle)等人。

约翰·巴洛于1996年2月8日在达沃斯论坛发表著名的《网络空间独立宣言》,呼吁推行绝对的网络自治立场。该宣言以网络的第一人称口吻旗帜鲜明地指出:"工业世界的政府……以未来之名,我要求代表过去的你们远离我们。我们不欢迎你们。你们在我们聚集之地不享有主权……即便有真正的矛盾和错误,我们也会按自己的方式去识别和解决。我们正在建立自己的社会契约。管理应当基于我们世界的状况做出,而不是你们的。"①他和托德·拉平均坚持:"网络空间造就了现实空间绝对不允许的一种社会——自由而不混乱,有管理而无政府,有共识而无特权。"②TCP/IP协议创始人、素有"互联网之父"之称的温特·瑟夫也指出,网络在设计时就考虑了将没有人对新内容和服务进行监管,网络安全应由工程师、专业协会及制定标准的机构创造并维系(而非政府)。③

此外,约翰逊和波斯特基于网络自我发展的有效性、网络空间的独特性、现实世界法律规则缺乏管理网络空间的可能性和合法性等角度,提出并论证

---

① John Perry Barlow, "A Declaration of the Independence of Cyberspace", http://w2.eff.org/Censorship/Internet_censorship_bills/barlow_0296.declaration,最后访问时间:2015年7月15日。

② [美]劳伦斯·莱斯格:《代码:塑造网络空间的法律》,李旭等译,中信出版社2004年版,第4页。

③ See Vint Cerf, "Internet Access Isn't a Human Right", New York Times, January 5, 2012.

了网络管理应倚重自发形成制度之网络无政府主义自治理论。① 博伊尔也认为,没有发达的网络,就没有政府的延续;但没有任何政府能够控制在那里发生的一切,网络空间只能是自由的。②

总体而言,网络自由主义体现了第一代网络开拓者的美好愿景,他们相信通过网络习惯、道德、技术标准等,足以维系网络世界的井然秩序;政府的外在强制不仅不必要,还可能压制和破坏网络本身固有的自由、和平氛围。但世界范围内,尚没有那个网络相对普及的国家能够证明本国政府客观推行着完全的网络自由主义模式。③ 即便在高唱"网络自由"的美国,其也依据亲疏,区别内外,对网络自由奉行着双重标准。④ 换言之,网络自由主义是一种理想化的网络治理状态,代表着自由主义人士对完全开放、自由之网络所秉承的完美期翼。但现实的网络世界并非画卷般的世外桃源,仅靠自律、自治是难以维护其规范秩序的。

(二)网络现实主义

与彻底的网络自由主义者不同,以凯斯·桑斯坦(Cass Sunstein)、劳伦斯·莱斯格(Lawrence Lessig)、埃瑟·戴森(Esther Dyson)、理查德·斯皮内洛(Richard Spinello)、内尔·巴雷特(Neil Barrett)等为代表的开拓者相对理性更多。他们意识到,网络只是现实世界的必然延展,现实世界中的侵权、违法、犯罪活动一样会存在于网络空间,网络技术本身的弱点还会放大这种危险。因此,"网络如果失去管制将变成混乱的、暗无天日的场所"。⑤ 在此基础

① See David R.Johnson and David G.Post, "Law and Borders——The Rise of Law in Cyberspace",48 Stanford Law Review(1996),pp.1367-1402.
② 参见[美]劳伦斯·莱斯格:《代码:塑造网络空间的法律》,李旭等译,中信出版社2004年版,第4页。
③ 世界范围内,网络治理能够成其为一项政治或社会问题的国家,集中为互联网普及率达到10%以上的国家。See Peter Wolcott,etc.,"A Framework for Assessing the Global Diffusion of the Internet",2 Journal of the Association for Information Systems,(2001),pp.1-40.
④ 参见辛田:《"希拉里式自由"的用心》,http://guancha.gmw.cn/2011-03/07/content_1685435.htm,最后访问时间:2015年8月1日。
⑤ [美]埃瑟·戴森:《2.0版数字化时代的生活设计》,胡泳等译,海南出版社1998年版,第162页。

上,他们开始逐渐认可针对网络信息的政府治理立场。

凯斯·桑斯坦强调"新科技的发展是一柄双刃剑"的观点,倡导创建公共论坛,并主张以"民主的商议"为原则衡量政府管制言论的范围。① 劳伦斯·莱斯格也主张政府的适度管理,他认为:"网络空间的自由绝非来源于政府的缺席。自由,在那里跟在别处一样,都来源于某种形式的政府控制。"②但学者们同时也清醒地警示,政府对网络的治理应是缘法而为、谨慎有限的。"政府只有在透明的政治制度下,才能合理地对因特网建立有限的约束以发现展示我们邪恶一面的实例。"③同时,"当政府限制人民的机会和信息,可能就破坏了自由……在一个不自由的国度,官方的审查钳制妨碍了人们从各种想法和可能性中学习"④。

换言之,对网络信息予以治理具有正当性,但应当是有限和谨慎的,否则便会破坏表达自由等基本权利。基于该共识,学界及实务界认定,网络治理应是法律调整、政府干预、技术控制和网络自律相结合的综合过程。但各国对政府干预和网络自律孰轻孰重的问题并未形成完全一致看法,由此导致了网络现实主义和网络管制主义两种不同学理立场和操作进路。其中,网络现实主义强调,相较于政府干预等强制措施,网络秩序主要可通过行业自律、技术手段等得以维护,美国和英国可被视为践行该模式的代表国家。

美国的网络治理,主要推行行业监督为主、政府强制为辅的协同监管体制,在形式上强调网络领域的自由、自律与自治,在具体制度上则较为推崇行业组织的自我控制模式,并较多使用内容分级与自觉过滤技术。⑤ 美国有九大著名行业协会——美国计算机协会(ACM)、国际信息系统安全认证

---

① 参见[美]凯斯·桑斯坦:《网络共和国:网络社会中的民主问题》,黄维明译,上海人民出版社 2003 年版,第 10 页以下。

② [美]劳伦斯·莱斯格:《代码:塑造网络空间的法律》,李旭等译,中信出版社 2004 年版,第 4 页。

③ [美]曼纽尔·卡斯特:《网络星河:对互联网、商业和社会的反思》,郑波、武炜译,社会科学文献出版社 2007 年版,第 201 页。

④ [美]凯斯·桑斯坦:《网络共和国:网络社会中的民主问题》,黄维明译,上海人民出版社 2003 年版,第 79 页。

⑤ 参见尹建国:《美国网络信息安全治理机制及其对我国之启示》,《法商研究》2013 年第 2 期;石萌萌:《美国网络信息管理模式探析》,《国际新闻界》2009 年第 7 期等。

联盟(ISC)、国际互联网协会(ISOC)、计算机应急响应协调中心(CERT/CC)、系统网络安全协会(SANS)、信息系统安全协会(ISSA)、信息系统审查和控制协会(ISACA)、计算机安全协会(CSI)、计算机职业者社会责任协会(CPSR)。它们普遍而有效地制定着网络领域的自律条约,并在各自领域内行使着实质的管理职权,积极协助政府维系着良好的网络秩序。与美国相似,英国对网络坚持"监督而非监控"的柔性治理理念,强调通过立法保障和行业自律,辅之以政府指导来管理网络。英国政府发布的《通信白皮书》曾明确指出,通过向网络用户提供过滤和分级软件工具的方式,由他们自己控制自己及其子女上网的行为,这种管理方式优于政府为代表的任何第三方治理方式。① 实践中,网络治理的常规任务则主要由英国网络观察基金会(IWF)、互联网服务商协会(ISPA)和网络内容分级协会(ICRA)等行业组织自律完成。② 总之,政府监督、社会力量参与基础上的行业自律,是推行网络现实主义模式国家普遍采用的网络治理机制。

(三)网络管制主义

与网络现实主义不同,网络管制主义相对更强调政府监管的正当性和有效性。涉及网络管制主义的典型论者及论述包括山塞·卡拉赛尔(Shanthi Kalathil)等的《开放网络与封闭体制:威权政体对互联网的控制》、③罗纳德·戴博特(Ronald Deibert)等的《拒绝访问:全球互联网过滤的实践与政策》④等。该模式较为认可针对网络信息的政府管制立场,新加坡、韩国等国的网络治理实践可归于该模式。

在形式上,新加坡政府坚持对网络采取平衡、轻度的"轻触式"管理体制,

---

① See Communications White Paper: At a Glance, http://news.bbc.co.uk/2/hi/uk _ news/1067401.stm,最后访问时间:2015 年 8 月 26 日。

② 参见戴军:《英国:多管齐下依法监管网络》,《光明日报》2012 年 12 月 23 日;白阳:《英国严管新兴网络通信工具》,《人民日报》2012 年 6 月 13 日。

③ See Shanthi Kalathil and Taylor C.Boas, *Open Networks, Closed Regimes: The Impact of the Internet on Authoritarian Rule*, Washington D.C.: Carnegie Endowment for Intl Peace, 2003.

④ See Ronald Deibert, etc., *Access Denied: The Practice and Policy of Global Internet Filtering*, Cambridge: The MIT Press, 2008.

即在明确的法律制度和规定纪律基础上,鼓励用户和经营者自我调节、自动管理,具体执行措施包括分类许可、行业自律和公共教育等方式。① 新加坡网络治理的总体思路可归结为服从(Compliance)、妥协(Compromise)与竞争(Competent)的 3C 原则。服从原则,指媒体必须服从国家的整体利益;妥协原则,指在科学分级基础上对内容监管的轻度干预;竞争原则,指把基于竞争的新媒体战略作为举国行动的准则并保证公众意见的公开讨论、交换。② 在自律的口号下,新加坡政府却频出重典,奉行法治严明、秩序为先的网络治理宗旨。而由于法律惩罚极其严苛,网络企业和网民的自律其实大都是被动进行的,政府仍是大量内容管控的实际决策人和幕后操盘手。③

韩国对网络信息的管制立场也向来旗帜鲜明。网络安全委员会(KISCOM)总揽着韩国网络信息传播伦理、管制准则与政策之制定建议权。其下设信息通信道德委员会和专家委员会,负责网络政策评估、制定有害信息鉴定标准和网络分级标准等;并下设"违法及有害信息举报中心",作为网络举报渠道,并通过技术手段对有害网站进行封锁。同时,从 2002 到 2012 年期间,韩国还普遍实行网络实名制。坚持如果网站未能有效实行实名制而造成法律纠纷,网站应接受处罚并将代替无法被追查到的被告接受惩处。④ 整体来看,韩国网络信息治理机制是偏严苛的,政府在网络治理中扮演了控制者、管理者而非单纯的参与者角色,特别是忽视了网民素质、行业自律等内因的重要作用。⑤ 这种体制也使得韩国成为奉行网络管制主义模式的典型代表国家。

比较而言,网络现实主义与网络管制主义的区别在于,前者更强调伦理、自律和技术手段的价值,政府并不是信息过滤、阻断等的直接实施者。后者则

---

① See Media Development Authority of Singapore Act,Chapter 172,Revised Edition 2003.

② 参见周逵、朱鸿军:《新加坡互联网治理的 3C 原则——访新加坡国立大学政策研究所阿龙·玛希哲南副主任》,《传媒》2010 年第 5 期。

③ See Terence Lee,Internet Control and Auto-regulation in Singapore,3 *Surveillance & Society* (2005),pp.74-95.

④ 2010 年,部分韩国网络企业和网民联合向宪法裁判所提起诉讼,认为网络实名制涉嫌侵犯言论自由。2012 年 8 月 23 日,韩国宪法裁判所 8 名法官一致裁定网络实名制违宪,判决修改相关法律,并废除网络实名制。

⑤ 参见陈晓云:《韩国网络治理现状及启示》,《新闻与传播研究》2010 年第 6 期。

坚持政府治理网络信息的相对主导作用。相应的,在网络信息安全维护与表达自由权益保障等利益发生冲突时,前者更倾向于保护表达自由权益,后者则更倾向于保护国家利益、社会利益。但两者的区分并不是泾渭分明的,在不同的时期和事件背景下,同一个国家也可能在两种不同模式选择间交替徘徊。例如,近年来,在遭受"9·11"、"维基解密"和"斯诺登揭秘"等系列事件打击后,美国就有进一步强化针对网络的政府控制趋势。

(四)网络威权主义

奉行网络威权主义的国家,主张对网络实行严格控制,民众的网络接入、浏览和信息发布、利用行为等均处于政府的严密监管之下。该模式下,政府对网络信息的审查广度、涉入深度均较大,对认定的有害信息及发布者也常采用直接的删除、屏蔽、吊销证照、罚款、拘留、逮捕等强制措施。

时至今日,世界范围内奉行网络威权主义的国家仍为数不少。在这些国家,网络访问往往被政府控制的代理服务器控制,政府禁止网民访问非法和不良网站。典型如,突尼斯直接封锁了成千上万的站点。叙利亚禁止访问一些政治站点,并逮捕违反访问禁令的人。阿拉伯对色情网站、聊天室等站点进行着严格管制,并不允许浏览对王室或伊斯兰教有诽谤嫌疑的网站。① 在朝鲜和伊拉克,普通民众不允许私自接触电脑和网络。②

网络威权主义之推行,主要源于两点理由:一是集权统治的需要,这种需要有维护政治稳定、中央权威的原因,也有维护宗教、文化纯洁性的原因;二是缘于科技和经济落后,难以承担高昂网络基础设施建设及使用费用,故倾向选择最为简单、便捷的禁止措施。但该模式代表着保守、传统的政治控制立场,不利于科技的发展和大众讯息的流动利用。在倡导自由、民主、法治的当下世界,是一种被批评、诟病较多的网络信息治理模式。

归纳、比较上述模式可知,一国的网络信息治理立场和路径与其自身文

---

① 参见严久步:《国外互联网管理的近期发展》,《国外社会科学》2001 年第 3 期。

② 参见李永刚:《我们的防火墙:网络时代的表达与监管》,广西师范大学出版社 2009 年版,第 103 页;秦绪栋:《网络管制立法研究》,载张平主编:《网络法律评论》,法律出版社 2004 年版,第 117—151 页。

化传统、法治现状、经济水平,尤其是政治体制等基本国情密切相关。"互联网具有技术的天生政治性,但是它的政治性是政治环境所决定的。"①因此,评价一国网络信息治理立场及政策之优劣、妥当与否,不能脱逸一国的阶段性国情。不过,世界大多数的民主、法治国家,对网络信息之治理也已达成一些基本共识:一方面,网络信息接受治理具有一定必要性与正当性,各国之分歧和差异主要集中于审查方式、控制范围和程度等方面。另一方面,承认网络信息应接受必要监管,并不表明公权可对网络言论进行恣意干涉,政府等主体的监管活动应接受现代法治原则调整,应当有所为有所不为。而且,一国之网络治理模式、政策与制度是动态变化的,这种历史变迁性往往与特定时期和重要事件密切相关。综上,无论是网络自由的"捍卫者",还是威权治理的"强硬派",都应理智看待网络信息接受治理的正当性与阶段性,更应努力探明实现表达自由保障与网络安全维护共存实现的"临界点"和均衡之策。这些启示,是指导我们妥当构建本国网络信息治理宏观模式与基本制度的重要参考。

三、我国网络信息治理机制的现状与问题

相较于信息发达国家,我国属于网络信息技术后发国家。但经过近几十年的高速发展,我国网络用户总数业已跃居全球第一,因网络使用引发的信息安全事件也日益增多。我国网络信息治理的现行机制,在基本完成信息安全维护和表达自由权益保障等目标的同时,也暴露出了一些问题,需在比较借鉴国际成熟经验、权衡评估本土国情基础上,做出新的系统反思与重构。

（一）治理现状

网络在我国的兴起与飞速发展,可通过系列标志性事件得以反映。

---

① ［英］安德鲁·查德威克:《互联网政治学:国家、公民与新传播技术》,任孟山译,华夏出版社 2010 年版,第 26 页。

1987年9月,中国在北京建立了第一个国际电子邮件节点,并于9月14日发出第一封电子邮件:"Across the Great Wall we can reach every corner in the World(越过长城,走向世界)",揭开了中国人使用互联网的序幕。① 1994年4月20日,中关村教育与科技示范网64K专线开通,全方位实现了与国家互联网的相互连接,标志着我国正式接入了全球互联网系统。② 2002年博客开始进入中国,一年之后,互联网模式由Web1.0的单纯网页浏览模式,迈向内容更丰富、互动和工具性更强的Web2.0模式。③ 2008年底,我国网民数量突破2.98亿,超过美国跃居世界第一。④ 网络技术的普及、网络用户的增长以及网络信息总量的大爆炸,也揭开了中国网络信息治理的帷幕。

　　有学者历史性地将我国网络信息的政府治理历史划分为弱监管时期(1994—1999)、中监管时期(2000—2003)和强监管时期(2004至今)三个阶段。⑤ 另有学者将其划分为五个阶段:萌芽阶段(1994—1999)、网民初步参与阶段(2000—2003)、网络监督强化阶段(2004—2005)、第四阶段(2006—2008)、第五阶段(2009至今)。⑥ 整体上看,上述划分具有较大一致性,且倾向于以典型事件作为划分节点和线索。这种发展规律,与网络从简到繁、网络信息从少到多、公民网络参与热情从淡到热的基本趋势,是相吻合的。在宏观政策方面,我国网络治理则经历了从"积极发展、加强管理,趋利避害,为我所用"⑦到"积极利用、科学发展、依法管理、确保安全"⑧的方针路线变化历程。

---

　　① 参见钟忠:《中国互联网治理问题研究》,金城出版社2010年版,第29页。

　　② 参见国务院新闻办公室:《中国互联网状况》,人民出版社2010年版,第1—10页。

　　③ 参见《博客在中国的发展历程》,http://news.xinhuanet.com/newmedia/2006-03/06/content_4264419.htm,最后访问时间:2015年9月15日。

　　④ 参见《CNNIC发布第23次中国互联网络发展状况统计报告》,http://www.cnnic.net.cn/hlwfzyj/hlwfzzx/qwfb/200905/t20090522_31207.htm,最后访问时间:2015年9月15日。

　　⑤ 参见李永刚:《我们的防火墙:网络时代的表达与监管》,广西师范大学出版社2009年版,第192—208页。

　　⑥ 参见汪波:《中国网络监督与政府治理创新(1994—2012):"四维制衡"视角透析》,北京师范大学出版社2013年版,第74—86页。

　　⑦ 江泽民:《运用法律手段保障和促进信息网络健康发展》,《人民日报》2001年7月12日。

　　⑧ 《国务院关于大力推进信息化发展和切实保障信息安全的若干意见》(国发〔2012〕23号文)。

而就具体治理机制而言,我国的实践做法及经验大致包括:

第一,治理方法。我国在实践中曾采用的网络治理方法包括五种:

1. 直接限制。这主要体现在三个方面:一是集中于某一特定时段推行运动式或专项式的集中整治活动,如公安部 2012 年会同九部门开展了整治淫秽色情和低俗信息专项行动。① 二是通过常规监管,对违法发布、传播网络有害信息的个人或组织,进行个案式处罚、制裁。三是在极其例外的重大突发、危机事件中,从源头上全面限制网络使用。

2. 参与、合作式治理。指政府邀请网络"意见领袖"、未成年人父母等参与网络信息治理,典型如北京面向社会招募数百名网络监督志愿者,在我国首创网络信息治理的社会监控机制。②

3. 激励式治理。指对积极维护网络信息秩序的个人或组织予以奖励,寻求示范效应,典型如"2011 十大网络公民评选"活动等。③

4. 疏导式治理。指在发生重大突发网络舆情事件后,政府通过迅速和有效的信息提供、回应机制,引导和疏通网络情绪,提升信息公开透明程度,妥善化解信息安全威胁,典型如 2009 年成都市"6·5"公交燃烧事件中政府对网络舆情的疏导过程等。④

第二,配合机制。近年来,我国也开始逐步重视网络信息治理过程的行业自律和伦理引导等机制功能,但其角色目前仍限于附带和配合地位。典型表现如,2001 年 5 月,我国正式成立互联网协会,并先后制定发布《中国互联网行业自律公约》《互联网站禁止传播淫秽色情等不良信息自律规范》《博客服务自律公约》《中国互联网行业版权自律宣言》等系列自律规范。⑤ 2004 年 1 月,互联网协会成立违法和不良信息举报中心,并设立举报网站,每月均治理、

① 参见辛明:《九部门部署网络和手机"扫黄"专项行动》,《中国青年报》2012 年 2 月 28 日。
② 参见王皓:《用奉献精神营造网络蓝天》,《北京日报》2007 年 5 月 14 日。
③ 参见廖洁、李霁:《南方都市报评选 2011 年网络公民榜》,《南方都市报》2012 年 1 月 7 日。
④ 参见毛志雄:《成都市"6·5"公交车燃烧事件处置始末》,《中国应急管理》2009 年第 8 期。
⑤ 参见国务院新闻办公室:《中国互联网状况》,人民出版社 2010 年版,第 1—27 页。

曝光数以万计的违法、不良信息及网站。2006 年 4 月,中央主要新闻网站联合发出《文明办网响应书》,强调坚持行业自律,净化网络环境。① 上述努力彰显了管理者对网络自律、自治之关注与重视,但相关机制的启动和实施过程中,行业组织和网络企业的独立性、制度化功能尚待增强。

第三,操作流程。我国的网络信息治理主要实行事先预审查过滤和事后巡查处理相结合的操作流程:首先,由监管机构先行审查境外网站或信息,对不适合入境者即通过技术手段屏蔽隔离;其次,对已在境内流动的信息,由主干路由器上的过滤系统实时扫描,一旦发现不良内容瞬间阻断;最后,对国内用户发布信息或意见的论坛、新闻跟帖和博客等公开渠道,采取敏感词的预防范机制,对已发布或传播的生成内容,组织监管人员巡视抽查,发现问题及时处理,或删除、屏蔽,或记录在案。②

第四,技术工具。我国网络治理现有技术手段包括身份认证、阻止进入、过滤和分级等。其中,认证技术主要通过一次性口令或密钥进行;阻止进入主要依赖"防火墙"进行;过滤技术多由应用软件完成,包括基于词的过滤和基于站点的过滤;分级技术目前主要针对色情信息的管制进行。③

第五,审查范围。我国政府目前审查和限制的网络有害信息范围较为宽泛,主要包括六类:政治性有害信息,典型案件如任建宇案④等;网络谣言,典型案件如"秦火火"传播网络谣言、非法经营案⑤等;色情、淫秽信息,典型案件如"奸夫淫妇导航"传播色情信息案⑥等;违反社会公德信息,典型案件如重庆女生地震后发表麻木感言案⑦等;侵犯名誉权、知识产权信息,典型案件如金山诉 360 董事长周鸿祎微博侵权案⑧等;泄密、侵犯隐私权信息,典型案件如

---

① 参见《中央主要新闻网站联合发出〈文明办网响应书〉》,《人民日报》2006 年 4 月 12 日。
② 参见汪波:《中国网络监督与政府治理创新(1994—2012):"四维制衡"视角透析》,北京师范大学出版社 2013 年版,第 186 页。
③ 参见张小罗:《论网络媒体之政府管制》,知识产权出版社 2009 年版,第 175—181 页。
④ 参见朱巍:《希望任建宇获释不仅是个案的胜利》,《新京报》2012 年 11 月 20 日。
⑤ 参见黄庆畅:《网络谣言,如此炮制》,《人民日报》2013 年 8 月 22 日。
⑥ 参见白炜:《一批网络传播淫秽色情信息案件宣判》,《中国文化报》2010 年 11 月 27 日。
⑦ 参见苏显龙:《网络表达如何拒绝"暴力"》,《人民日报》2008 年 6 月 27 日。
⑧ 参见杨清惠、梁小立:《国内"微博第一案"终审落槌》,《中国审判》2011 年第 10 期。

王某、毛某泄露王立军案侦察信息案①等。

总体而言,我国网络信息的现行治理机制,范围比较宽泛,技术也比较成熟。

（二）存在的问题

基于横向比较和自我检讨的双重视角,笔者认为,我国网络信息现行治理机制尚存在如下不足:

第一,行政强制手段、技术控制措施运用过多,疏导、教示、警诫等柔性手段使用过少,道德伦理、行业自律功能未能充分发挥。如前所述,政府等公权力部门的直接干预是我国网络信息治理的主要策略之一,行业组织、普通网民等功能未得到充分发挥,网络伦理、行业自律的作用范围也较为分散和薄弱,且主要依赖政府倡导和推动。同时,自启动网络"防火长城"工程以来,我国的防火墙、加密、过滤、身份认证、数字签名等技术控制和封锁手段日益发达。行政和技术手段的过泛运用,如果不及时、有效地加以调整,不仅可能限制和侵犯网络用户的合法权益,还会为西方国家攻击、指责我国的网络信息治理政策与体制提供"口实"。

第二,网络信息治理机制分散,政府与行业组织、网络企业、普通网民等主体间的协同配合、功能整合尚待加强。网络信息治理活动本身是复杂的,其涉及面广,仅靠一个部门、单一系统难以完成全局治理任务。但目前,政府与其他参与、辅助力量间的协同配合,尚存在随机性、临时性、各自为政等不足,相互之间的联动机制不畅通,难以达到标本兼治、衔接无缝的治理效果。放眼未来,建立一种能够协同政府监督、行业自律和社会参与等多方力量的综合性治理机制。

第三,相关立法过于抽象,对侵犯私益类有害信息却惩治不足。目前,我国有关网络有害信息范围判定的既有立法,位阶偏低,各立法间也存在着一定程度的不统一现象。同时,相关立法用词高度抽象,留有过宽解释空间。对网

---

① 参见朱光泽:《成都一男子因泄露王立军案航班信息被拘留》,《成都日报》2012年10月13日。

络诽谤、造谣、侵犯他人隐私权、名誉权等信息进行治理时,惩治力度有限。

第四,网络信息治理的程序制度有待进一步加强。我国在治理网络有害信息时,未事先设立起比较规范的程序。同时,缘于治理主体的重复和多元及处理程序制度的缺失,很多情况下,相对人在被处理后,难以确定执法主体,从而难以向真正责任人主张救济权利。而且,有些网络信息治理机构并非行政主体,相应处理措施也超出了行政复议和行政诉讼的受案范围,增加了相对人的救济难度。

综上,网络在我国正日益走向发达和复杂,对网络有害信息予以治理的任务也日益艰巨和繁重。现有治理机制中存在的问题,有些需依赖整体层面的模式创新和理念转变加以解决,另有一些则可通过微观和具体的制度构建与完善得以克服。为此,下文将勉力对我国网络信息治理机制之创新与发展,提出部分初步的建设性建议。

四、我国网络信息治理机制的创新与重构

综合前文所述网络信息治理实践的发展历程和具体机制可知,网络信息接受必要监管具有一定正当基础。但政府对网络空间干预过多过泛,将危及表达自由等基本权利,并不利于网络产业的健康发展。该治理立场可归纳为"必要但有限"原则,这表明以政府为代表的外在力量介入治理网络信息应当是客观、谨慎、中允的,过于严格和过于宽松都不符合现实需要。由此可知,我们需认真评估社会现状,权衡网络治理价值取向,以在截然不同两级间,寻找一个处于相对中间状态的宽严相济模式。这种宽严相济模式应是一种游走于网络现实主义和网络管制主义之间、更接近于网络现实主义的"中间型"模式。鉴于此,建议从以下方面创新网络信息治理的指导理念与既有模式:

(一)从政府主导到网络企业与行业组织主导

一方面,我们应重视并充分运用网络企业自律的外在动力及其协助监管的巨大潜力。作为一类特殊主体,网络企业身兼两职:既是治理对象,又是网络服务的提供者、经营者和控制者。与普通网民不同,其有着更为复杂的利益

诉求:吸引用户,营造更为宽松、便捷的上网环境,是其与政府保持独立,展开竞争的潜在心理基础;追逐利润、安全经营,不至因过激被查封、处罚,也是其需慎重对待的生存智慧。故,"在简单的学习之后,大多数机构都懂得了如何娴熟地游走于两端,一边是资本在安全前提下逐利的欲望指标,一边是权力对稳定强力要求的政治指标,让两者完美和谐的机制就是自我审查。当无数运营机构加入各种自律条约以后,他们作为监管协作者的角色定位就十分明朗了"①。

另一方面,我们应在发挥行政功能的同时,鼓励网络行业的自律和自治,从内部凝聚集体共识,提升治理效力和效率。相较于政府的直接监管,行业自律与自治具有诸多独特优势:一是自律组织在相关领域通常掌握更高的专业知识和更直接的实践知识;二是非正式的自律规则更灵活,能够减少决策成本,并随时适应新技术变化;三是自律规则和标准往往由企业基本自愿地同意,具备自觉执行之基础。② 正因如此,世界范围内,行业自律一直与政府强制相伴共存,很多时候甚至取代了政府的部分权力。

一些政府单方主导的网络控制策略曾遭遇较大抵制,各界近年已开始关注并重视网络企业参与、行业组织自律的自治型治理路径。例如,"强国论坛"等网站管理条例明确规定了上贴注意事项,有些事项的严厉程度已超过现有立法规定,体现了网络企业的强大自律压力与动力。此外,北京网络媒体协会还创了"网络新闻学习评议会自律模式",倡导根据公众举报,收集网站传播不良信息证据,然后在政府部门、网络媒体、专家和网民中选择评议会成员召开会议,最后形成相关共识,发出倡议、呼吁或谴责等。③

笔者建议,让政府逐步远离网络信息治理的"最前线",将更多的任务交由网络企业和行业组织完成。我们应从如下几个方面进一步强化网络企业和行业组织的自律、自治功能:一是明确网络有害信息的法定范围,压缩范围判

---

① 李永刚:《我们的防火墙:网络时代的表达与监管》,广西师范大学出版社 2009 年版,第 167 页。

② 参见张小罗:《论网络媒体之政府管制》,知识产权出版社 2009 年版,第 182—183 页。

③ 参见聂娟:《我国媒介自律模式研究——评北京网络媒体协会创新网络自律机制》,《人民论坛》2011 年第 14 期。

定的灰色空间,为网络企业和行业组织推行自律、自治提供精确、统一依据;①二是政府承担好网络自律、自治的倡导者和引路人角色,应颁布自律规范指南等政策文件,进一步整合行业组织的力量,为其联动、缔约、自裁、自由运行等提供资金支持、技术指导,并推广类似"网络新闻学习评议会自律模式"的制度化经验;三是在网络企业和行业组织内部,广泛开展伦理教育,提高职业准入标准、责任意识,并发动社会舆论,营造网络伦理和道德共识氛围。

(二)从技术控制到德性善治

采用技术手段控制网络信息,是我国网络信息治理的常态之一。但在网络空间,纯粹的技术控制存在缺陷。因为技术本身是没有生命的,其到底是被用来造福人类还是产生危害,主要取决于掌握技术者的意志。技术本身的无倾向性决定了技术控制本身所具有的的缺陷性。② 对技术手段的缺陷,连被称为中国"防火长城之父"的方滨兴教授也不得不承认,技术会造成误杀。如果一个网站包含敏感字,防火长城由于"技术限制",只能简单粗暴地将其屏蔽了事,防火长城还有很大的改进空间。③ 从实施效果看,网络控制技术日益发达,但各类网络违法、犯罪信息却丝毫未因之减少,反而有愈演愈烈之势。这促使人们开始反思纯粹技术控制手段本身的缺陷,并愈发意识到德性善治在网络社会的重要价值。

归根结底,每一项网络活动均要落实于独立、鲜活的个人,社会的德性共识、个人的道德自律,才是决定网络秩序好坏与否的本源内因。根据哈耶克的理论,社会整体秩序之形成离不开一种"自生自发的秩序"。"自生自发的秩序"不是刻意设计的产物,其源自"其要素对某些行为规则的遵循",建立在组织成员"遵循整个群体的行动秩序所赖以为基础的某些行为规则"之上,道德

---

① 明确、合理判定"网络有害信息"之内涵与外延,不仅体现着一国网络信息规制的口径和网络权益保护的程度,更是一切后续治理行动法治化的前提和基础。参见尹建国:《我国网络有害信息的范围判定》,《政治与法律》2015 年第 1 期。

② 参见何精华:《网络空间的政府治理——电子治理前沿问题研究》,上海社会科学院出版社 2006 年版,第 66—74 页。

③ 参见唐明灯:《网事不如烟:互联网时代,更要坚持正确价值观》,《时代周报》2011 年 2 月 24 日。

规则和习俗即是典型的自生自发产物。① 在网络社会,当网路社群及其文化形态已从精英化过渡到商业化且普及于大众的阶段,在各种不同的网路社群里,早已发展出为其成员所遵循,甚至为多数网路使用者所认同的网路习惯法与网路礼仪。② 为此,倡导网络之德性善治,推动网络伦理道德之发展,是倡导网络文明、网络法治的国家理当高度重视的应然选择。

在我国,网络空间的德性善治已具有良好基础和初步践行。例如,我国网络从业人员、网络名人和网民在 2013 年接连召开的"网络名人社会责任论坛"和互联网大会上,就承担社会责任,传播正能量,共守"七条底线"达成共识。"七条底线"是:法律法规底线、社会主义制度底线、国家利益底线、公民合法权益底线、社会公共秩序底线、道德风尚底线和信息真实性底线。③ 这"七条底线"即为政府倡导、网络企业和用户认可的当前最重要的网络伦理道德标准。

为逐步推动网络德性善治的制度化建设工作,我国下一步可考虑构建更具规范意义的网络信用档案制度和网络黑名单制度。具体而言,可在结合政府监督、行业倡导和用户自愿基础上,由网络行业组织主导固化行业基本伦理道德规范,倡导全行业共同遵守。并根据参与缔约及遵守情况,建立针对网站、网络企业及网络用户的信用档案记录,对存在不良行为记录的主体设置黑名单,相应限缩其网络行为。同时鼓励用户自愿在学校、家庭、网吧等计算机安装内容过滤软件,过滤行业组织所认定的黑名单网址,以限制访问带有色情、暴力、恐怖等内容的网址和站点。在网络伦理道德的上述形成过程,政府主要起提炼、整合、监督和推广等后台辅助工作,实际工作则主要由行业组织、网络企业、网络用户等自觉、自愿完成。

(三)从直接干预到间接威慑

网络信息浩如烟海,流传渠道四通八达,想详尽无遗控制每一空间,实质

---

① 参见[英]弗里德利希·冯·哈耶克:《法律、立法与自由》(第一卷),邓正来等译,中国大百科全书出版社 2000 年版,第 63—67 页。

② 参见[美]格拉德·佛里拉等:《网络法——课文和案例》,张楚等译,社会科学文献出版社 2004 年版,第 208 页。

③ 参见《中国互联网大会倡议共守"七条底线"》,《人民日报》2013 年 8 月 16 日。

监管所有信息,会耗费巨大行政资源也缺乏执行可能。此时,可考虑转换治理理念,尝试应用行政管制领域著名的"圆形监狱"理论,以威慑代替钳制,从而降低治理成本,提升管理效率。

"圆形监狱"理论将被管理者比作为监狱的"狱中人",其处于圆形监狱的各个牢房,而管理者则是这所监狱的"监视者",位于监狱的高塔之上,从其位置可看到每个狱中人。狱中人均清楚有一种监视目光存在,"在这种目光的压力之下,都会逐渐自觉地变成自己的监视者……权力可以如水银泄地般得到具体而微的实施,而又只需花费最小的代价。"①根据该设想,只需建立起监控的"全景敞视监狱",在网民心中营造出被监督的心理氛围,便可以最小成本达到更大监控效果。而为营造这种心理氛围,则需在目前的"删、查、封、罚"等强制手段基础上,增加一些更为柔性、更具威慑效果的手段。如加大网络法制宣传,让网络用户、经营者对网络"雷区"及其制裁有清醒认识;对网络页面信息进行定期抽查;在各大门户网站、BBS、网络交流平台等设置"网警"图标,用醒目字体标出警示标语等。②

但需强调的是,"威慑"一词在此不应是贬义而应是中性的。威慑不等同于威胁,不是恐吓网络用户不能在网络上自由表达观点。而是要提醒网络用户,网络世界不是不受法律调整的蛮荒之地。网络虚拟空间只不过是现实世界的必然延伸,其也有"禁区",也受现实世界及网络空间的各项法律规范制约。只有树立起对网络环境中法律权威的敬畏感,明白匿名表达背后依然存在的某种"监视目光",每一个体方能更真切感受到自律的外在压力,其网络行动也才能变得更为理性、合法。

(四)从堵塞、控制到合作、疏导

为促进公权力主体与网络媒体的良性互动,还应重视媒体的"议程设置"

---

① ［法］福柯:《权力的眼睛:福柯访谈录》,严锋译,上海人民出版社1997年版,第158页。

② 其实,这种"威慑"模式已在实践中得到了应用。典型表现如,自2011年3月1日起,在连续多天内,搜狐、新浪等众多门户网站,均在网站首页以醒目字体标出警示消息。消息标题为"提示:禁止利用互联网等从事违法活动",并从四大方面详细列明了网络违法信息的具体类型。笔者认为,各大门户网站在同一时间段发布相同提示信息,显然系受到共同主管机关或行业组织的指示所致。该消息的发布,说明治理主体业已开始重视并尝试实践"威慑"理论。

功能,应创造条件使其发挥功能,以实现对大众的沟通与引导,使媒体与公权力主体的协作与配合成为可能。此外,还应改变对网络有害信息的堵塞治理思路,寻求事先预防与疏导策略。

"议程设置"指媒介具有通过反复播出某类新闻报道,强化该议题在公众心目中重要程度的功能。其可通过三种方法实现:媒介报道或不报道某议题,会影响大众对该问题的感知;媒介对少数议题突出强调,会引起公众对这些议题的突出重视;媒介对系列议题按优先顺序给予不同程度报道,会影响公众对这些议题重要性顺序所做的判断。① 通过设置议事日程,传媒可影响公众对周围世界"大事"及其重要性的判断。② 若能妥当发挥网络的议程设置功能,网络可变为社会的"安全阀",成为疏通民众负面情绪的渠道,还可成为"环境守望者",对政府工作进行监督和批评。更重要的是,公权力主体和媒体之间可通过信息交流的双向传播,展开合作,实现双赢。③

从堵到疏的治理策略,是近年来我国社会各界的普遍共识,这种策略还得到了政府主管部门的认可和推行。例如,2013 年 8 月 10 日,国家互联网信息办公室邀请十多位网络名人举行座谈交流。就网络名人社会责任提出希望,并要求坚守网络自律底线。相比传统的删帖、禁言等手段,这种事先约谈、引导,更为温和、柔性,被专家誉为是网络治理导向由"堵"到"疏"的转变标志,将起到"事前引导胜过禁言"的良好效果。总之,对网络信息的治理,若能在互动与合作的基础上展开,利用和引导网络媒体及意见领袖设置相应议程和框架,势必能更好地影响和赢得民意,从而形成"软力量"优势,以更佳地实现对网络信息的规范治理。

(五)从零散分治到综合协同

前文的分析表明,网络信息安全之维护与治理,是一项系统工程。政府、

① 参见[美]麦库姆斯:《议程设置:大众媒介与舆论》,郭镇之、徐培喜译,北京大学出版社 2008 年版,第 42 页以下。
② 参见[美]沃纳·赛佛林等:《传播理论:起源、方法与应用》(第 5 版),郭镇之等译,中国传媒大学出版社 2006 年,第 246—249 页。
③ 参见王升华:《政府与媒体的互动关系》,《中共中央党校学报》2009 年第 4 期。

行业组织、网络企业、意见领袖、技术手段、普通网民等,各有所用且优缺点各异。为构建和完善新型的网络信息治理模式,应在汲取各主体分治机制本身不足的基础上,倡导建立一种综合性的协同治理机制。正如网络法专家劳伦斯·莱斯格所言,网络治理不能只关注政府、社会规范或市场等单一影响因素,而要将它们作为整体来考虑。他归纳指出,每个公民的表达自由均受法律、市场、社会规范和技术代码这四种因素以约束的形式保护着。这四种约束既彼此独立,又相互依赖,彼此影响,形成一个辩证的统一体。①

在现代法治社会,对网络信息的治理,既要达到维护国家安全和社会秩序的效果,也应充分尊重网络媒体的自主和独立品行、网络企业的产业利益以及网络用户的表达自由等权益。相应的,网络信息的治理活动,应兼顾各方诉求,并充分发挥各种主体、技术的共同作用,型塑一种协同配合的网状结构。在条件成熟时,则应制定统一的"网络信息监管法",将实践中的操作规则成文化并为后续治理活动提供规范依据。换言之,我国网络信息治理"中间型"模式之落实,有赖于政府监督、行业自律、企业协作、技术支撑、网民参与、法律调整等多方力量的共同推动。在所有调整手段中,政府应逐步从现行的主导角色步入后台,成为间接力量,其他主体和机制的柔性力量、积极调整和协作配合功能则应得到进一步强化,应逐步成为"显性"力量。这些零散主体及其功能可综合归纳为如下协同机制:政府是监督力量、网络企业是协作力量、行业组织是自治力量(未来应逐步成长为主导力量)、意见领袖是引导力量、个人是参与力量、网络技术是工具手段、法律规范是终极依据。

总之,比较借鉴域外成熟经验并立足于国情,建立介于宽、严两级间的"中间型"模式,是我国网络信息治理阶段性的比较可行的选择。为实现该模式,政府在治理活动中的主导甚至唯一角色功能,进一步发挥自律条约,发挥包括政府在内的行业组织、网络企业和网络用户等各主体的作用,增强我国网络治理的自发性、自律性和自觉性。网络信息治理的上述机制转型,有赖于系列具体的配套制度支撑,方能得以落实。网络信息治理是一项系统工程,相应

① 参见[美]劳伦斯·莱斯格:《代码:塑造网络空间的法律》,李旭等译,中信出版社2004年版,第108—111页。

的制度构建理应涉及标准方面的网络有害信息范围判定、实体层面的内容分级制度和实名制度、操作过程的正当程序制度、主体角度的组织体系重构以及整体视野下的统一立法等"一揽子"问题,本书的第四至第七章将分别围绕上述几个方面的具体问题展开详细讨论。

第二章 网络有害信息的范围判定

对网络信息予以治理,首要前提是明确、合理判定"网络有害信息"之内涵与外延,这不仅体现着一国网络信息规制的口径和网络权益保护的程度,更是一切后续治理行动法治化的前提和基础。放眼世界,为妥当判定网络有害信息范围,部分发达国家业已制定成文法条,并发展出系列颇具操作性的审查原则与标准。[①] 在我国,学界对网络有害信息之研究多围绕治理策略展开,对网络有害信息本身范围之判定反倒涉猎甚少,更未形成统一共识。既有立法虽作了相应规定,但缘于立法主体的多元化、规范位阶的不平等、条文设计的粗放型等特点,相关立法在统一性、合理性、明确性等方面,仍存在一定欠缺,客观上也造成"同案不同判"、恣意解释、权力滥用、适用困难等问题。

鉴于此,本章拟在对我国网络信息治理既有法律条文进行系统梳理基础上,结合对系列个案的实证分析和对域外法治实践、表达自由法理的比较观察,勉力为我国网络有害信息范围判定的类型建构、法律重述和统一解释等提出建议,以期为后续讨论提供初步统一的对话平台。

一、网络有害信息范围判定的立法规定与治理实践

为治理网络有害信息,我国先后制定了《中华人民共和国网络安全法》《全国人大常委会关于加强网络信息保护的决定》《全国人大常委会关于维护互联网安全的决定》及《互联网信息服务管理办法》等规范文本,并在实践中

---

① 参见尹建国:《美国网络信息安全治理机制及其对我国之启示》,《法商研究》2013 年第 2 期。

开展了层次多样、规模不等的治理活动,取得了一定积极成效,但也暴露了一些不足。

(一)我国网络有害信息范围判定的立法规定

目前,除相对统一的《中华人民共和国网络安全法》外,我国涉及网络信息治理某一方面问题的法律、法规、规章、政策等,从数量上看并不算少。笔者对我国涉及网络信息治理的规范文本进行了系统查阅、梳理和比较,发现既有立法针对网络有害信息的条文规定虽大体相似,但在具体范围界定和语言表述等方面仍有明显差异。为更形象地展示条文内容并便于对比分析,兹以下表对相关核心法条进行罗列:①

规范名称	条文款项	规定的网络有害信息类型	实施时间	性质
中华人民共和国网络安全法	第十二条	(1)违反宪法和法律;(2)违反公共秩序;(3)违反社会公德;(4)危害网络安全;(5)危害国家安全、荣誉和利益,煽动颠覆国家政权、推翻社会主义制度;(6)煽动分裂国家、破坏国家统一;(7)宣扬恐怖主义、极端主义;(8)宣扬民族仇恨、民族歧视;(9)传播暴力、淫秽色情信息;(10)编造、传播虚假信息扰乱经济秩序和社会秩序;(11)侵害他人名誉、隐私、知识产权和其他合法权益等活动。	2017年6月1日	法律

---

① 该表搜集了直接规定网络有害信息内容的主要规范文本。另有一些规范文本具有较为明显的特别立法色彩,所规定的往往是某个具体领域的社会治理问题,相应的网络信息也仅指涉该领域。例如,《中华人民共和国国家安全法》第四条、《国家安全法实施细则》第八条规定了危害国家安全网络有害信息的范围,《信息网络传播权保护条例》第四条、第五条、第六条规定了侵犯他人著作权网络有害信息的范围等。由于上述条文主要存在于特别立法或特别法律条款之中,针对的对象特定,缺乏普遍的代表性,故本表未将其收纳。同时,有些规范文本对网络有害信息之规定,条款内容是完全一致的。(如《电信条例》第十七条、《互联网信息服务管理办法》第十五条、《互联网电子公告服务管理规定》第九条、《互联网站从事登载新闻业务管理暂行规定》第十三条的规定一致,《互联网等信息网络传播视听节目管理办法》第十九条与《互联网文化管理暂行规定》第十七条的规定也一致)基于精简原则,本文对这部分条文仅罗列了相关度和效力位阶最高之规范文本。

规范名称	条文款项	规定的网络有害信息类型	实施时间	性质
全国人大常委会关于维护互联网安全的决定	第二、三、四条	(1)造谣、诽谤或者发表、传播其他有害信息,煽动颠覆国家政权、推翻社会主义制度,或者煽动分裂国家、破坏国家统一;(2)窃取、泄露国家秘密、情报或者军事秘密;(3)煽动民族仇恨、民族歧视,破坏民族团结;(4)组织邪教组织、联络邪教组织成员,破坏国家法律、行政法规实施;(5)对商品、服务作虚假宣传;(6)损害他人商业信誉和商品声誉;(7)侵犯他人知识产权;(8)编造并传播影响证券、期货交易或者其他扰乱金融秩序的虚假信息;(9)传播淫秽书刊、影片、音像、图片;(10)侮辱他人或者捏造事实诽谤他人;(11)利用互联网进行盗窃、诈骗、敲诈勒索;	2000年12月28日	全国人大常委会通过
互联网信息服务管理办法	第十五条	(1)反对宪法所确定的基本原则;(2)危害国家安全,泄露国家秘密,颠覆国家政权,破坏国家统一;(3)损害国家荣誉和利益;(4)煽动民族仇恨、民族歧视,破坏民族团结;(5)破坏国家宗教政策,宣扬邪教和封建迷信;(6)散布谣言,扰乱社会秩序,破坏社会稳定;(7)散布淫秽、色情、赌博、暴力、凶杀、恐怖或者教唆犯罪;(8)侮辱或者诽谤他人,侵害他人合法权益;(9)含有法律、行政法规禁止的其他内容。	2000年9月25日	行政法规
互联网文化管理暂行规定	第十六条	(1)反对宪法确定的基本原则;(2)危害国家统一、主权和领土完整;(3)泄露国家秘密、危害国家安全或者损害国家荣誉和利益;(4)煽动民族仇恨、民族歧视,破坏民族团结,或者侵害民族风俗、习惯;(5)宣扬邪教、迷信;(6)散布谣言,扰乱社会秩序,破坏社会稳定;(7)宣扬淫秽、赌博、暴力或者教唆犯罪;(8)侮辱或者诽谤他人,侵害他人合法权益;(9)危害社会公德或者民族优秀文化传统;(10)有法律、行政法规和国家规定禁止的其他内容。	2011年4月1日	文化部规章

规范名称	条文款项	规定的网络有害信息类型	实施时间	性质
计算机信息网络国际联网安全保护管理办法	第五条	(1)煽动抗拒、破坏宪法和法律、行政法规实施;(2)煽动颠覆国家政权,推翻社会主义制度;(3)煽动分裂国家、破坏国家统一;(4)煽动民族仇恨、民族歧视,破坏民族团结;(5)捏造或者歪曲事实,散布谣言,扰乱社会秩序;(6)宣扬封建迷信、淫秽、色情、赌博、暴力、凶杀、恐怖,教唆犯罪;(7)公然侮辱他人或者捏造事实诽谤他人;(8)损害国家机关信誉的;(9)其他违反宪法和法律、行政法规。	2011年1月8日	公安部规章

综合归纳上述立法,我国网络有害信息的法定类型共包括如下几种:反对宪法所确定的基本原则;危害党和国家安全,泄露国家秘密,颠覆国家政权,破坏国家统一;损害国家荣誉和利益;煽动民族仇恨、民族歧视,破坏民族团结,或者侵害民族风俗、习惯;破坏国家宗教政策,宣扬邪教和封建迷信;散布谣言,扰乱社会秩序,破坏社会稳定;煽动非法集会、结社、游行、示威、聚众扰乱社会秩序;危害社会公德或者民族优秀文化传统;侵犯他人著作权等知识产权;散布淫秽、色情、赌博、暴力、凶杀、恐怖或者教唆犯罪;侮辱或者诽谤他人,侵害他人合法权益;对产品、服务等作虚假宣传;暴露或者侵犯个人隐私、商业秘密;含有法律、行政法规禁止的其他内容。

(二)我国网络有害信息范围判定的治理实践

以既有立法为指导,管理机构渐次开展了针对网络有害信息的治理活动,并发展出了系列工作模式和配套行为机制。整体而言,有两个方面的操作策略:一方面,行政机关集中于某一特定时段推行运动式或专项式的集中整治活动。如公安部2007年会同有关部门组织开展了打击网络淫秽色情专项行动,[①]2013年5月,国家互联网信息办部署在全国范围内开展为期两个月的规

---

① 参见欣文:《公安部等十三部门开展专项行动,依法整治网络有害信息》,《中国文化报》2008年1月26日。

范互联网新闻信息传播秩序专项行动,重点整治网络新闻来源标注不规范、编发虚假失实报道、恶意篡改新闻标题、冒用新闻机构名义编发新闻等违规行为。① 另一方面,对网络有害信息进行常规监管,对违法发布、传播、使用网络有害信息的个人或组织,进行个案处罚、制裁。个案处理是网络有害信息治理的常态,下文援引的案例大多系属此类。此外,在极其例外的重大突发、危机事件中,也有可能采取全面的网络管制措施,从源头上严格限制网络使用。

上述操作策略,一定程度上达到了打击网络违法犯罪、维护网络秩序之目的,但源于网络有害信息认定标准本身之不科学和不统一,也导致了实践中的诸多争端与质疑,并引发了人们对政府等公权力主体治理网络有害信息行为的抵触与不信任。下文以实证形式对实践中认定的网络有害信息进行了类型化归纳,藉以彰显主管部门的基本立场,并揭示其可能的判定误区与滥权表现,以期最终推动网络有害信息治理的法治化进程。

1. 政治性有害信息

网络政治性有害信息,多体现于网络煽动、歪曲、诋毁、污蔑国家政权、国家机关或政府官员形象等形式案件。如 2007 年 7 月至 2012 年 3 月,甘肃皋兰县陈平福在网易、搜狐、新浪等网站,用博客或微博发表、转载数十篇文章,被认定为通过互联网攻击党和政府,污蔑、诋毁国家政权与社会主义制度,并最终以涉嫌煽动颠覆国家政权罪被立案侦查、公诉。②

2. 网络谣言

涉嫌利用网络造谣的案件,信息发布者目的不一且谣言表现形式多样。例如,2008 年 4 月,胶济铁路发生特大撞车事故后,山东高密网民杨某涉嫌在网络转贴不实消息,夸大死亡人数,被行政拘留 5 天。③ 2009 年 8 月,湖北鄂州网民熊某利用网络捏造、散布杭州"5·7"交通肇事案出庭被告胡斌是"替

---

① 参见《国家互联网信息办部署开展规范互联网新闻信息传播秩序专项行动》,http://news.xinhuanet.com/politics/2013-05/10/c_115720522.htm,最后访问时间:2016 年 1 月 5 日。

② 参见宋识径:《兰州失业教师陈平福发帖被控颠覆国家政权案撤诉》,《新京报》2012 年 12 月 18 日。

③ 参见谭人玮:《"普通网友转帖被拘"追踪一张图导致被拘 5 天》,《南方都市报》2008 年 5 月 9 日。

身"谣言,被行政拘留10天。① 2012年2月,河北网民发帖称保定一家医院发生非典疫情,被劳教两年。② 2012年7月,网民王某冒充警察通过微博发布美女身着警服坐在床边图片,并配文字"在老家做了一名警察,压力好大,整天和政府的领导吃喝"。丰台区法院以招摇撞骗罪判处王某有期徒刑9个月,缓刑一年。③ 2012年9月,广州网民刘某在微博上借"钓鱼岛"事件散布不当信息,煽动网民破坏广州地铁设施,被公安机关行政警告。④

3. 色情、淫秽信息

色情、淫秽信息是我国网络治理的重点打击对象。近年来,我国持续展开了针对网络色情、淫秽信息的各类综合或专项治理活动,查处、关闭了大量论坛、网站,处理了大批责任人。例如,2010年5月,四川眉山东坡区法院判处"奸夫淫妇导航"淫秽色情网站责任人邱某等3名被告人有期徒刑5年至7年并处罚金。2010年6月,江苏南京市白下区人民法院判处上传淫秽图片795幅的被告人陈某有期徒刑2年并处罚金。2010年8月,山西省太原市杏花岭人民法院判处在"酷爱社区"开办色情表演视频聊天网站的周某等8名被告人有期徒刑2年6个月至缓刑并处罚金。⑤

4. 违反社会公德信息

违反社会公德网络信息的边界十分模糊,难以被准确定性。对这部分信息,有些由政府清理,另有一些则主要依靠自律和伦理规范。例如,2008年,重庆某学院大三女生"Die 豹"(网名),因在汶川大地震后在网上发表"第一次在重庆本地感受到地震,很舒坦,我还在想为什么不来得更猛烈一点"等言论,被网民指责"没人性",其个人资料被"人肉搜索"后,尽管她一再道歉仍不

① 参见方列、戴劲松:《捏造散布"胡斌替身"谣言者被依法行政拘留》,新华网,http://news.xinhuanet.com/legal/2009-08/24/content_11937179.htm,最后访问时间:2016年2月25日。

② 参见范子军:《公民言论的边界与行政执法的境界》,《西安日报》2012年3月1日。

③ 参见刘洋:《女模假冒警花晒暴露照,招摇撞骗罪被判9个月》,《新京报》2012年11月29日。

④ 参见王梅:《广州警方:女子借爱国之名煽动破坏地铁被警告》,《京华时报》2012年9月17日。

⑤ 参见白炜:《一批网络传播淫秽色情信息案件宣判》,《中国文化报》2010年11月27日。

得不选择休学。① 同样是汶川大地震后,都江堰某学校教师范某某抛弃学生临震一跑,随后又在博客中发文:"我从来不是一个勇于献身的人,只关心自己的生命,你们不知道吗?""在这种生死抉择的瞬间,只有为了我的女儿我才可能考虑牺牲自我,其他的人,哪怕是我的母亲,在这种情况下我也不会管的。"由此引发公众强烈谴责,被称为"最无耻的教师"。在公众谴责声下,范某某继续发表了"对道德绑架的反感""想刺刺某些道德家"等言论。在巨大舆论压力下,范某某所在学校的校长认为,范某某的言论不可取,但校方不会开除"因言获罪"的人。但有法律界人士则坚持,针对今天和以后可能出现的"范跑跑",对其言论不能止于道德谴责。②

5.侵犯名誉权信息

网络发言侵犯他人名誉权案件,近年来大量爆发。例如,2005 年 9 月,南京大学副教授陈堂发发现网络用户"K007"在博客发表《烂人烂教材》日志,用"猥琐人""流氓"等词语辱骂自己。他在通知删帖无效后,将杭州博客信息技术有限公司告上法庭。法院认定博客网监管不力,判决其向原告致歉,并赔偿经济损失 1000 元。③ 2006 年 4 月,重庆商报版刊登《车祸后不接电话也不赔偿,央视主持人文清跩什么》报道,被网络大量转载。文清认为该报道与事实严重不符,遂提起诉讼。法院判定重庆商报社赔礼道歉并赔偿精神抚慰金10 万元。④ 2006 年 5 月至 11 月,北京某公司职员刘某在各大求职网,以闫女士的名义注册,不仅将含有诽谤内容的简历发布至各大公司,还在网络上公开发布闫女士简历:"聪明、开放、虚伪、放荡、自私、风流、不诚信,曾有一个男友,但跟七个以上男人上过床。"该案诉至法院后,法院以诽谤罪、侮辱罪,判

---

①　参见苏显龙:《网络表达如何拒绝"暴力"》,《人民日报》2008 年 6 月 27 日。

②　参见刘宏:《"范跑跑"事件不能止于道德谴责》,《法制日报》2008 年 6 月 13 日。

③　参见沈峥嵘、李自庆:《博客第一案一审原告胜诉,对规范博客产生影响》,《新华日报》2006 年 8 月 3 日;王建军:《首例博客告博客案原告一审胜诉》,《法制日报》2006 年 9 月 12 日;马杰、石永红:《"中国博客第一案"宣判,中国博客网向原告道歉》,新华网,http://news.xinhuanet.com/legal/2006-08/03/content_4915869.htm,最后访问时间:2016 年 3 月 8 日。

④　参见郭志霞、张学军:《法院判定重庆某报社报道失实构成侵权,文清打赢官司》,《北京娱乐信报》2006 年 12 月 8 日;高健、滕晓丽:《文清状告〈重庆商报〉》,《北京日报》2006 年 10 月31 日。

处刘某有期徒刑 2 年。① 2006 年 3 月至 6 月,桂林某高校学生李某在网络连续发帖称学校教师叶某为"自恋狂""脸皮够厚""阴阳怪气"等言论,言辞极具侮辱性和挑衅性。叶某向桂林市人民法院提起名誉侵权诉讼,法院判令李某应对叶某给予赔礼道歉并赔偿精神损害抚慰金 500 元。② 2011 年 9 月,微博实名认证网友"港怂萨沙"发布微博称演员张馨予成名前原为一名"坐台小姐"。张馨予认为其恶意捏造事实侵犯个人名誉,起诉要求赔偿经济损失、精神损失费 50 万元并公开道歉。③ 2011 年,北京市一中院对有"微博侵权第一案"之称的"金山公司诉 360 董事长周鸿祎微博侵权案"作出终审判决,认定周鸿祎的微博言论构成对北京金山软件公司名誉权的侵犯,应停止侵权,删除 2 条微博文章,并公开赔礼道歉、消除影响,同时赔偿经济损失 5 万元。④ 2012 年 8 月,北大前教授邹恒甫连续发微博称"北大院长在梦桃源北大医疗室吃饭时只要看到漂亮服务员就必然下手把她们奸淫。北大教授系主任也不例外。所以,梦桃源生意火爆。除了邹恒甫,北大淫棍太多"。但 2012 年 8 月 31 日邹恒甫又通过微博承认,自己所发表的"北大院长系主任教授淫乱"存在"夸大"问题。对此,北大发表措辞严厉的追责声明,并就邹涉嫌侵犯名誉权向法院提起诉讼。⑤

6. 泄密、侵犯隐私权信息

网络泄密及侵犯隐私权信息,也是近年来网络治理的重点对象,其中的典型案件莫过于 Google Earth 事件。2005 年 6 月美国 Google 公司推出了 Google Earth 搜索工具,实时为用户提供地图图片和数据。Google Earth 推出后,印、韩、泰、俄等国相继发出警告,称 Google 暴露了其国家军事机密,对其国家安全造成威胁。⑥ 更多普通人则担心 Google 泄漏公民个人隐私,特别是 Google

---

① 参见王文波:《围绕网络引发的各类纠纷日益增多,法官建言——网上言论当守法度与公德》,《人民政协报》2009 年 4 月 27 日。

② 参见成薇:《网络发帖侮辱老师,学生被判名誉侵权》,《法治快报》2007 年 9 月 10 日。

③ 参见颜斐:《张馨予出庭,被告还未"找到"》,《北京晨报》2013 年 2 月 26 日。

④ 参见杨清惠、梁小立:《国内"微博第一案"终审落槌》,《中国审判新闻月刊》2011 年第 68 期。

⑤ 参见王庆环:《针对"夸大了"的"邹恒甫微博",北大认为言论当负责任》,《光明日报》2012 年 8 月 31 日。

⑥ 参见《Google 地图搜索太精确涉嫌泄露国家机密 多国政府发出警告》,《杭州日报》2005 年 12 月 30 日。

支持用户上传地图标注,这意味着互联网用户可自行改进地图,大到街道名字,小到一座居民楼的主人姓名,都能迅速被标注在上面。有人戏称:Google Earth 开创了一个人人都能当"间谍"的时代。①

(三)评析

以既有立法为依托,我国的网络有害信息治理工作取得了一定成效。不过,上述立法规定,形式上虽面面俱到,但在统一性、科学性、可操作性及效力层级等方面仍有一些欠缺,各类治理实践也在法治化及治理效果等方面存在待完善之处。立法及实践中的相关问题,可主要归纳为以下方面:

第一,立法用词高度抽象,留有过宽的解释空间,易于导致适用困难和权力滥用。现有立法规定中,国家安全、党的安全、国家秘密、国家荣誉和利益、民族仇恨、民族仇视、民族风俗、民族习惯、文化传统、社会公德、邪教、封建迷信、社会秩序、社会稳定、淫秽、色情、暴力、恐怖、侮辱、诽谤、个人隐私、商业秘密等词,均属于比较典型的不确定法律概念,②其涵义宽泛且具有模糊性和多义性。在具体适用过程中,适法者既有可能因难以把握统一解释口径,导致"同案不同判";也有可能恣意进行扩大解释,限缩公民表达自由空间,侵犯相对人合法权益。

第二,既有立法位阶偏低,各立法间存在着较为明显的不统一现象,有损于法制的权威与统一性。目前,我国涉及网络信息治理的规范文本,以行政法规、部门规章、政策性文件等居多。这不仅滞后于网络发展的现实需要,还违背了网络有害信息范围应由立法规定之"法律保留"原则的基本要求。同时,既有立法对网络有害信息之规定,虽大体范围接近,但仍存在着较多的不足之处。例如,《互联网信息服务管理办法》第十五条规定了九种典型网络有害信息,《互联网等信息网络传播视听节目管理办法》第十九条、《互联网文化管理暂行规定》

---

① 参见胡磊:《网络信息传播中的伦理探析——以"Google Earth"事件为例》,《当代传播》2007 年第 4 期。

② 不确定法律概念是法律概念的一种特殊类型,具有语义模糊性和多义性的外在特征,在具体适用过程中,需通过法律解释、价值补充等方法加以具体化。参见尹建国:《行政法中的不确定法律概念研究》,中国社会科学出版社 2012 年版,第 1 页以下。

第十七条在其基础上又增加了"危害社会公德或者民族优秀文化传统的"一类。《互联网新闻信息服务管理规定》则增加了"煽动非法集会、结社、游行、示威、聚众扰乱社会秩序的"以及"以非法民间组织名义活动的"两类。《全国人大常委会关于维护互联网安全的决定》第二、三、四条则完全打破了既有行政法规、规章的立法例,将网络有害信息界定为破坏国家安全和社会稳定的信息(四类),破坏社会主义市场经济秩序和社会管理秩序的信息(五类),侵犯个人、法人和其他组织人身、财产等合法权益的信息(三类)。其关于各类有害信息的文字表述内容及方式,与既有行政法规和规章等也有明显差别。显然,我国有关网络有害信息范围判定的立法呈现着较为明显的碎片化、差异化特点,这反映相关立法在动议、起草、审议等过程中,所做的系统梳理、整合尚存不足。而且,上述内容不同的立法文本,有些在效力位阶上难分高下,在适用中若发生冲突,不仅会令执法者难以取舍,还会耗费大量的行政资源。例如,各部门规章在发生冲突时,学理上的解决方法是报请国务院裁决,但这种裁决过程在实际执行中必然以耗费大量人力、物力、时间成本为代价。总之,立法本身位阶的偏低与不统一,有悖于形式法治的客观要求,也会增加法律执行的滥用和错用风险。

第三,从目前的治理效果看,我国对网络色情、淫秽信息的控制成效相对较好。网络色情图片、电影、文字、视频表演等已经得到了初步控制,受到了社会各界的一定首肯。但对网络诽谤、造谣、侵犯他人隐私权、名誉权的网络言论之治理,效果依然有限。2012 年 12 月 28 日,全国人大常委会发布了《加强网络信息保护的决定》,该决定的主要目的即是针对网络隐私权保护问题展开的,该决定十一项主要条文,几乎条条指向网络环境下公民个人身份、隐私保护之问题。新形势下,如何更好地保护公民隐私、名誉等私权利,无疑是网络信息治理的核心任务之一。现有治理实践,则不能充分满足上述期望。而且,相关立法判断标准模糊、法律解释的随机性、裁量余地过大,也增加了类似案件中法律适用的事后争议。例如,在前述高密网民杨某"造谣"案发生后,南都网曾组织一个网络投票,网友认为他不该被拘留的 1292 票,认为他应该被拘留的仅 90 票。[1] 有

---

① 参见谭人玮:《"普通网友转帖被拘"追踪一张图导致被拘 5 天》,《南方都市报》2008 年 5 月 9 日。

法律界人士认为,杨某只是转贴,没有发布谣言的故意,发帖地也是流量很小的地方性贴吧,没有严重扰乱公共秩序。警方作出拘留处分,不仅不利于网络管理,而且不利于网民把握网上言论的度。①

总之,既有立法对网络有害信息的相关规定,存在过于抽象、相互冲悖、标准模糊等不足。立法者与执法者未能充分认识网络政治性言论与非政治性言论之区别,对表达自由维护和私权保障并未完成应尽义务。进一步通过理论建构与实证分析,推动网络有害信息判定的法制化和相应治理行动的法治化,依然任重道远。

二、网络有害信息范围判定的指导原则与审查标准

理论分析和实践经验表明,全面界定网络有害信息范围,是维护网络信息内容安全的必然需要。但尊重公众表达、知情等基本权益,严格界定网络有害信息范围,则是现代法治的题中应有之义。为妥当判定网络有害信息范围,需在维护网络信息安全与公众表达自由等基本权益间保持均衡。为实现这种均衡目标,需接受宏观法律原则的指导并以微观的审查标准为工具。

（一）指导原则

从法理上讲,当两种不同权益发生冲突时,通过划定权益间"界限"的方式消解分歧,是传统做法。这种方法的理论前提,可追溯至科斯的经济学原理。按其观点,权利是交叉重叠的,在两个权利之间无法找到一个互不侵犯的界限,除非我们专断地认定一个界限并声称这就是互不侵犯的界限。② 其方法论基础是:"由于我们不能够指望增加利益资源来解决大多数的权利冲突,于是,人们最为关注也是最常用的解决模式便是为各种权利设置相应的义务

---

① 参见孙瑞灼:《网上言论边界亟待法律厘清》,《青年记者》2008 年第 16 期。
② 参见熊静波:《表达自由和人格权的冲突与调和——从基本权利限制理论角度观察》,《法律科学》2007 年第 1 期。

或者限制,从而界定各自的权利边界,以消除权利的冲突。"① 该理论与方法,
契合了均衡维护网络信息安全与表达自由双重权益的现实需要。从正当性上
看,国家干预言论自由,只能出于两个目的:一是保障言论自由本身的有效实
施;二是当保障言论自由的价值与宪法保障的其他价值发生冲突时的一种取
舍。② 取舍之标准,则在于干预措施所保护法益与所限缩法益之间的衡量结
果:若所限缩的法益重于所保护的法益,则干预措施不具有正当性;反之,干预
是可行的。③ 基于权益界限划分和法益衡量的理论与方法,判定网络有害信
息应恪守之基本要求,可归结为两个方面的指导原则:

第一,行政均衡原则。当判定网络有害信息之目的集中于保护国家安全、
党和国家的荣誉和利益、民族团结、民族风俗、宗教信仰、社会秩序、社会公德、
优秀传统等权益时,涉及的主要是公共利益与个人表达利益等的调整与均衡
关系,应遵循行政均衡原则。在公共利益与个人利益关系问题上,"公共利益
超过个人利益",④"个人的眼前利益要服从集团的利益"。⑤ 由此,一般共识
是,当网络信息危及公共利益时,应认定系属有害信息,应对相应私人表达加
以限制。

但是,公共利益高于个人利益,并不能成为漠视个人利益的绝对理由。现
代行政法上的均衡原则要求,行政机关在面对多种适合达到目的的手段可供
选择时,应选择对相对人限制或损害最少手段;行政机关对相对人合法权益的
干预不得超过所追求行政目的的价值。⑥ 当网络有害信息涉嫌侵犯公益时,
其一般属行政处罚或刑事制裁范畴,这与侵犯私益有害信息主要可由被侵权
人通过民事途径追责不同。一旦公权力介入对网络信息的治理过程,就不可

---

① 李友根:《权利冲突的解决模式初论》,载胡建淼主编:《公法研究》(第二辑),商务印书
馆 2004 年版,第 290—291 页。
② 参见陈桃生:《网络环境中的言论自由及其规制》,《贵州大学学报》(社会科学版)2006
年第 1 期。
③ See Robert Alexy, *A Theory of Constitutional Rights*, trans. by Julian Rivers, New York: Oxford
University Press, 2002, p.52.
④ [法]马里旦:《人权与自然法》,倪建民译,载法学教材编辑部:《西方法律思想史资料选
编》,北京大学出版社 1983 年版,第 672 页。
⑤ [苏]尼·布哈林:《历史唯物主义理论》,李光谟等译,人民出版社 1983 年版,第 179 页。
⑥ 参见陈新民:《行政法学总论》,台湾三民书局 1997 年版,第 60 页。

避免地存在滥权风险。而面对公权力,网络表达自由的"脆弱性"会表现得尤为明显。

故,在判定危及公共利益的网络有害信息范围时,应秉承最小侵害标准最大程度限缩其范围,此类网络有害信息不仅在立法中应做明确、具体和严格的限定,在具体适用时也要遵循严格解释原则,不得恣意做扩大解释。换言之,当网络信息涉嫌侵犯公益时,应受到监管,但这种网络有害信息本身之范围应受到立法的严格限制,相关条文的解释口径也应比危及私益之网络有害信息狭窄。

第二,平等对待原则。当判定网络有害信息之目的指向均衡不同私益关系时,应遵循平等对待原则。平等对待要求行政机关"同等情况同等对待,不同情况区别对待或按比例对待"。① 据此,行政机关对信息发布、利用者的表达自由及信息指涉对象的私益等应同等对待,执法时力求中立。

涉及私益的网络有害信息,包括侵犯他人名誉权、隐私权、商业秘密、知识产权的网络侵权、诽谤和造谣等信息。这类信息的最大特点是,侵犯的是相对明确主体的私权益,而非抽象的国家利益、公共利益。这类信息政治敏感度低,对其限制往往也易于获得社会认可。故,在立法及实务中,可加大对这类信息的处罚力度,一定程度上可通过完整、充分的立法规定,将可能侵权的信息充分涵盖在内。但在具体个案中,则可通过执行科学的举证责任分配制度,严格遵循"谁主张,谁举证"之一般原则,将网络信息是否有害的证明责任留给主张权利一方。在没有相对人提出异议情况下,行政机关一般不擅自臆断并直接限制该当信息。

简言之,立法对危及私益的网络有害信息范围之设定,应相对更全面一些,在解释此类网络有害信息时,则可遵循从宽原则。在该当信息的审查过程,发布者和异议者权利和义务对等,主管机关的地位和立场应是中立的。

(二)审查标准

为贯彻言论审查的上述原则,以美国为首的发达国家逐渐发展出系列微

① 周佑勇:《行政法基本原则研究》,武汉大学出版社 2005 年版,第 215 页。

观操作标准,如恶劣倾向、明显而即刻危险、事后审查、表达内容中立、优先地位、法律保留、保障为主限制为辅等。①　其中,如下几项标准不仅内容明确、立基于现代法治共识,且比较适合我国网络法治阶段性目标任务和原则立场,可考虑在我国加以借鉴。

第一,"明显而即刻危险"。该标准由美国联邦最高法院霍姆斯大法官在"申克诉美利坚合众国"②、"艾布拉姆斯诉美利坚合众国"③系列案件中创立。根据该原则,"只有政府证明明显而即刻的具体言论可能导致骚乱或其他严重的颠覆性犯罪,而这些都为政府所禁止,你才能受到惩罚。"④该标准本身是严格的,但具有较大弹性。在具体运用过程中,需政府结合经验据实确定。不过,也有学者对该标准提出质疑。例如,著名学者米克尔约翰就批评该标准背离美国宪法,混淆了宪法第一修正案和第五修正案给予不同言论不同保护之立场,他认为给予公共性或政治性言论以绝对保护才是美国宪法的真实含义。⑤　但世界范围内,"明显而即刻危险"标准一直广受讨论以致认可。主要原因在于,相比其他标准,在正确理解与适用基础上,明显而即刻危险标准可以较好保护表达自由,又不至于置其他利益于无可保护之地。故,在更加重视国家、集体利益的其他国家与地区,该标准深受推崇。

第二,事后限制。事后限制是相对于事前限制而言的,目的是防止言论审查者的主观臆测及专断蛮横。该标准主要通过"尼尔诉明尼苏达"案⑥和"五角大楼秘密文件"案⑦等系列判例确立。其意指,政府对媒体和个人的不当言

① 参见秦前红、陈道英:《网络言论自由法律界限初探——美国相关经验之述评(下)》,《信息网络安全》2006年第5期;王四新:《限制表达自由的原则》,《北京行政学院学报》2009年第3期;杨君佐:《发达国家网络信息内容治理模式》,《法学家》2009年第4期;尹建国:《美国网络信息安全治理机制及其对我国之启示》,《法商研究》2013年第2期等。

② See Schenck v.United States,249 U.S.47(1919).

③ See Abrams v.United States,250 U.S.616(1919).

④ See James Macgregor Burns,etc., *Government by the People*,4th edition,New Jersey:Prentice Hall College Div,2001,pp.136-137.

⑤ 参见[美]亚历山大·米克尔约翰:《表达自由的法律限度》,侯健译,贵州人民出版社2003年版,第81页。

⑥ See Near v.State of Minnesota Ex Rel.Olson,283 U.S.697(1931).

⑦ See New York Times Co.v.United States,403 U.S.713(1971).

论,只能采用事后方式加以追惩,而不得意图以事先方式加以提前禁止。对表达事先限制的任何制度,都应强烈地推定其违宪。

第三,表达内容中立。该标准主要成型于"廷克诉得梅因独立社区学区"案①,指不对表达的内容本身进行限制,而仅对言论表达的时间、地点、方式等作形式方面的审查与限制。至于何种时间、地点、方式符合限制标准,则需通过个案权衡的方式加以确立。例如,法院在"马丁诉斯特拉瑟斯"案②中全面禁止到住宅游说、散发传单和拉顾客的行为,在"贝瑟尔学区 403 号诉弗雷泽"案③中确定学区可惩戒在学校会议上发表猥亵言论的学生等。

整体而言,域外国家针对言论限制的具体标准,虽存在随案变动差异,但基本共识正逐步形成。这些标准及理论,构成审查主体在个案中进行利益权衡时必须考量的思想基础。

三、网络有害信息范围的类型建构

网络有害信息范围之判定,受制于基本国情、法治传统、适法技术等多维因素之影响,前文的讨论为妥当判定网络有害信息之范围提供了理论上的支撑和比较经验上的启示。基于对域内外网络有害信息立法、实践及理论的比较观察,笔者认为,我国网络有害信息范围判定之当前要务,一是构建与区分网络有害信息基本类型,并设计差异化的判定标准;二是制定全面、科学、宽严适中的立法条文,明确网络有害信息的法定范围;三是运用不确定法律概念的具体化规则,统一对网络有害信息的解释口径。

在我国,现有立法主要将网络有害信息并列归纳为十四个方面,但没有对公、私言论予以分别类型化的规定。

美国将言论分为公言论与私言论,并予以区别对待的经典理论与方法,值得借鉴学习。但笔者认为,我们还应在结合本国国情基础上,对上述二分法及相应审查标准作进一步细化与补充。诚如有学者所言:"将表达自由作为一

---

① See Tinker v.Des Moines Independent Community School District,393 U.S.503(1969).

② See Martin v.Struthers 319 U.S.141(1943).

③ See Bethel School District No.403 v.Fraser,478 U.S.675(1986).

项法律制度,就必须承认各国立法的差异,这种差异根植于各国文化传统与社会实践的诸多不同。"① 在我国,集体和个人是相对二分的,集体利益相对个人利益具有优位性。为了维护集体利益而对私人利益进行一定限制的政府行为,往往也能获得较多的正当性支撑。而且,在我国,政府、社会、个人是三个相对独立的主体,有着各自的独立生存空间。整个社会的利益,也多被划分为国家利益、社会利益和私人利益三大块。基于对这一现状的认识和权衡,笔者建议在公言论与私言论二分的基础上,按网络信息指向权益之不同,进一步将其分为三类:网络政治性信息、网络社会性信息、网络私人信息。② 在此基础上,可将网络有害信息类型化为网络政治性有害信息、网络社会性有害信息、网络有害私信息三类,三者分别对应着对国家利益、社会公共利益和个人私益的侵犯与威胁。在类型化基础上,依次对三类有害信息适用宽严有别的判定标准。

(一)网络政治性有害信息

政治性信息容易受到统治阶级的压制,古往今来,莫不如此。这既为人性本能使然,也有维护国家利益、时局稳定的客观考虑原因。但政府压制政治性信息,也存在一定的缺陷。《国语·周语上》云:"防民之口,甚于防川,川壅而溃,伤人必多,民亦如之。是故为川者,决之使导;为民者,宣之使言。"在法治程度高度发达,追求民主、自由的当下,政府理应秉承开明的姿态与胸怀,容纳不同甚至反对的声音。尤其是,在社会转型期因贫富差距、地域差异、受教育程度不同等原因所引起的不满情绪,很容易被集中到对政府的批评、责难之上。此时,如果对这些信息不区别化地加以限制,不仅不能实现对社会的有序引导,还可能因此积累更大的社会问题。经长期积累而导致的瞬间爆发,则可能产生"多米诺骨牌效应",牵一发而动全身,造成不可收拾之局面。正如有

---

① 罗楚湘:《网络空间的表达自由及其限制——兼论政府对互联网内容的管理》,《法学评论》2012年第4期。

② 从一般语意讲,"信息"的内涵与外延要广于"言论"。言论主要指语言文字,信息则可包括文字、图片、音频、视频等各种形式。在网络上需规制的信息内容,既包括文字,也应包括图片、音频、视频等。故,下文在做类型化时,倾向于使用"网络信息"词组,而非"网络言论"。

学者所总结的："个人对政府的政策有不同意见实属正常。相反,一个社会不能容忍反对派声音的出现说明政府与民众之间没有了沟通和交流……(政治性)表达自由权的拥有和维护对于任何国家和民族都弥足珍重。"①

正因如此,笔者建议对网络政治性言论秉持宽松、开明治理立场。相应地,在判定网络政治性有害信息时则应坚持最为严格的审查标准。党的十八大召开后,新一届国家领导人上任以来,积极推动社会变革,倡导让人民看到希望、构筑并实现伟大的"中国梦"之执政理念。而营造一个宽松的舆论表达环境,让人们能够监督政府,实现权力的规范有序行使,则是"中国梦"的重要构成内容。②

(二)网络社会性有害信息

网络社会性有害信息与网络政治性有害信息及网络有害私人信息,均有重合之处。例如,煽动民族仇恨、民族歧视、破坏民族团结、侵害民族风俗、习惯的信息以及煽动非法集会、结社、游行、示威、聚众扰乱社会秩序的信息,既涉嫌侵犯社会公共利益,也具有政治性,是网络政治性有害信息与网络社会性有害信息的交集。对产品、服务等作虚假宣传的信息,同时侵犯了社会秩序和消费者私益,体现了网络社会性有害信息与网络私人有害信息之重合。显然,网络社会性信息的外延较为宽泛,其判定及审查机制也应该是多层次的。笔者认为,归纳既有立法的明文规定,网络社会性有害信息可区别为两种:一是涉嫌危害社会公序良俗的网络社会性信息,主要指危害社会公德或者民族优秀文化传统的信息、侵害民族风俗、习惯的信息等;二是含有立法明文禁止内容的网络社会性信息,包括煽动民族仇恨、民族歧视、破坏民族团结的信息,破坏国家宗教政策、宣扬邪教和封建迷信的信息,散布谣言、扰乱社会秩序、破坏社会稳定的信息等。

---

① 黎尔平:《前苏联持不同政见者问题与表达自由》,《太平洋学报》2007年第11期。
② 参见《习近平在全国人大闭幕会上讲话谈中国梦》,见人民网 http://bj.people.com.cn/n/2013/0317/c349760-18308059.html;《习近平:把权力关进制度的笼子里》,见新华网 http://news.xinhuanet.com/politics/2013-01/22/c_114459610.htm,最后访问时间:2016年6月8日。

判定某类信息涉嫌危害社会公序良俗,应采用相对严格标准,原因在于:一方面,涉及公序良俗之网络信息,包含着社会价值判断成分,而社会价值判断标准是多元的且具有历时变迁性,任何主体包括立法者和行政官员,都不能独断坚持只有自己的判断才是符合文化、传统或道德判准的。另一方面,法律不能禁止人的思想自由,不能强制人具有特定的思想或道德观念。政府可通过教育、引导等手段,促进社会道德水平的提升,倡导人们加强自律,却不能通过强制手段去推动。否则便会模糊法律责任与道德责任的边界,国家公权力将有可能因之膨胀,大举侵入公民思想自由和行为自治领域。因此,对这类网络有害信息之判定,严格程度应不亚于政治性有害信息,应给予相应言论较大自由。基于此,笔者赞成对此类信息同样坚持表达内容中立标准,监管者仅在有充分理由情况下可以"限制"此类信息的发表时间、地点和方式,却不能"禁止"信息内容本身。

对含有立法明文禁止内容的网络社会性信息进行限制,则具有相对更多的正当性。这类有害信息,侵犯的法益相对明确,且一般有在先的实然法依据。为实现维护网络信息安全和表达自由双重目标之均衡实现,对这类信息之判定,可遵循两项基本标准:一是法律保留,即这类有害信息应由法律规定,而不能由法规、规章及其他行政法规范性文件等规定,以防止内容泛化和行政权力的滥用;二是明显而即刻危险,即仅在此类信息之危害同时满足"明显性"和"即刻性"两项标准时,方可对之予以限制。"明显"和"即刻"与否,应由执法主体在个案中据实判定。同时,在判定此类信息是否有害时,执法者在解释口径上拥有一定裁量权。例如,煽动民族仇恨、民族歧视、破坏民族团结、煽动非法集会、结社、游行、示威、聚众扰乱社会秩序等信息,虽系属社会性信息,但政治色彩也较强,与政治性信息更为接近;而散布淫秽、色情、赌博、暴力、凶杀、恐怖或者教唆犯罪的信息则政治色彩弱,针对后者的治理社会认可度也更高。所以在具体适用明显而即可危险标准时,执法者对前者应适用相对严格的解释口径,对后者则可适用相对宽松的解释口径。对这种宽、严口径之把握,属于执法者的行政裁量权范畴,法院在诉讼中也可进行事后的司法审查与矫正。

（三）网络有害私信息

密尔在《论自由》中明确提出："只有当个人的行为危害到他人利益时,这个人才应当接受社会或法律的惩罚。社会只有在这个时候才对个人的行为有裁判权,也才能对个人施加强制力。"①换言之,个人自由的边界以危及他人利益为限,这一标准用在界定网络有害私信息方面,可谓恰如其分。《公民权利和政治权利国际公约》明确规定,限制表达自由的正当理由之一便是"尊重他人权利或名誉所必要"。

如前述,网络有害私信息主要包括侵犯他人名誉权、隐私权、商业秘密、知识产权信息以及网络诽谤和造谣等信息。这类信息的最大特点是,其侵犯的是一个相对明确对象的权益,而不是抽象的国家利益、公共利益、社会秩序等。正因为侵犯对象的特定性,故使得这类信息的"有害性"理应以有被侵权人提出异议为前提。但相对人提起异议,只是对该当信息进行审查的必要条件,而非充分条件。是否真正有害,还需行政机关或法院予以事后审查。

此时,判定机关应居超然的中立地位,适用"谁主张,谁举证"证明责任,采取平等对待方式充分听取双方理由,然后居中作出裁判。同时,为维护判定机关的中立地位,尽量防止相对人滥用异议权,还有一项有效并成文的在先制度可供借鉴——网络环境下著作权侵权信息的认定及处理机制。具体而言,我国《信息网络传播权保护条例》第十四条至第十七条规定了一项相对完整的处理网络著作权侵权信息的"通知—删除"程序:权利人在认为网络信息侵犯自己著作权情况下,有权对网络服务提供者发出通知,要求其删除侵权内容或者断开链接;网络服务提供者接到通知书后,应立即删除信息或断开链接,并同时将通知书转送提供信息的服务对象;服务对象接到转通知后,认为自己未侵权的,可以向网络服务提供者提交书面说明,要求恢复被删除信息;网络服务提供者接到反通知后,应立即恢复信息或链接,同时向权利人转送书面说明;权利人不得再通知删除,只能启动行政投诉或诉讼救济程序。"通知—删除"及"反通知"程序,并未从实体上解决当事各方关于言论是否侵权的争议问题。之所以仅提供这种程序性沟通渠道与方式,而不解决实质的民事纠纷,也与网络服务提供商缺乏审查相关材

---

① 　[英]密尔:《论自由》,程崇华译,商务印书馆1998年版,第3—4页。

料真实性、获取作出决定所需的更多材料及相应调查权力的能力有关。在经过"通知—删除"和"反通知"程序后,相关当事人可以自行向法院提起民事侵权之诉,由法院依法查明事实,作出决断,相应争议自然可得到最终有效解决。① 网络服务提供者需要兼顾双方网络用户利益之立场与网络信息主管机构可谓高度一致。网络信息主管机关一方面应保护网络信息发布者的表达自由等权益,另一方面也应该保护信息所指向相对人之名誉权、隐私权、商业秘密、知识产权等私益。兼顾双方利益的最好办法,莫过于充当中立者角色,而不偏向任何一方。

参照上述制度,我们可构建适用于网络有害私信息的判定和处理规则:对于涉嫌侵犯私益的网络信息,事先不作审查;经相对人提出侵权异议后,主管机关启动事后审查。在审查过程中,采用如下"通知—删除"规则:权利人向主管机关发出网络信息侵权的书面通知一般应包括以下内容:权利人的姓名(名称)、联系方式和地址;被侵权信息内容、网址;构成侵权的初步证明材料。在接到权利人的合格通知情况下,主管机关负有通过网络服务提供者删除网络有害信息并向信息发布者转达书面通知之义务。但为防止权利人滥用异议权,侵犯信息发布利用者的表达自由等利益,实现不同利益间的平衡保护,信息发布者接到主管机关通过网络服务提供者转送的通知书后,认为其提供信息不属于侵权,可向主管机关及网络服务提供者提交反通知,要求恢复被删除的信息。主管机关及网络服务提供者接到书面说明后,应立即恢复被删除信息并向权利人转达反通知。权利人在接到反通知后,如果对通知内容不服,可直接向人民法院起诉,通过侵权之诉解决民事纠纷。对于匿名的网络信息发布,网络服务提供者在接到主张侵权的通知后,因无法向权利人提供反通知和发言者的真实信息,可由网络服务提供者根据行业自律规则和企业精神、与用户缔结的经营协议等,自主决定是否删除信息。对于网络服务者作出的删除抑或不删除信息的决定,任何一方权利人不服,均可直接向法院提起诉讼,行政主管机关对此保持中立。②

① 参见张建华:《信息网络传播权保护条例释义》,中国法制出版社 2006 年版,第 62—63 页。
② 基于对企业经济利益和经营风险的双重考虑,网络服务提供者具有妥当作出处理决定的压力和动力。因为,如果网络服务提供者该删除信息却不删除,其事后有可能被权利人起诉,承担法律责任;如果不该删除信息却删除,事后则会被信息发布利用者起诉,同样要承担法律责任,并有可能因立场不够坚定、中立,而流失用户,损害自身经济利益。

通过这种判定及处理机制设计,有望在实现对网络私信息有效治理的同时,最大程度地保护信息发布和利用者的合法权益。

总之,为实现表达自由与网络信息安全维护双重目标的均衡实现,在"公—私"二分基础上,可根据相关言论指涉利益之不同,以类型化的方式把网络有害信息分为网络政治性有害信息、网络社会性有害信息、网络有害私信息三类,并依此适用从严到宽的判定标准。

四、网络有害信息范围的法律重述

作为一个典型的成文法国家,针对网络有害信息的判定与治理,我国应制定更完善、系统的法律规范。但目前,相关立法不能充分满足网络信息治理的现实之需。在新形势下,我们有必要结合本土实践,并参考成熟作法,修订、完善既有各类规范的一些条款,并在此过程中重构有关网络有害信息相关立法的一般条款、具体类型和判定标准。

(一)从限制和保护双重角度制定概括式的一般性条款

从立法学角度讲,立法模式一般有"概括式"和"列举式"两种基本模式。例如,我国《行政诉讼法》在界定行政诉讼受案范围时,采取了"概括肯定+列举否定"的混合立法模式。① 从效果看,概括式和列举式模式,各有优劣。抽象的概括式规定,涵盖范围全面,但相关条款可操作性一般不强;具体的列举式规定,内容明确、针对性和可操作性强,但往往因列举难以殆尽而容易出现遗漏。网络有害信息范围之判定,是开展一切后续治理活动的前提和基础。因此,应当首先设计具有高度包容性的一般条款,以将之范围边界加以整体廓清。同时,考虑到立法规则明确性和可操作性的需要,也应当结合理论结论并参考实践经验,明确列举确有限制正当性与必要性的网络有害信息类型。换言之,界定网络有害信息范围宜采取"一般概括条款+具体列举条款"相结合的立法模式,如此,能同时达致完整性、明确性、可操作性等多重

① 参见应松年:《行政救济制度之完善》,《行政法学研究》2012年第2期。

目标之实现。

以概括方式界定网络有害信息之范围,立法和司法判例都有尝试。例如,1996 年 5 月 9 日,公安部针对内蒙古自治区公安厅请示作出《关于对〈计算机信息系统安全保护条例〉中涉及的"有害数据"问题的批复》,认为有害数据指"计算机信息系统及其存储介质中存在、出现的,以计算机程序、图象、文字、声音等多种形式表示的,含有攻击人民民主专政、社会主义制度,攻击党和国家领导人,破坏民族团结等危害国家安全内容的信息;含有宣扬封建迷信、淫秽色情、凶杀、教唆犯罪等危害社会治安秩序内容的信息,以及危害计算机信息系统运行和功能发挥,应用软件、数据可靠性、完整性和保密性,用于违法活动的计算机程序(含计算机病毒)"。此处实际系将"有害数据"解释为有害信息,并采用了概括式的界定方法。再如,在前述"陈堂发诉杭州博客信息公司"案中,法院在判决书中也以概括方式对网络有害信息做了界定:"有害资讯"指网络系统中传播的对国家、社会或他人合法利益构成威胁或损害的不良资讯,包括危害国家利益、违反社会公序良俗连同损害他人合法权益的资讯。

比较而言,公安部批复对"有害数据"的解释,未能将危害公共安全、破坏市场经济秩序等有害信息包含在内,不甚全面。同时,其界定方法也未能脱逸列举式的实质结构,仅是把列举式的有害信息类型变换了一种表述方式而已。反观法院的个案界定,相对更概括、凝练,且同时涉及了三种层次的有害信息类型,这种界定方法与实体内容更值得肯定。前文曾论证了将网络有害信息划定为网络政治性有害信息、网络社会性有害信息、网络有害私信息的正当性。以此为基础,并借鉴个案中的上述界定方法,笔者建议将界定网络有害信息范围的概括立法条款设计为:"任何组织或者个人不得利用电信网络制作、复制、发布、传播含有危害国家利益、违反社会公共利益、侵犯他人合法权益内容的信息,包括文字、图片、音视频等形式。"同时,为防止政府等机构滥用审查权力,侵犯公民的表达自由等权益,需另设计一条专门针对该条款的限制条款:"任何组织或者个人不得滥用网络信息审查权力,超过法律规定的范围和幅度,对公民、法人或者其他组织合法利用网络表达观点、思想的自由进行限制或剥夺。"

（二）统一列举具体类型

设计了一般条款后，接下来应以列举方式将网络有害信息基本类型加以列明，以增强法条的明确性和可操作性。在设计列举条款时，应系统梳理、整合已有规范文本中的各种列举类型，促成法制统一。

既有立法文本对网络有害信息的规定，存在着一些不统一、不协调之处。如前述，《互联网信息服务管理办法》第十五条将网络有害信息类型规定为9种，《互联网等信息网络传播视听节目管理办法》第十九条、《互联网文化管理暂行规定》第十七条规定为10种，《互联网新闻信息服务管理规定》则规定为11种。《全国人大常委会关于维护互联网安全的决定》第二至第四条则完全打破既有立法例，将网络有害信息界定为破坏国家安全和社会稳定的信息（四类）、破坏社会主义市场经济秩序和社会管理秩序的信息（五类）、侵犯人身、财产等权益信息（三类）。除类型和结构方面的不同外，现有立法在用词、用语、句式方面的差异还有很多。这些相互冲悖、矛盾之处，在进行立法整合时理应一并消除。

针对现有立法规定的十四种网络有害信息类型，并基于网络政治性信息、网络社会性信息和网络私信息的三分结构，笔者建议在统一立法中，设计三项列举条款明确规定网络有害信息类型：任何组织或者个人不得利用互联网发表含有以下内容、危害国家利益的信息：反对宪法所确定的基本原则的；危害党和国家安全，泄露国家秘密，颠覆国家政权，破坏国家统一的；损害国家荣誉和利益的；煽动非法集会、结社、游行、示威、聚众扰乱社会秩序的；任何组织或者个人不得利用互联网发表含有以下内容、危害社会利益的信息：煽动民族仇恨、民族歧视，破坏民族团结，或者侵害民族风俗、习惯的；破坏国家宗教政策，宣扬邪教和封建迷信的；危害社会公德或者民族优秀文化传统的；任何组织或者个人不得利用互联网发表含有以下内容、危害他人合法权益的信息：侵犯他人著作权等知识产权的；散布淫秽、色情、赌博、暴力、凶杀、恐怖或者教唆犯罪的；侮辱或者散布谣言诽谤他人，侵害他人合法权益的；对产品、服务等作虚假宣传的；暴露或者侵犯个人隐私、商业秘密的。

(三)辅之以"三层次"的判定标准

将网络有害信息划分为网络政治性有害信息、网络社会性有害信息、网络有害私信息,并采用宽严不一审查标准的学理认识,也可以立法的方式加以固化。但明显而即刻危险、事后限制、表达内容中立、法律保留等标准与原则,或系域外国家经由判例确立,或为学理观点,其要规定到具体立法条文中,尚需比较借鉴已有判例及立法例的语言设计。

一般认为,较为恰当和准确表述"明显而即刻危险"标准的规范文本为流传甚广的《有关国家安全、表达及获取信息的自由的约翰内斯堡原则》,其第六条规定:"只有当一个政府可以证明以下事实存在,言论才可能以危害国家安全受到惩罚:1.该言论是有意煽动即刻的暴力行动;2.该言论有可能会引起这样的暴力行为;3.在该言论与暴力的可能性或出现之间有着直接而且即刻的联系。"在德国,立法规定了网络信息不接受事先审查的法律标准。德国《基本法》明确强调,"每个人都有表达和传播观点的权力,通过书面或视频方式,人们可以合法获得信息,不受任何阻碍",且"不进行事前审查"。德国《多媒体法》规定,除受"一般法律的限制"外,任何人都可以自由从事网络传播和经营活动而不受限制。①涉及信息内容中立的司法判例确立,除社会价值较低的淫秽言论、侮辱诽谤言论、好斗言论及商业言论外,对大多数表达内容本身均不得予以限制,而仅能对言论发表的时间、地点、方式等作形式方面的审查与限制。②《公民权利与政治权利国际公约》第十九条第二款和第三款中则规定了法律保留原则(标准):"……本条第二款所规定的权利的行使带有特殊的义务和责任,因此得受某些限制,但这些限制只应由法律规定……"。

借鉴国际通例及成熟经验,可针对前述三类网络有害信息对应规定"三层次"的判定标准:一是判定网络政治性有害信息,条文建议设计为:对于危害国家安全的批评、监督、评论政府及政府官员的网络信息,可根据法律规定的范围和幅度,对其发表时间、地点、形式等进行限制。二是判定网络社会性有害信息,条文建议设计为:对于危害社会公德、民族优秀文化传

---

① 参见孟威:《宽容有度的德国网络内容监管制度》,《中国社会科学院院报》2008年2月14日。

② See Tinker v.Des Moines Independent Community School District,393 U.S.503(1969).

统、民族风俗、习惯等社会公共利益的网络信息,可根据法律规定的范围和幅度,对其发表时间、地点、形式等进行限制;对于有可能引起即刻暴力行为并产生危害的煽动民族仇恨、民族歧视、破坏民族团结的信息,破坏国家宗教政策、宣扬邪教和封建迷信的信息,散布谣言、扰乱社会秩序、破坏社会稳定的信息,以非法民间组织名义活动的信息,可根据法律规定的范围和幅度进行限制和惩罚;三是判定网络有害私信息,条文建议设计为:权利人认为网络信息存在侮辱、诽谤、侵犯个人隐私权、商业秘密等情形,有权向行政主管机关提出异议,行政主管机关应当认真听取双方意见,依照平等对待原则对争议信息进行处理(处理方法遵循前述"通知—删除"规则)。

总之,推进网络信息治理统一立法,核心任务之一是对网络有害信息之类型做系统重述。应首先从限制和保护双重角度制定概括式的一般性条款,同时统一列举网络有害信息的基本类型并辅之设计相应的判断标准。唯有如此,方能为妥善解决网络环境下各类信息安全纠纷的后续行动,提供权威、明确、整齐划一的规范依据。

五、网络有害信息范围的统一解释

网络有害信息之判定,究其本质乃是不确定法律概念的具体化问题。基于立法的主动授权和语言的开放结构,无论我们在立法和学理上作何种努力,均不可能一劳永逸地消解不确定法律概念本身所有的模糊性和不确定性,也不能压缩适法者具体化过程的自由裁量空间。故,为最终解决"同案不同判"、裁量权恣意滥用等弊端,在系统化的立法努力外,还需跟进发展有关网络有害信息判定的统一解释技术。而根据行政法治经验,这种统一解释目标,可通过制定针对网络有害信息的解释基准、创建行政执法案例库、发布司法指导案例等操作机制得以实现:

(一)建立行政解释基准制度

通过建立解释基准制度,可将实践中形成的各类网络有害信息判定结论加以相对成文化。近年来,为规范和控制行政裁量权,消解法律适用的不确定性和随意性,我国行政法理论及实务界推崇解释基准和裁量基准制度。① 实践证明,作为一种从行政执法过程中自发生长出来的规则化行政自治制度,制定、发布裁量基准和解释基准,是规范和控制行政裁量权的"最实际、最有效的方法",在网络有害信息判定方面,应当充分吸收这一理论及实践成果。

在网络有害信息界定方面,解释基准制度尚未得到充分运用,但在其他社会治理领域,解释基准制度已得到长足发展,积累了颇多值得借鉴的经验。例如,《广州市公安局办理治安案件指引》第四十二条对"公然侮辱"一词进行了解释:当着众人或者第三人的面,或者利用不特定的多数人听到、看到的方式,对他人进行侮辱。其主要表现为:以油墨涂人、当众泼污水、污物,强迫他人作有损人格的动作、以大字报、小字报、漫画、语言等形式攻击被害人的人格或者涂划、站污、践踏、损毁他人肖像等。《江苏省公安厅〈关于赌博违法案件的量罚指导意见〉》第一条对"赌资"一词进行了解释:赌博活动中用作赌注的款物;赌博活动中换取筹码的款物;通过赌博赢取的款物;在利用计算机网络进行的赌博活动中,分赌场、下级庄家或者赌博参与者在组织或者参与赌博前向赌博组织者、上级庄家或者赌博公司交付的押金;在赌博活动中放贷的款物。上述解释基准,极大消解了立法条文中不确定法律概念的模糊性和多义性,统一指导了行政机关的具体执法活动。借鉴该制度与方法,可由各级公安、国安、工信、新闻等网络行政主管机关,发布相应的解释基准制度,对网络有害信息范围,尤其是相关条款所规定的国家安全、国家秘密、国家荣誉和利益、民族仇恨、民族仇视、民族风俗、民族习惯、文化传统、社会公德、邪教、封建迷信、社会秩序、社会稳定、淫秽、色情、暴力、恐怖、侮辱、诽谤、个人隐私、商业秘密等

---

① 从狭义上讲,裁量基准主要指行政机关在法律规定的裁量空间内,依据立法者意图以及比例原则等的要求并结合执法经验的总结,按照裁量涉及的各种不同事实情节,将法律规范预先规定的裁量范围加以细化,并设以相对固定的具体判断标准,其与解释基准是并列关系。但广义上的裁量基准,则同时包括法律构成要件和法律效果方面的裁量基准两部分,其与解释基准间是包含与被包含的关系。目前学术界的主流观点是"狭义论",即将裁量基准与解释基准并列对待,前者指向法律效果裁量,后者指向不确定法律概念的具体化。参见周佑勇:《裁量基准的正当性问题研究》,《中国法学》2007 年第 6 期;尹建国:《行政法中的不确定法律概念研究》,中国社会科学出版社 2012 年版,第 10—12 页等。

不确定法律概念的内涵与外延,作进一步细化与具体化。各机关发布的解释基准,对本行业、本区域的同类执法活动,具有"自缚"的强制约束力。如此,可一定程度统一法律适用效果,也可为最终统一立法积累成文的经验样本。

（二）创建行政执法案例库

对法律适用中的争议问题,建立执法案例库,是行政主体创新社会管理手段的另一项重要尝试。通过创建案例库,对争议较大的网络有害信息判定提供参考和指导,也能更有效实现"个案正义"。这种制度的主要功能价值在于,地方各级、各类行政主体可以仿制最高人民法院编制案例选、案例库的方式,结合本地区已有行政执法实践,通过遴选、加工、编辑等方式制作区域性的行政执法案例选、案例库,通过个案释法的方式统一法律适用,并作为后续处理类似案件的参考性指导标准。典型如,2010 年湖南省颁布实施《湖南省行政执法案例指导办法》,明确规定"县级以上人民政府应当建立和实行行政执法案例指导制度",并对指导案例的遴选、发布和运用等作了规定。该办法第十二条规定:"县级以上人民政府工作部门选择、报送行政执法指导案例,应当从下列行政执法案件中选择:（一）数量较大的;（二）社会普遍关注的;（三）容易发生执法偏差的;（四）法律效果、政治效果和社会效果较好的。"第十九条规定:"县级以上人民政府工作部门应当将编纂的行政执法指导案例送本级人民政府法制部门审查;经审查合格的,由法制部门报本级人民政府决定发布。"第二十二条规定:"县级以上人民政府工作部门处理与行政执法指导案例相同的行政事务,除法律依据和客观情况变化以外,应当参照本级人民政府发布的行政执法指导案例,作出与行政执法指导案例基本相同的处理决定。"通过此类指导案例,可以为规范行政裁量权、统一法律解释树立直观标杆。实践证明,实施指导案例制度后"同案不同罚""同事不同办"的情况确实大大减少。应松年教授也认为:"不管法律条文制定得多么细致,总没办法把现实情况解释清楚,但指导案例的出现,能提升行政执法的准确、公平和公正。"[1]

---

[1]　张莹:《湖南又一次开创依法行政先河》,《潇湘晨报》2010 年 8 月 10 日。

上述经验完全可适用于网络有害信息判定的微观执法领域。网络主管机关可通过发布典型指导案例,阐释行政主体在判定网络有害信息过程中的考量因素,明晰对争议权益的利益衡量其权衡取舍,正面回应相对人和公众质疑,将带有规律性、多发性、可重复性的疑问,在个案中进行一并回应、释疑,以作为后续解释的参考。这种指导案例,由网络行政主管部门遴选、制定,然后报送县级以上人民政府法制部门审查。法制部门依法从专家、学者、资深行政执法人员、人大各专门委员会以及司法、信访、法制等部门的工作人员中选定人员评审,对于通过评审的指导案例报本级人民政府批准、发布,以作为行政主体处理类似案件的参照依据。这种处理方法,能够进一步弥补成文立法及解释基准之不足,并极具可操作性,应当得到网络管理实务部门的重视和践行。

(三)发布司法指导案例

行政主体在个案中对网络有害信息的解释,在性质上属于法律问题,应接受司法的事后审查。即便是行政主体制定了统一的解释基准,法院也可以自己的判断代替行政主体的基准。对于这一权力,我国现有法律已经作了明确规定。一方面,我国《行政诉讼法》第五十二条、第五十三条规定,人民法院审理案件"依据"法律、"参照"规章,行政解释基准并不在"依据"或"参照"之列。换言之,人民法院在个案审理过程中,并不需要强制性地适用行政解释基准,其可以据实决定适用或不适用、参照或不参照。另一方面,最高人民法院《关于审理行政案件适用法律规范问题的座谈会纪要》规定,行政机关制定的"具体应用解释和规范性文件不是正式的法律渊源,对人民法院不具有法律规范意义上的约束力。但是,人民法院经审查认为被诉具体行政行为依据的具体应用解释和其他规范性文件合法、有效并合理、适当的,在认定被诉具体行政行为合法时应承认其效力;人民法院可以在裁判理由中对具体应用解释和其他规范性文件是否合法、有效、合理或适当进行评述。"根据该规定,法院对待行政解释基准,应首先持有尊重态度,在其合法有效时应以自制的精神加以遵守,但在有正当理由情况下,也可以不加适用,而依据自身认识独立作出判断。换言之,行政主体对网络有害信息的判定,无论系通过发布解释基准的形式进行,还是在个案中据实确定,相关结论都属于司法审查范围。

司法机关通过个案审理,将其中具有典型性和代表性的案例予以遴选,然后进行编辑、加工,以作为后续类似案件审理的重要参考,经过遴选、加工后颁布参照的这些案例,就构成司法指导案例。近年来,我国已连续发布多批司法指导案例。最高人民法院于2010年11月26日印发了《关于案例指导工作的规定》(以下简称《规定》),标志着中国特色案例指导制度初步确立。自2011年12月20日起,最高人民法院已陆续发布多批指导案例。最高法院在发布指导案例的同时要求,各级法院应"严格参照指导性案例审理好类似案件,进一步提高办案质量和效率,确保案件裁判法律效果和社会效果的有机统一"。同时,"各高级人民法院可以通过发布参考性案例等形式,对辖区内各级人民法院和专门法院的审判业务工作进行指导"。① 通过最高人民法院发布指导案例和各高级人民法院发布参考性案例的方式,指导类似案件的审理实务,是我国借鉴英美法系判例制度的一项重要创举。根据这一制度设计,最高人民法院和各高级人民法院,可以遴选实践中有关网络有害信息判定的一些典型争议个案,对争议焦点进行条分缕析,尤其是对国家利益、公共利益、个人私益与表达自由利益竞合时的考量因素确立、利益衡量取舍过程等,进行揭示与总结归纳,以作为后续行政执法和司法审判的重要参考。而且这种指导案例和参考案例的建立,是一种开放状态,可以不断添加更新。通过这种方式,也能直面实践中不断出现的新问题、新焦点,弥补成文立法的不足,确保网络有害信息的判准能够与时俱进,自我生长、发展,日臻完善。另外,法院还可对行政机关制定的有关网络有害信息判定的解释基准行使审查权。② 通过司法审查,不仅可以强化针对有害信息行政解释的事后矫正功能与力量,也将促使行政主体在制定过程中更加小心、谨慎,基准必将因之日臻完备。

显然,通过行政主体的自我发展与总结、司法机关的事后把关与修正,有望推动网络有害信息的判定标准日趋走向科学、合理。在这些努力基础之上,

----

① 参见《最高人民法院关于发布第一批指导性案例的通知》(法〔2011〕354号)。

② 参见江必新:《完善行政诉讼制度的若干思考》,《中国法学》2013年第1期。

立法机关还可通过疏通和拓展立法动议表达机制、范围等方式,对业经实践检验的解释基准、行政判定、司法结论写入立法,推动有关网络有害信息判定成熟标准的法制化,以使其在更广泛的范围内发挥作用。

综上所述,明确、合理判定网络有害信息范围,是实现网络信息治理法治化的前提和基础。网络有害信息包括《中华人民共和国宪法》《中华人民共和国网络安全法》《全国人大常委会关于加强网络信息保护的决定》《关于维护互联网安全的决定》《互联网信息服务管理办法》等规范文本明文禁止传播的信息,也包括违背社会主义精神文明建设要求、违背民族优良文化传统与习惯及其他违背社会公德的各类信息,包括文字、图片、音视频等形式,其涉嫌侵犯的利益包括国家利益、社会公共利益、私人合法权益等各种类型。现代法治原则之下,判定网络有害信息之范围,应遵循行政均衡、平等对待等原则,以在维护信息安全的同时,同等保护公民言论自由等基本权益。同时,根据其危及利益的不同,可将网络有害信息区分为网络政治性有害信息、网络社会性有害信息和网络私人有害信息三类,对其应分别适用表达内容中立、明显而即刻危险、事后限制等审查标准。为提升网络有害信息治理活动的法治化程度,还应通过系统的法律重述并发展统一的法律解释技术,推动权威、体系化的立法进程,有效消解网络有害信息判定实践中的模糊性和不确定性。

第三章　网络信息内容分级制度

网络信息内容分级,是网络信息治理的一项重要而有效的实体性制度。所谓网络信息内容分级,指根据一定分级体系,把网络信息的内容属性或其他特征分门别类地揭示出来,使其成为分级标记,使用时与过滤模板进行比较,以决定是否过滤的信息管理制度。① 网络信息内容分级往往结合过滤技术运用,目的旨在过滤网络淫秽色情、凶杀暴力、粗俗语言等有害信息。该制度的最大优点在于,可通过系统、科学的分级指标体系,将网络信息类型化,以实施差异化的治理策略。如此能在保护未成年人等特定群体利益的同时,避免"一刀切"的粗放型弊端。而且,网络信息内容分级基本由网络企业和行业组织自律完成,政府一般不强制推行,能够凸显网络的自治精神,有利于消解社会各界对言论限制的疑虑与抵制。② 本章拟在对我国网络信息内容分级已有成果和前期经验进行梳理、整合基础上,论证在我国建立该制度之正当性,并结合对域外成熟做法以及电影、电视、游戏分级的比较观察,勉力对我国网络信息内容分级的指导原则、分级范围、分级主体、分级层级、分级程序等"一揽子"机制,进行系统讨论并提出具体建议。

一、网络信息内容分级的必要性与可行性

网络在便利我们生活的同时,也带来了色情、欺诈、暴力、恐怖、低俗等诸

---

① 参见黄晓斌、邱明辉:《网络信息过滤中的分级体系研究》,《中国图书馆学报》2004 年第 6 期。

② 参见尹建国:《我国网络信息的政府治理机制研究》,《中国法学》2015 年第 1 期。

多有害信息。对网络信息的发布和传播活动予以必要监管是维护网络信息安全的客观需要,但审查和限制网络信息易于侵犯公民的表达、监督、知情等基本权益。法治视野下,网络信息之治理应在信息安全维护和表达自由等基本权益保障间,保持适度均衡。此外,网络信息面对的受众数以亿计,不同受众往往有着不同的信息选择偏好,在实施网络信息治理活动时,也须兼顾"易感人群"和一般群体的各自特点和信息权益。作为一种分层次、差异化、多角度、渐进式的治理策略,网络信息内容分级制度能同时实现上述多方面的基本目标,在网络空间推行这种管理制度,具有必要性和可行性。

(一)网络信息内容分级的必要性

1. 保护未成年人等特定群体网络权益的客观需要

网络信息内容分级制度设计的出发点,即围绕保护未成年人等特定群体网络合法权益目的展开。未成年人正处于思想、道德和价值观形成的关键时期,网络一方面为未成年人提供了学习知识、了解社会的重要途径和窗口,但另一方面也带来资讯爆炸,造成其信息选择困难和思想误区。同时,未成年人由于身心发育尚不成熟,缺乏自主分析、判断和辨别能力,自制能力较弱,易受不良信息误导、诱惑,并有意进行模仿。据媒体报道,北京海淀检察院曾对在押未成年犯罪嫌疑人进行调查,发现在 73 名有上网经历的未成年犯罪嫌疑人中,39 人承认自己参与犯罪活动与网络不良信息误导有关,占比高达 53.4%。[①]

显然,未成年人在网络空间理应受到特殊保护,网络信息内容分级制度正是针对这种需要设计的。基于该制度,网络经营者可根据分级标准设定网站或网页级别,经有权机关审核后,提供适合不同年龄群体的资讯,以满足不同群体的信息需求。未成年人的监护人、公共图书馆和学校等则可根据网站、网页的分级标示,结合过滤软件,设定信息屏蔽和过滤措施,避免未成年接触不良信息,保护其合法权益。

2. 弥补传统技术控制和行政强制模式的固有局限和先天不足

面对网络有害信息威胁,传统上多采取技术控制和行政强制治理模式。

---

① 参见李罡:《未成年人犯罪半数上网诱发》,《北京青年报》2004 年 7 月 25 日。

技术控制多以屏蔽、封锁、过滤等方式展开,对网络信息往往"批量处理",技术本身的无倾向性也决定了技术控制本身所具有的的缺陷性。① 而且,技术会造成误杀,如果一个网站包含敏感字,防火长城基于技术限制,只能简单粗暴地将其屏蔽了事。② 至于行政强制模式,则多以权力主导下的实名制、新闻审查、舆情监控、行政处罚甚至刑事入罪等方式展开。该模式一定程度上能满足维护网络秩序的目的,但往往因强制手段使用过多、柔性手段使用过少,而广受诟病。相对于技术控制和行政强制模式,网络信息内容分级制度突出强调信息的分级、分类治理,能通过差异化的措施有效避免"一刀切"的传统弊端。且能够避免政府直接强制引发的滥用职权风险,更能获得大众的认可。

3. 均衡网络信息内容安全和网络表达自由等基本权益的必然选择

当前,政府治理网络信息,面临着一个突出难题:如何应对侵犯言论自由的质疑,如何实现政府干预与言论自由保护间的适度均衡? 政府如果对网络信息疏于监管,无异于放纵和渎职,将令互联网陷入混乱的沼泽;祭起监管大旗,弥足珍贵的言论自由、来之不易的民意表达渠道,又将处于公权践踏的阴影之下。③ 面临这种紧迫却又辩证矛盾的阶段性任务,推行网络信息内容分级制度可谓正逢其时。该制度通过设置具体、明确的分级范围与指标体系,仅集中于对特定信息进行"有害性"标识,而将大量网络信息排除在分级之外,能够满足公众网络表达和信息利用等权益。同时,该制度的推行多以行业组织的自治分级和网络用户的自愿采用为主要形式,能够消解政府单方强制的传统弊端和心理抵触。换言之,该制度可在自治、自律基础上,实现网络信息治理的精细化,能在维护网络信息内容安全的同时,最大限度避免对网络信息的过多、过泛限制,能够相对更充分地保障网络一般用户的表达自由、知情、监督等基本权益。

---

① 参见何精华:《网络空间的政府治理——电子治理前沿问题研究》,上海社会科学院出版社 2006 年版,第66—74 页。

② 参见唐明灯:《网事不如烟:互联网时代,更要坚持正确价值观》,《时代周报》2011 年 2 月 24 日。

③ 参见尹建国:《我国网络有害信息的范围判定》,《政治与法律》2015 年第 1 期。

（二）网络信息内容分级的可行性

1. 学术共识逐步形成

近年来,我国学界对网络信息内容分级的相关研究日益丰富,并取得了系列阶段性成果,统一共识正在形成。例如,有学者详细介绍了 RSACi、Safesurf 等全球知名信息分级体系,归纳了编制网络信息内容分级体系时的相关考量因素。① 有学者结合特定领域的有害言论,论证了网络信息内容分级的合理性与操作办法。② 有学者通过比较研究美国电影分级系统的产生背景、发展历程、内容结构及实施效果等,指出了其对中国网络信息内容分级制度建设的启发和借鉴意义。③ 有学者介评了韩国网络信息分级标准和制度体系,并讨论了其在我国引入的必要性与可行性。④ 还有学者提出了网络色情分级管理的层级结构和分级标准构想。⑤ 此外,网络信息内容分级往往与网络信息过滤技术结合使用,学界也围绕信息过滤技术的运用范围与方法等做了讨论。例如,有学者比较了美国针对网络过滤技术的赞否两派立场,分析了网络信息内容分级与过滤技术的合理性,并对网络信息选择的标准进行了探索。⑥ 有学者讨论了在网络端口过滤过程中,如何确定网络信息过滤各方的权利义务以及相关法律责任问题。⑦ 还有学者提出了从信源、信道、信宿等角度构建网络信息过滤的监督体系问题。⑧ 总之,我国学界近年已围绕网络信息内容分级问题,在法学、公共管理、新闻传媒、图书情报、计算机技术等学科进行了多维度、多层次的系统研究,取得了一定前期成果,这为该制度在我国的具体引

---

① 参见黄晓斌、邱明辉:《网络信息过滤中的分级体系研究》,《中国图书馆学报》2004 年第 6 期。

② 参见张志铭:《内容分级制度视角下的网络色情淫秽治理》,《浙江社会科学》2013 年第 6 期。

③ 参见孟薇、张彬:《互联网网络内容分级体制的探讨及研究》,《北京邮电大学学报》(社会科学版)2008 年第 6 期。

④ 参见陈晓云:《韩国网络治理现状及启示》,《新闻与传播研究》2010 年第 6 期。

⑤ 参见欧树军:《网络色情的法律规管》,《网络法律评论》2007 年第 1 期。

⑥ 参见时飞:《网络过滤技术的正当性批判——对美国网络法学界一个理论论争的观察》,《环球法律评论》2011 年第 1 期。

⑦ 参见武向阳、贺晓娜:《关于网络端口过滤的法律思考》,《信息网络安全》2005 年第 6 期。

⑧ 参见王玉:《网络信息过滤的法律监督体系构建》,《情报科学》2005 年第 4 期。

入与推广,奠定了理论基础。

2. 分级配套技术日趋成熟

网络信息内容分级需结合过滤和分级标示等技术措施才能有效运用,这些配套技术在我国业已发展成熟。典型表现如,为了给青少年创造积极向上的网络信息环境,工信部于 2006 年组织开展了"阳光绿色网络工程"主题系列活动,力推"绿色上网软件标准化工作"。[①] 基于"绿色网络"宗旨,中国通信标准化协会、中国互联网协会和相关研究生产企业制订了系列产品标准和检测标准,并对绿色上网软件进行大范围征集、评测、推荐。2009 年工信部出台"绿坝·花季护航"预装软件政策,[②]表明我国在网络分级标识及过滤方面的物理技术已经逐步发展成熟。公共图书馆和家长等通过使用"绿坝·花季护航"类软件,拦截网络色情内容、过滤不良网站、控制未成年人上网时间、查看上网记录等,从技术上显然已不存在障碍。

3. 比较法上的借鉴资源丰富

放眼世界,网络信息内容分级已是一项被广泛认可并应用的信息管理制度。很多发达国家都制定了明确的网络信息分级标准,组建了分级管理专门机构,并针对性地研发了分级软件系统。例如,美国的 RSACi、ICRA 网络信息分级系统,着重强化对侵犯未成年人合法权益之网络信息过滤,在欧美和亚洲国家都有广泛运用。2003 年,德国通过了《青少年媒介保护国家条约》,开始以准入年龄为节点对网站内容进行分级,并做出标识供家长选择和过滤,其还专门组建媒体行业协会负责网络信息内容分级的具体实施工作。此外,全球还有很多企业自主研发了网络信息内容分级系统,如美国 Safesurf 公司开发的 Safesurf 分级体系,已被全球超过 5 万多个网站使用进行自我分级。网络信息内容分级在全球范围内的广泛认可和成熟经验,为该制度在我国的引入和构建提供了丰富的可借鉴资源。

---

① 参见《信息产业部有关负责人谈"阳光绿色网络工程"》,中华人民共和国中央人民政府网站,http://www.gov.cn/zwhd/2006-05/19/content_285742.htm,最后访问时间:2015 年 7 月 18 日。

② 2009 年 5 月,工信部发布《关于计算机预装绿色上网过滤软件的通知》(工信部软〔2009〕226 号),通知政府将使用中央财政资金买断"绿坝·花季护航"上网过滤软件产品一年使用权,并向全社会推广使用。

总之,网络信息内容分级制度有利于保护未成人等特定群体网络合法权益,且能在维护网络信息安全的同时,最大限度保护一般网民的网络利用权利,理论和实务界均高度认可该制度之功能效用。我们应在比较借鉴域内外相关经验基础上,整合国内既有资源,进一步推动该制度在我国的构建完善与系统覆盖。

二、网络信息内容分级的域外经验

网络信息内容分级制度在全球诸多国家和地区均已得到广泛运用,比较观察其产生背景、具体内容和运行效果等,对我国具有重要启发意义。

(一)美国:在未成年人权益保障与言论自由保护间追求均衡

如何均衡网络言论自由和未成年人权益保护是美国全社会共同关切的重大问题,并左右着美国的网络信息治理立法和实践。1996 年美国出台了《通信规范法案》,首次以保护未成年人名义对网络信息予以区分治理。该法案第二百二十三条 a 款和 d 款规定,在明知可能会被未满十八岁的未成年人获知情况下,禁止在网络传播"低俗信息"和"以当前社会标准看来以明显冒犯的方式刻画或描述性或排泄的器官以及行为的内容"。[1] 但在"雷诺诉美国民权联盟"一案中,最高法院认定《通信规范法案》违反宪法第一修正案而无效。[2] 斯蒂文森大法官认为,"低俗"和"明显冒犯"概念容易产生歧义和混淆,从而导致法律适用的不确定性,进而使社会产生"寒蝉效应"。奥康纳大法官也认为分级管理涉嫌侵犯言论自由,因为分级须符合两个基本原则:分级不得妨碍成年人获取相关信息;未成年人的确没有获取相关内容的权利。[3] 在最高法院否决《通信规范法案》之后,国会随即推出《儿童在线保护法案》,

---

[1] See Communication Decency Act of 1996(Pub.L.104-104,47 U.S.C.230).

[2] See Reno v.American Civil Liberties Union,521 U.S.844(1997).

[3] See Opinion of the Court of Reno v.American Civil Liberties Union(section),http://en.wikipedia.org/w/index.php? title=Reno_v._American_Civil_Liberties_Union&action=edit&section=2,最后访问日期:2015 年 9 月 8 日。

明确界定了对未成年人有害的信息范围和内容,并要求成年人使用成年人访问码、个人识别号或对年龄进行数字化识别等合理方式登陆特定网站。[①] 但该法案嗣后再次被最高法院以侵犯表达自由为由裁定无效。2000 年美国国会通过《儿童互联网保护法案》,要求学校及图书馆的网络必须加装过滤淫秽内容、涉及儿童色情作品的软件,否则学校、图书馆将不能获得联邦政府的特别资金补贴。[②] 美国图书馆协会 2001 年再次起诉《儿童互联网保护法案》违宪,但最高法院以 6 比 3 裁定法案合宪。[③] 至此,美国终于在网络信息内容分级与言论自由保护间获得相对均衡,美国互联网开始进入"过滤时代"。

美国在推动网络信息内容分级立法的同时,也开始建立相应的分级系统。其中的代表是 RSACi 网络分级系统,其是美国最早也是应用最为广泛的分级系统之一。该系统根据暴力、裸露、性和语言等,将网络信息分为五级,主要分级标准及层级为:4 级(肆意和无端的暴力、酷刑、强奸;极端刺激的裸露行为;完全直接的性行为或性犯罪;粗鲁、直接的性描绘语言或极端仇恨语言)、3 级(对人施暴或致死行为;正面全裸;非直接的性行为;粗言秽语,猥亵手势或种族辱骂语言)、2 级(致人伤害或少量流血;部分裸露;有遮盖的性接触;咒骂或与性无关的解剖用语)、1 级(致动物伤害或死亡,毁坏物品;着装暴露;充满激情的接吻;轻度咒骂)、0 级(无害攻击;无裸体和裸露;浪漫,无性接触;无害俚语,无亵渎性语言)。[④] 与此同时,美国儿童在线委员会等机构还研究了大量儿童在线保护技术和方法,包括内容过滤和封堵技术、标签和评级系统、年龄识别方法、网络监控和时间限制技术以及违法在线内容检举系统等,以为网络信息内容分级提供配套技术支持。

(二)英国:行业组织主导下的网络信息内容分级

英国对网络治理主要坚持"监督而非监控"的管理理念,在此理念指导下,

---

① See Child Online Protection Act of 2000(Pub.L.113-36,47 U.S.C. § 231).

② See Children's Internet Protection Act of 2001(Pub.L.106-554,47 U.S.C. § 254).

③ See United States v.American Library Association,539 U.S.194(2003).

④ See Recreational Software Advisory Council on the Internet, http://en. wikipedia. org/wiki/Recreational_Software_Advisory_Council,最后访问时间:2015 年 9 月 8 日。

英国相继成立网络观察基金会、互联网服务商协会和网络内容分级协会等行业组织,推行对互联网自律管理。以网络观察基金会为代表的行业组织,重点推广"网络内容选择平台"(PICS)分级标准,即主要根据色情、裸露、暴力、侮辱等分类标准对网络内容进行分级,并通过设置警示标志、提供"通知移除"服务等,帮助用户过滤、自行选择网络内容。① 2013年7月,时任英国首相卡梅伦宣布,英国将实施新的网络管制计划。所有新增网络用户将被默认装上色情内容过滤器,而且除非用户主动要求网络服务商撤销,该过滤功能将持续存在。此外还要求儿童侵犯与在线保护中心提供一份关键字黑名单,并由大型搜索引擎商提供信息过滤的技术配合。② 总体上,网络信息内容分级在英国主要通过行业组织主导、网络服务商技术配合的方式推行,呈现出明显的自律、自治特色。

(三)德国:"中庸"基础上的网络信息内容分级

德国是世界范围内首个制定网络成文法的国家。德国重点防范的网络有害信息包括儿童色情、纳粹信息、欺诈、不当广告、赌博、侵犯知识产权信息等。在具体审查标准方面,德国《基本法》第五条明确规定了"思想表达自由"受宪法保护和不设审查制度,但不审查的权利又由"一般法律"和保护青少年及个人名誉的法律予以限制。在个人自由与国家限制之间作出价值选择时,体现出了一种德国式的"中庸之道",又与康德的"自律"思想密切相关,即针对自由的"限制"和建立"反限制"机制,力求重点防止限制侵害自由的本质和核心内容。③ 在司法实践中,当出现网络言论自由与其他利益冲突的衡量时,对于网络言论自由的限制体现地较为明显,尤其是在涉及儿童色情以及法西斯复兴言论方面,"公共利益"较之"个人的言论自由"常常占到上风。④ 立基于上述"中庸"

---

① 参见网络观察基金会官网介绍,https://www.iwf.org.uk/about-iwf,最后访问时间:2015年10月2日。

② 参见刘石磊:《英国将实施网络扫黄新措施》,新华网,http://news.xinhuanet.com/tech/2013-08/03/c_125111590.htm,最后访问时间:2015年10月2日。

③ 参见李道刚:《德国语境中的思想表达自由与约束——取宪政哲学理论和广播电视实践的双维视角》,法律出版社2009年版,第200页。

④ 参见邢璐:《德国网络言论自由保护与立法规制及其对我国的启示》,《德国研究》2006年第3期。

式的利益权衡标准,德国制定了《青少年媒介保护国家条约》等规范文本,推行互联网信息分级制度。具体而言,内容分级制度要求德国所有网站、网络服务提供商等必须详细填写一份在线调查问卷,以甄别其服务是否包含色情、暴力等危害青少年的不良信息。根据问卷结果,网站、服务商等将自动按照统一分级标准获得分级答复,随后自行为其内容设置年龄许可标志(网络内容分为六岁以上、十二岁以上、十六或十八岁以上可浏览三个年龄级)。通过这些措施及使用过滤软件等手段,青少年在浏览网络时将只能看到其年龄范围所允许接触到的内容。[1]

(四)我国台湾地区:网络信息内容强制分级

我国台湾地区曾在世界范围内首先推动网络信息强制分级,其《电脑网路内容分级处理办法》不仅提出了网络信息内容分级之法定义务,而且明确了分级标准和范围,并通过附表形式,列举了网络信息内容分级例示。具体而言,我国台湾地区主要将网络信息划定为四级:普遍级(一般浏览者皆可浏览)、保护级(未满六岁儿童不宜浏览)、辅导级(未满十二岁儿童不宜浏览)和限制级(未满十八岁者不得浏览)。

限制级、辅导级和保护级信息的划分标准均集中于语言、性与裸露、暴力和其他四个方面。各级信息的主要分级词汇为:[2]限制级:语言方面包括明显与性相关的语言;性与裸露方面为性器官;暴力方面包括性暴力、强暴,或画面中含有人类的血与血块;其他项主要涵盖鼓励歧视或恶意中伤特殊团体或族群和可能对未成年人造成思想误导或造成情绪惊恐不安的内容。辅导级:语言方面包括粗暴或亵渎的语言;性与裸露方面包括女性胸部、裸露臀部,未暴露性器官或仅以暗示之方式呈现性行为,可见到具有性挑逗意味之抚触,具有与艺术相关之性或裸露的内容;暴力方面包括画面中含有动物或虚构角色的

---

① 参见班玮:《推出新标准保护青少年 德国要对网络内容分级》,《人民日报》2010 年 10 月 18 日。

② 具体分级类别、分级词汇、解释与范例等,可详见我国台湾地区《电脑网路内容分级处理办法》(我国台湾地区"行政院新闻局"2005 年 10 月修正发布,大陆地区也有学者将其引用为《计算机网络内容分级处理办法》)。

血与血块、杀死虚构角色和具有与医学相关的暴力内容;其他项包括鼓励使用烟草、酒精,可能使未成年人害怕或对儿童心理有不良影响之内容。保护级:语言方面包括温和的咒骂语;性与裸露方面包括热情的接吻,具有与教育或医学相关的性与裸露的内容;暴力方面包括故意伤害人类、动物和虚构角色的内容,以及与艺术、教育、运动相关的暴力内容等。

(五)启示

纵观世界主要国家和地区的网络信息内容分级立法与实践,可得出如下初步启示:首先,网络信息内容分级主要涉及表达自由与未成年人权益保护两项重要法益,厚此薄彼抑或顾此失彼都会造成严重的社会危害。故,兼顾并均衡上述两方面合法权益,是该制度科学建构、有效运转的核心指导原则。其次,网络信息浩如烟海、类型庞杂,片面倚重政府推行网络信息内容分级,有很大的现实局限性。充分发挥行业组织、网络企业等的自律、自治功能,则既有助于减轻政府负担,也有助于形成自我管理、自我约束、良性竞争的行业氛围。再次,网络信息内容分级须兼顾实体正义和程序正当的双重要求。既要积极整治网络有害信息,也要保障制度推行过程的程序合法性,避免因片面追求治理效果而走上"重实体,轻程序"的传统误区。最后,网络信息内容分级须严格限定分级范围并设定科学合理、操作性强的分级层级,既要防止因分级范围过窄、标准过高,侵犯未成年人等特定群体权益,也要避免因分级范围过泛、标准过低,侵害公民网络表达自由等基本权益。

三、电影、电视、游戏分级制度的比较观察

网络虽是一种新型媒介,但网络信息也以文字、图片、音视频等为基本元素,因此也具备诸多与电影、电视和游戏等相近的媒介功能与属性。故,发展时间更长、相对更成熟的电视、电影和游戏分级制度,对网络信息内容分级制度之建构也颇具参考价值。

（一）电影分级制度

世界范围内,美、英、加等发达国家都建立了电影分级制度。在美国,其电影一般被分为三级,即非限制级、限制级和未定级:一是非限制级包括 G 级、PG 级、PG-13 级三类。G 级适合所有年龄层次观众观看;PG 级为建议在家长陪伴下观看,影片中可能会出现粗话、恐怖与暴力镜头以及性爱场景,但不含使用毒品内容;PG-13 级为家长需要特别谨慎对待,影片中可偶而出现有关性爱、毒品、暴力等场景,或者有少量和有限方式的粗言秽语、种族污蔑词语等。二是限制级主要涵盖 R 级和 NC-17 级两类。R 级指十六岁以下观众须有家长或年龄超过二十一以上的成年人陪伴方可观看,影片中的成人内容较多,可能涉及粗言秽语、暴力、性爱与裸体、毒品等;NC-17 级指严禁十七岁以下观众观看,影片通常具有强烈的暴力、性爱、毒品及粗言秽语等内容。三是未定级指未经美国电影协会(MPAA)评审定级的电影。①

美国的电影分级具体由分级管理局所辖的分级委员会操作。分级委员的主席由电影协会主席选定,但电影协会主席不得直接干预委员会的具体决定。委员会的构成人员一般为 8 到 12 位具有不同社会背景的人士,影协对他们的资格很少作具体和明确的要求,但却强调他们必须为人父母。分级委员会在实施影片定级时,采取集体的方式观看影片,嗣后作出独立评估,确立等级,最终经由小组讨论并以投票方式确定影片最终定级。如果制片人对委员会的定级持异议,事后也可与委员会进行协商,并在修改影片的基础上重新讨论定级,以获取满意的定级结果。同时,制片人也可向分级上诉委员会上诉,上诉委员会可以三分之二多数票推翻原定级决定。不过值得强调的是,在美国,送审影片属于自愿行为而不是强制要求,没有送审的影片仍可以无级别的方式发行。只不过,据独立调查显示,美国商映影片中遵守分级制的比例实际高达80%。②

对我国而言,虽然呼声已久,但系统的电影分级制度仍未建立,目前依然实行传统的电影审查制度。根据现行《电影管理条例》第二十五条第一款的规定,对违反宪法基本原则、国家统一、损害国家利益、淫秽赌博、暴力犯罪等

---

① 参见孟薇、张彬:《互联网网络内容分级体制的探讨及研究》,《北京邮电大学学报》(社会科学版)2008 年第 6 期。

② 参见石同云、章晓英:《美国电影审查与分级制度(上)》,《电影艺术》2004 年第 3 期。

十方面内容的电影,由国家新闻出版广电总局设立的电影审查委员会予以禁影。制片单位对电影审查持异议的,可自收到决定书之日起 30 日内向电影复审委员会提出复审申请,也可直接提起行政复议或行政诉讼。

(二)电视分级制度

根据美国联邦通讯法案第五百五十一条之规定,美国国家广播协会、美国有线电视广播协会和美国电影协会于 1996 年底,开始仿制电影分级制度,正式推出电视分级制度。该分级制度要求对在美国境内销售的 13 英寸以上的电视都需要安装 V-chip 芯片用来读取节目编码信号,同时由电视业成立委员会制定电视节目分级标准。美国现行电视分级制以色情、暴力、粗口等为标准,将电视节目共分为七个等级:TV-Y 级适合所有人观看;TV-Y7 级适合七岁及以上儿童观看,节目中可能包含一点幻想式或喜剧式打斗场面,暗示性幽默;TV-Y7-FV 级比 TV-Y7 级节目中喜剧式打斗场面略多或者程度稍强;TV-G 级适合儿童和一般观众观看,节目中的暴力内容很少或基本不含,没有粗俗语言,没有或仅有很少的性语言和情节;TV-PG 级指儿童需在家长指导或陪伴下收看,节目含有少量粗口、性暗示语言、某些性情节、温和暴力等;TV-14 级仅适合十四岁以上观众观看,节目中含有明显暗示性语言,非常粗俗的语言、激情场面、激烈的暴力;TV-MA 级只适合成人收看,节目中包含粗鲁的下流语言,清楚的性行为场面,严重的暴力内容。美国推行电视分级,曾受到电视业界的强烈反对,被认为违反了宪法第一修正案中的表达自由条款。故国会在最终出台的法案中,谨慎表示电视分级实际是一种"遵循法律原则前提下的自愿分级",主要表现在其分级标准主要由电视业自行建立,政府和代表政府的委员会不直接干预。①

除美国外,法国也建立了本国的"五级制"电视分级体系:一级为大众皆宜,二级为十岁以下不宜,三级为十二岁以下不宜,四级为十六岁以下不宜,五级为十八岁以下不宜,具体分级标准同样基于暴力、性、毒品、吸毒等普适性因素。其电视节目分级具体由各频道自设的观看委员会决定,同时接受全国行

---

① 参见戴姝英:《电视节目分级——美国特色的低俗内容监管》,《新闻界》2008 年第 6 期。

业监督机构——法国高级视听委员会(CSA)的监督,后者主要通过节目监看和处理观众投诉两种手段实施监管。但CSA十分尊重电视台的自律与自治,只要不是情节异常严重,其更愿采取对话形式发出警告,促其自纠;仅在电视台有重大疏忽或屡犯情况下,才会采取经济处罚等干预手段。①

(三)游戏分级制度

游戏分级制度在欧美已有比较成熟经验。在美国,其游戏软件分级委员会(ESRB)根据玩家年龄和游戏内容等,共将游戏划分为EC、E、E10+、T、M、AO、RP七个级别。具体分类则围绕酒精、血腥、幽默、暴力、侮辱、性、药品、赌博和烟草等九方面标准进行。其分级程序按发行商提交游戏图片和内容、评估机构独立审核并定级、正式发行前ESRB专家对游戏终极版本再次复审和认定的方式进行。经定级和审批后,游戏相关宣传影像、资料等,都应明确标注等级,并按等级分类向特定用户群销售,否则被视为违法。②

泛欧洲游戏信息组织(PEGI)制定的游戏分级制度则被普适于欧盟30多个国家。该分级系统同美国相似,包括五段年龄分级和八类内容分级,分级标准为暴力、粗俗语言、性、裸体、毒品、歧视、赌博在线等因素。不过,PEGI游戏分级采用自愿原则,对游戏发行商并无强制性要求。但以游戏发行商签署制定的《欧洲游戏软件行业关于游戏软件产品年龄分级、广告与销售行为规范》为基础,欧洲游戏行业体现出了强烈的自律诚意。多家国际知名游戏软件发行商在欧洲发行游戏软件时,基本都遵循并通过了该分级系统的定级。③

2004年,我国青少年网络协会也正式推出《中国青少年网络协会游戏分级制度(草案)》(即《绿色游戏推荐标准》),该标准将网络游戏分为适合全年龄段、初中生年龄段、高中生年龄段、十八岁以上年龄段和危险级五个等级。

---

① 参见严怡宁:《透视法国电视节目分级制》,《电视研究》2007年第3期。
② 参见燕道成:《国外网络游戏管理及启示》,《中国青年研究》2009年第8期。
③ 参见叶慧娟:《网络游戏分级制度比较研究》,《华东理工大学学报》(社会科学版)2011年第2期。

各个等级的划分标准则被区分为静态和动态共十二项分级指标。其中,静态指标由暴力度、色情度、恐怖度、社会道德度、文化内涵度五项构成;动态指标则由PK(砍人)行为、非法程序(外挂)、聊天系统的文明度、游戏内部社会体系的秩序、游戏形象宣传、游戏时间限制、社会责任感七项构成。在按各指标打分定级后,被确定为适合全年龄段、初中生年龄段、高中生年龄段三个等级的网络游戏,将对之举行绿色游戏听证会,如果能够通过听证则由中国青少年网络协会对其授予"绿色游戏"称号,向全社会推荐。对于被评为"危险级"的网络游戏,青少年网协则将把其名单提交给相关部门审查。①

(四)启示

显然,电影、电视、游戏分级与网络信息内容分级具有较大共性。典型表现在,其定级、分级基本均包括年龄分级和内容分级两大部分,分级范围则集中围绕色情(性)、暴力、粗俗语言、歧视等有害信息展开。相应定级也多由行业组织系属的委员会做出,(而不是政府机构),并针对定级异议设计了相应救济机制。这表明,无论是针对何种媒介上的信息管理,在基本任务和工作原理等方面均具有近似和相通性。因此,网络信息内容分级所涉及的分级原则、范围、层级、主体、程序等不应是凭空臆造、主观想象的,也不应是孤立、迥异的,其必须实现与其他领域信息分级机制之趋同和融合。换言之,我国网络信息内容分级制度之构建,既应充分借鉴域外发达国家与地区已有网络信息内容分级制度的既有成果,也应横向吸收电影、电视和游戏分级的成熟经验,并实现与已有各类分级体系的相融、共通。

四、我国网络信息内容分级制度之构建

在我国,网络信息内容分级制度业已在实践中得到初步尝试。除前述《中国青少年网络协会游戏分级制度(草案)》外,北京大学与华中师范大学

---

① 《绿色游戏推荐标准评定细则和实施办法》,人民网,http://game.people.com.cn/GB/48647/127077/127094/7540035.html,最后访问时间:2015年5月8日。

2010 年前后受文化部委托研究设计了网络游戏分级标准,并以暴力、色情、粗话以及游戏时间限制性、文化价值观和地理历史观建构等为标准,初步将网络游戏分为适合全年龄段、十二岁以上、十八岁以上三个级别。① 实务及理论界的上述信息分级相关构想与尝试,为我国网络信息内容分级统一制度的构建和完善,提供了宝贵的参考资源和经验积累。

　　但相对前述发达国家与地区的相关实践,我国现行分级制度在多方面还存在着缺陷与不足:一是需分级信息范围不明,分级层级和标准不够清晰。如前文所述,在我国,网络有害信息包括《中华人民共和国宪法》《全国人大常委会关于加强网络信息保护的决定》《关于维护互联网安全的决定》《互联网信息服务管理办法》等规范文本明文禁止传播的信息,也包括违背社会主义精神文明建设要求、违背民族优良文化传统与习惯及其他违背社会公德的各类信息,包括文字、图片、音视频等形式,共十四种法定类型。从理论上讲,需通过分级加以治理的信息应源自上述类型之一部分。但目前,并未对需"禁止"和需"限制"的有害信息做出区分(需分级的网络信息应指需"限制"的信息,因为对需"禁止"的有害信息,任何人都无权传播、使用,这与年龄是没有关系的。)立法中的淫秽、色情、暴力、恐怖、侮辱等相关用词,也具有多义性和模糊性,留有过宽的解释空间,易于导致适用困难和权力滥用。② 而且,由于立法未对需分级的网络信息范围做出明确规定,实践中,色情类、暴力类有害信息与政治类有害信息等一般被同等对待,需分级信息之范围和层级未能基于"年龄"这一核心载体被准确勘定。二是可以参与分级的网络信息治理主体多元,但各主体的角色定位和具体职责尚不科学和明确。目前,可参与网络信息治理的主体包括行政机关、行业组织、网络企业、舆情领袖、专家学者、未成年人父母、普通网民等多种类型。其中,行政机关处于强势和主导地位,其他主体的地位和功能未能得到明确认可和充分发挥,这一问题在网络信息内容分级领域同样存在。三是分级程序不完整,缺乏具体内容要求。我国以《绿色游戏推荐标准》为代表的现有信息内容分级规范,一般仅对需分级信息的

---

①　参见王晶晶:《网游分级标准研究有初步成果》,《中国青年报》2010 年 1 月 14 日。
②　参见尹建国:《我国网络有害信息的范围判定》,《政治与法律》2015 年第 1 期。

等级做出基本设计,对定级、过滤、定级异议等更为微观和具体的问题几乎未做规定。而从实际需要看,分级程序是网络信息分级机制得以落实和发挥功能的基本保障,缺乏明确的操作程序,既会导致制度适用过程中的混乱也会让执行者无所适从。

基于前述横纵向的比较与启示,笔者认为,作为一项系统工程,网络信息内容分级一方面应从法治高度确立其应遵循的基本指导原则,另一方面还需构建一套完整涵盖分级范围、分级层级、分级主体、分级程序等具体事务的"一揽子"工作机制:

(一)分级原则

第一,法益均衡原则。网络信息内容分级的主要目的在于避免未成年人等特定群体遭受网络有害信息侵害,但信息分级和过滤也意味着需对公民网络表达和信息利用等活动实施某种程度的限制。因此,建构网络信息内容分级制度,须充分考量未成年人合法权益与公民网络表达自由等不同法益间的冲突和均衡问题。为实现法益均衡,一方面应严格限定分级所针对的信息范围,分级范围过窄将达不到保护未成年人权益之目的,过泛则会侵害公民正当的表达自由等权利。另一方面,分级体系应科学、妥当、衔接一致,分级权力应交给行业组织行使,而不由政府强制推行。同时,在分级过程中应充分听取信息提供、利用方、专家委员会、网络服务提供商等之意见,以保证分级结果的公正合理,事后也应为异议人提供有效救济途径。从这些角度看,法益均衡原则包容性强,内涵深刻,涵盖了其他原则与分级权衡因素的主要内容,可视为构建网络信息内容分级制度时应当恪守的首要和最基本原则。

第二,政府监督、行业自律和公众参与相结合原则。面对网络信息内容安全威胁,政府是首当其冲的治理主体。但网络信息浩如烟海,流传渠道四通八达,仅靠政府之力难以触及所有网络空间。加之政府强制所引发的滥权质疑与风险,也长期客观存在。因此,在构建网络信息内容分级制度过程中,我们应重视并充分发挥网络行业组织和网络企业自律的外在动力及其协助监管的巨大潜力。应通过鼓励网络行业和企业的自律和自治,从内部凝聚共识,有效弥补政府单方强制的传统不足。① 同时,社会公众是网络信息的接收者,也是网络服务的直接受益者,是利益攸关方。故在分级过程中,应吸纳公众尤其是未成年人的监护人作为代表参与评价、定级过程,还应充分保障公众对网络信息及其分级的举报、异议和诉讼等权利。但是,强调发挥网络行业、企业自律和网络用户的参与作用,并不意味着否定政府在网络信息内容分级及相关治理活动中的基本地位。政府不仅在资源占有方面享有优势,还能克服市场、行业组织和用户力量本身固有的分散性、盲目性和滞后性等不足。政府的事先引导、事中监督和事后纠正等,均是实现网络信息治理有效性和法治化的重要保障。故,在构建及推行网络信息内容分级过程中,应正视政府、网络行业组织与企业、网络用户等之不同角色地位,并充分发挥其差异功能,通过贯彻政府监督、行业自律和公众参与相结合的原则,实现各主体间的相互钳制、优势互补。

第三,正当法律程序原则。作为一项密切影响公众言论表达、信息利用、知情等基本权益的管理制度,网络信息内容分级全程均须严格遵守正当法律程序原则。根据现代法治一般理论,正当法律程序原则可具体化为程序参与性、程序中立性和程序公开性三个方面的基本要求。② 据此,在网络信息内容分级过程中,应首先给予行业组织、网络企业、网络用户、意见领袖、专家学者等主体和利益攸关方平等的陈述、听证等权利,应提供畅通的表达、动议、讨论和反馈渠道与平台,充分听取各方意见。其次,应建立完善的回避制度和说明理由制度,保证定级主体排除偏见,避免考虑不相关因素,确保定级结果客观公允,体现争议双方的意见和社会公众的意志。再次,在定级全程,应事先公开依据、事中公开过程、事后公开结论,为利益攸关方加入定级过程提供条件,并为全程的监督提供可能。最后,在初步定级完成后,应通过完善教示程序、救济机制,为异议人事后申诉提供保障。只有全程贯彻了正当法律程序原则,才能为网络信息内容分级的实质正当性奠定基石,也会为定级结论赢得广泛认同的心理基础。

---

① 倡导行业自律、反对政府强制的原则导向,在域外成熟经验中业已得到充分体现。即便是在全球首推网络信息内容强制分级的我国台湾地区,关于删除《儿童及少年福利法》强制性条款和废止《电脑网路内容分级处理办法》的声音也一直广泛存在。众多专家认为,网络信息分级应强调媒体自律和业者自律,不应通过强制立法的方式实施内容管制,否则会严重危及公民言论自由。

② 参见周佑勇:《行政法的正当程序原则》,《中国社会科学》2004 年第 4 期。

（二）分级范围

基于实然立法,并比较参照前述域外网络信息内容分级和电视、电影、游戏分级的既有经验,笔者认为,可将我国需分级的网络信息范围限定为四个方面:暴力、淫秽(性)、粗俗语言、歧视。具体而言,暴力信息指违背人权价值和人性范畴,易对信息接收者产生凶杀、毒品、犯罪、恐怖主义等暴力意识影响的信息内容。淫秽(性)信息指描述性器官、性行为、性心理等,令人产生性刺激、性欲望、性冲动但令普通人反感、厌恶,并易对未成年人产生误导、诱惑、伤害等不良影响的信息内容。粗俗语言指含有粗话、脏话、侮辱、攻击性等语言内容的信息。歧视信息指基于性别、性取向、种族、民族、宗教或国别等之不同,鼓励歧视行为或伤害相关人员、群体的信息内容。在设定分级体系时,可采用典型列举加"比附参照"的方式,明确各层级信息的基本表现形式。

（三）分级层级

明确分级范围后,相应分级层级即应围绕需分级信息内容展开。参照国际共识,并结合我国《未成年人保护法》及有关民事行为能力人、刑事责任能力人等年龄划分依据,笔者建议将涉及暴力、淫秽(性)、粗俗语言、歧视的四类网络信息划分为五个级别并设置相应颜色标示:5级(浏览最低年限为年满十八周岁,红)、4级(浏览最低年限为年满十四周岁,橙)、3级(浏览最低年限为年满10周岁,黄)、2级(浏览最低年限为年满六周岁,蓝)、1级(所有人可浏览,绿)。在具体指标设计上,应逐步实现与电影、电视、游戏分级标准的衔接与趋同。相应分级层级及主要判断标准可列表如下:

级别	暴力	淫秽（性）	粗俗语言	歧视
5级（红）	含有极端的强奸、凶杀、酷刑、吸毒、恐怖主义等信息	含有明显的性器官裸露、性行为、性描述等信息	含有极端的粗鲁、庸俗、猥亵等信息	含有极端的蔑视、仇恨、煽动等信息
4级（橙）	含有对人暴力伤害、致死、大量流血等信息	含有胸部、臀部裸露、非直接的性行为、性描述等信息	含有较严重的粗暴、亵渎、辱骂等信息	含有辱骂特殊团体或族群等信息

级别	暴力	淫秽（性）	粗俗语言	歧视
3级（黄）	含有致人伤害、少量流血等信息	含有部分裸露，有遮盖的性挑逗、性描述等信息	含有脏话、粗口等信息	含有一般性误导、蔑视等信息
2级（蓝）	含有伤害动物、虚拟角色、毁坏物品等信息	含有着装暴露，接吻等信息	含有温和咒骂等信息	含有低度轻视等信息
1级（绿）	无上述内容	无上述内容	无上述内容	无上述内容

（四）分级主体

比较法上的经验告诉我们，网络信息内容分级制度一般由行业组织主导，政府不直接介入而多起监督作用。在网络信息内容分级过程中，行业组织和网络企业等是积极参与方而不是单纯的被动接受者。原因在于，作为一类特殊主体，行业组织和网络企业身兼两职：既是治理对象，又是网络服务的提供者、经营者和控制者。与普通网民不同，其有着更为复杂的利益诉求：吸引用户，营造更为宽松、便捷的上网环境，是其与政府保持独立，展开竞争的潜在心理基础；追逐利润、安全经营，不至因过激被查封、处罚，也是其需慎重对待的生存智慧。[1] 充分认识这一特点，可以十分有效并自然地将其吸纳为网络信息治理的协作者。而且，鼓励网络行业自律和自治，还可从内部凝聚共识，提升治理效力和效率。相较于政府的直接干预，行业自律与自治具有诸多独特优势：一是行业组织在相关领域通常掌握更高的专业知识和更直接的实践知识；二是非正式的自律规则更灵活，能够减少决策成本，并随时适应新技术变化；三是自律规则和标准往往由企业基本自愿地同意，具备自觉执行之心理认同基础。[2]

具体而言，网络信息内容分级的范围、标准、层级内容等，宜由网络行业协会主导完成。网络行业协会在推行信息内容分级制度时，应充分听取网络企

---

[1]　参见尹建国：《我国网络信息的政府治理机制研究》，《中国法学》2015 年第 1 期。

[2]　参见张小罗：《论网络媒体之政府管制》，知识产权出版社 2009 年版，第 182—183 页。

业、意见领袖、普通网民、专家学者等之意见。并应该为这些主体平等参与信息内容分级过程并提出意见，提供应有平台和渠道，可公示他们的意见，并进行充分述评，对权衡取舍的考量过程与理由进行说明。较为妥当的方式是，全国性的网络行业协会内设一个网络信息内容分级委员会，委员会的成员由来自协会自身、网络企业、意见领袖、未成人父母、相关领域的业务专家、政府官员代表等组成。该委员会具体负责网络信息内容分级方案的动议、草案起草、意见征求、听证、审议等全程工作。最终形成的分级方案，以行业组织的名义颁布并负责具体实施。政府在整个信息内容分级过程中的角色则应定位为监督者和配合者，而不是直接的执行人。主要表现在，政府可通过颁布宏观的规范指南等政策文件，整合行业组织、普通网民、专家学者等的力量，为其联动、缔约、协作等提供平台支持、技术指导。其还可作为自律、自治行为的倡导者、引导者，并可在出现违法事由时担任事后的惩罚者和争议裁决人。简言之，涉入网络信息内容分级的各主体角色功能可概括为：政府监督、行业组织主导、网络企业和专家学者协作、网民参与，各主体综合协同，相互补充，相互配合。

（五）分级程序

网络信息内容分级必须严格遵守正当法律程序原则，相关分级程序涵盖定级程序、过滤认证程序和定级异议程序三个阶段。

其一，定级程序是网络信息内容分级的核心环节，具体流程建议设计为：网络服务提供商在经工商等部门做出注册登记后，针对经营网站的性质和内容填写由前述行业组织下设的分级委员会制定的网站定级评估问卷，问卷结果构成网络服务提供商网站信息内容的初始自我定级；分级委员会根据网络信息内容分级标准，结合经营者陈述和初始自我定级，对网站信息内容定级进行讨论和匿名投票，以多数票决定该网站信息内容的最终定级；获得最终定级后，网络服务提供商取得《增值电信业务经营许可证》等资质证照。其二，在网站信息内容被定级后，网络服务提供商需在网站显著位置标注分级标识，并就不适宜未成年人等特定群体阅读和接触的网页和信息设置身份认证系统，以方便过滤软件对相关信息实施过滤、阻止进入或屏蔽。但需强调的是,网络服务提供商对网站信息申请定级、标注分级标识、设置身份认证系统等均是法定强制义务,但网民个人电脑中是否安装过滤软件则应区别对待:对于公共图书馆、学校、公共网吧等特殊场所,可通过立法设置强制性的过滤软件安装义务;对于普通家庭自用电脑,则应将是否安装过滤软件的权力交给用户本人、未成年人家长等自行决定。其三,为保证网络服务提供商和信息发布者等主体的合法权益,还需设立定级异议程序。建议仿美国电影分级异议程序,在网络信息分级委员会内设置独立的上诉委员会受理异议,上诉委员会可以三分之二的多数票推翻原定级决定,经上诉后仍不服者可向法院提起诉讼。但为尊重行业组织的主导权和专业判断权,法院仅对分级委员会的定级决定做形式审查,(程序是否有瑕疵、委员会成员的选任是否合法、是否徇私舞弊等)而不做实质审查。① 上述分级程序可图示如下:

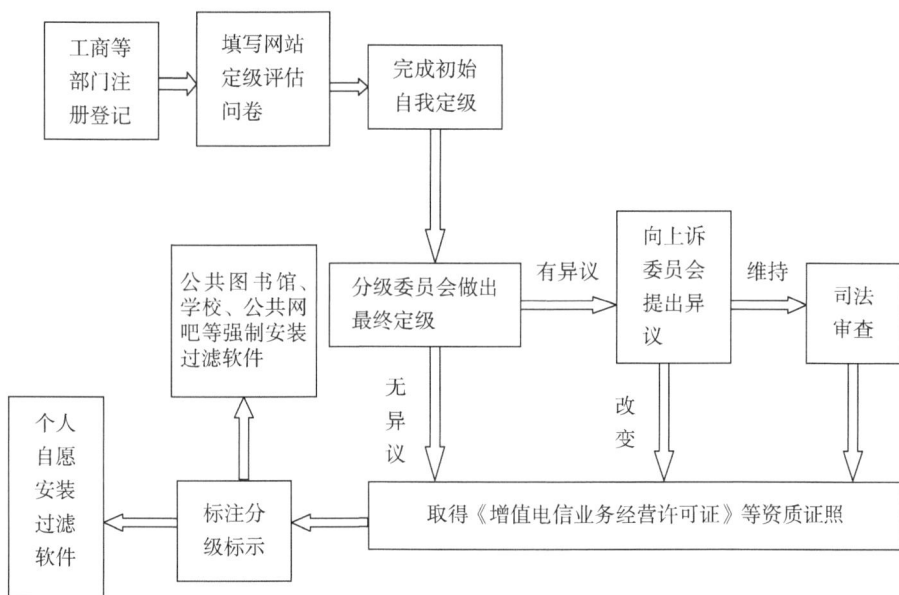

---

① 参见尹建国:《我国网络信息的政府治理机制研究》,《中国法学》2015 年第 1 期。

总之,网络信息内容分级是均衡维护网络信息内容安全及公众表达自由等基本权益的必然选择。我国网络信息内容分级制度之构建,应比较借鉴域外相关成熟经验,并关注与电影、电视和游戏分级体系的衔接与融合。建立科学、合理、规范的网络信息内容分级体系,不仅能够有效避免未成年人等特定群体免受网络有害信息威胁,也是我国当前网络安全和网络法治建设一项无法回避的时代使命。

第四章　网络实名制度

网络表达的匿名性是网络有害信息泛滥的重要原因之一,基于此,诸多网络有害信息治理策略都倾向于以消除网络的匿名性为出发点,网络实名制便是其中最具代表性和针对性的典型制度。在我国,理论界对网络实名制的研究目前已初具规模,世界上很多国家也开展了网络实名制相关的立法和社会实践。但与其他网络信息管理制度类似,网络实名制一方面有利于加强网络信息管理,避免网络有害信息造成负面的社会影响,另一方面也同样可能限制公民表达自由权和批评监督等权益。因此,有必要比较观察域内外网络实名制的发展历程和存废争议,研讨分析网络实名制在我国实施的必要性和可行性,在理论证成和实践经验借鉴的基础上,最终建构一套适合中国国情的网络实名管理制度体系。

一、网络实名制的基本内涵与法理意蕴

(一)网络实名制的基本内涵

众所周知,网络在方便公众生活,助力社会经济发展方面起到了不可估量的重要作用,但网络乌托邦状态也使互联网成为网络侵权、网络犯罪的重要媒介。原因在于,网络的匿名性特征一方面使得网络侵权和犯罪主体人格分化,自我规约意识松懈,进而恣意实施侵权、犯罪行为。另一方面,虚拟社区的信息传播为政府机关等进行网络信息监管,惩治网络侵权、犯罪活动提出了新的技术挑战,增加了网络社区的执法难度。近年来,网络诽谤、网络欺诈、网络泄密、网络色情、网络恐怖主义等违法犯罪行为逐渐成为网络安全新的威胁因

素,在实践中也出现了不少借助计算机技术,实施危害网络安全与社会稳定的新型犯罪案件。仅以 2012 年为例,就出现了曲靖5·16特大网络传销案、济南8·02特大 DDOS 黑客攻击案、青岛5·22特大著作权侵权案、萍乡9·27特大网络贩枪案等一系列有重大社会影响的大案要案。相关统计报告显示,我国每年约有 2.57 亿人成为网络侵权或犯罪行为的受害者,年均损失金额高达 2890 亿元人民币。[①] 为提高网络信息管理的效率和能力,规避网络匿名性的不利影响,构建网络实名制度在我国开始被逐步提上议事日程。

就内涵要求而言,网络实名制度并非单指网络用户个人姓名实名,而是指用户个人真实身份信息的实名。单一的姓名并不能与特定人之间产生必然的对应关系,但涵盖姓名的多元身份认证却能够实现特定主体与网络行为的一一对应。因为网络用户的身份包括但不限于他的姓名,此外还涵盖其性别、职业、籍贯、住所等多种自然特征。而网络实名制的终极目标,就是通过设置必要登录、准入门槛,将网络行为主体特定化,并对其可能存在的失范行为进行监督与追责。一般认为,网络实名制包括直接实名制和间接实名制两种基本类型。其中,直接实名制指要求网络使用者后台、前台均需实名登入的制度设计,而间接实名制一般只要求后台实名,网络用户在前台可自由选择虚拟或实名形式进行信息发布、浏览等活动。网络实名制多需设置网络用户个人身份信息管理系统,以将用户信息进行集中管理。用户在登录网络时,必须输入与个人身份信息相符的认证内容,才能自由参与各项网络活动。当用户不能提供个人身份证明信息时,系统将会强制断开链接并提示用户输入个人真实信息。

(二)网络实名制的法理意蕴

从法理上讲,所有现存针对网络信息治理的法律制度,都蕴含着一项重要的法律愿景,即旨在平衡网络用户的权利和义务关系,网络实名制度也不例外。这种平衡是一种双方面的要求:一方面,避免滥用网络权利,损害他人的

---

① 参见牟旭、任珂:《网络犯罪致中国年损失 2890 亿元》,新华网,http://news.xinhuanet.com/newmedia/2012-09/13/c_123708805.htm,最后访问时间:2016 年 8 月 2 日。

合法权益和社会公共利益;另一方面,避免片面倚重禁止性和强制性的网络信息治理模式,加重网络用户的责任义务,以保持网络虚拟社区的繁荣、发展。网络社区的重要魅力之一在于,用户可以超越时空限制获知最新的信息,并可超越现实条件的限制对特定事务发表自己的看法和意见。换言之,网络使人们在现实世界中的权利得以深化、延展。以网络作为平台和媒介,人们既可以获得最新、更多的信息资讯,又能更加有效地行使言论表达、批评监督等基本权利。但法律权利和法律义务是有机统一的整体,在享受网络带来的诸多权利和便利之同时,网络使用者也必须履行相应的义务,即不得通过网络发布、传播违反法律、法规等禁止性规定的言论,否则将承担相应法律责任。网络实名制度之建构,正是为了增强网络用户的规约意识和责任意识,既在事前和事中规制用户的网络活动,也确保在事后能更好地明确责任主体,以实施问责与制裁。

网络实名制也反映了法律自由价值和秩序价值间的内在冲突和博弈。有学者认为,权衡是否应当实施网络实名制的关键在于"言论自由的价值与社会控制的价值之间的适当取舍"问题,究其本质是自由与秩序之间的关系问题。① 关于法律的自由价值和秩序价值关系之认定,在法理上主要有两种不同主张:第一种认为法的自由价值高于秩序价值,当法的秩序价值与自由价值相冲突时,秩序价值必须妥协于自由价值,而不能否定或妨碍自由。第二种认为法律的秩序价值高于自由价值,即秩序全面地高于自由。秩序是法律的目标,在立法和执法方面,自由都要让位与服从于秩序。② 网络天然具有自由、开放等特征,网络空间为个人意志和情感的抒发提供了更为广阔的平台,也整合了各种信息资源,这彰显了网络本身蕴含的多元、自由之特质。但网络实名制作为网络治理机制之一种,必然强调网络社区的秩序价值,以求通过实名化管理,规制系列网络失范行为。因此,一旦涉及讨论网络实名制的存废、适用范围或方法等话题,法的自由价值和秩序价值之冲突就不得不被提及并被慎重考量。

---

① 参见陶文昭:《网络实名制可行吗?》,《红旗文稿》2008 年第 12 期。
② 参见卓泽渊:《法的价值论》,法律出版社 1999 年版,第 1 页。

另外,作为一项法律制度,在讨论网络实名制的建构和适用问题时,还需客观认识法律制度本身的功用性和局限性特点。告示、指引、评价、预测、教育和强制等,是法律制度作为国家制定的社会规范所具有的基本功能,也是法律区别于其他社会规范的主要功能体现。① 但与此同时,法律只是许多社会调整方法的一种,而且法律并不能有效地干预或解决所有的社会问题。此外,"法律具有保守性、僵化性和限制性,而且运行成本巨大"。② 网络实名制作为对网络虚拟社会进行规范的制度设计,有其理论合理性和现实可行性。但必须认识到,法律制度本身并不能解决所有的社会问题,网络实名制同理也不可能实现对所有网络活动的彻底有效管控。网络作为信息技术革命的发展载体和人们日常生活的一项重要工具,必须赋予它相当程度的自由和宽容。如果忽视法律制度本身的局限和谦抑特点,单一强化法律制度的刚性功能,不仅有悖法理,还可能带来系列消极的社会影响。因此,在讨论网络实名制建构的正当性及具体方式时,必须正视法理上的上述三对辩证统一关系,在充分认识并平衡这些关系的基础之上,才能建立一种有效和适度的网络信息管理制度。

二、网络实名制韩国实践的比较观察

研究网络实名制问题,绕不开的一项借鉴样本是韩国的相关理论研究与实践演变。韩国是世界上首先强制推行网络实名制的国家,其网络实名制肇始于 2007 年,并逐年扩张适用范围,最终几乎覆盖到了网络论坛、网络邮箱、网络博客、网络音视频分享平台等几乎所有网络信息发布、交流空间。直至今天,韩国仍是全球范围内践行网络实名制时间最长、范围最广泛也最为严格的国家,其取得的治理成效和由盛而衰的经验教训,都值得我们借鉴与比较观察。

(一)韩国网络实名制兴起的社会背景
同世界大多国家一样,网络在给韩国社会带来活力与进步的同时,也带来

---

① 张文显:《法理学》,高等教育出版社、北京大学出版社 2007 年版,第 83 页。
② 张文显:《法理学》,高等教育出版社、北京大学出版社 2007 年版,第 87 页。

了系列网络侵权和网络犯罪隐忧,并对韩国互联网治理既有模式敲响了警钟。尤其是,2005 年 1 月,韩国涉及演艺明星的 X 档案开始在网络大肆传播,由此开启了关于网络公开性和隐私权保护的社会讨论。① 2005 年 6 月,一名女孩因宠物狗在地铁排便与一位邻座老人发生冲突,女孩不仅拒绝清理宠物狗排泄物还对老人态度恶劣。这一事件被现场网友拍摄并传到网络后,激发韩国社会公愤。网民通过"人肉"搜索,发掘并公布了涉事女孩的姓名、家庭住址、电话号码、就读学校、父母信息等个人资料。并对其本人和父母进行了较为严重的人格侮辱,指责谩骂。最终致使该女孩退学、公开道歉并患上严重的精神和心理疾病。该事件轰动一时,其影响力甚至波及海外。该事件起因于个人违反道德规范,最终因为网络的推波助澜和层层放大,转变为一个社会公共事件,既使人们看到了网络舆论制裁的威力,也使人们开始警惕和反思网络舆论暴力的危险。在该事件爆发不久,雅虎韩国发起了一场在线用户的调查活动,结果显示有 79%的网民支持网络实名制度,其背后的原因大多集中于对匿名制下网络非理性暴力的恐惧与担忧。②

(二)韩国网络实名制的发端与发展

2005 年 7 月,韩国信息通信部举行了网络实名制的听证会,主张在韩国大型门户网站推行有限实名制,网民在相关网站上必须实名留言。政府主管官员指出此举旨在"减少以匿名进行诽谤等副作用",并强调"为了不损害网络匿名性的正面作用,在制定实施细则时会把持平衡"。但在 2006 年韩国政府决定制定《促进使用信息通信网络及信息保护关联法》修正案时,却对网络实名制的适用范围加以扩大,要求在主要门户网站、日点击量超过 10 万以上的网站、公共机关网站上发表文字、图片、音视频等信息时,均需以实名方式进行。到了 2007 年 7 月,实名制开始在韩国推行。根据相关立法,日均浏览量 30 万人次以上的网站、日均浏览量 20 万人次以上的媒体网站,均需实施网络

---

① 参见《韩国 X 档案回顾:X 档案是怎样炼成的》,搜狐网,http://korea.sohu.com/html/news/newscenter/200809/22-1684.html,最后访问时间:2016 年 9 月 5 日。
② 参见《韩国网络实名制兴废始末》,网易,http://play.163.com/special/jianzheng_44/,最后访问时间:2016 年 9 月 5 日。

实名制。用户在上述网站上发表信息前,应当事先如实注册并提供个人真实姓名、身份证号等信息,未经过注册或经查实提供虚假个人信息的用户,将无法顺利行使信息发布权利。①

2008 年 10 月,韩国又发生了女星崔真实自杀事件,②该事件的始作俑者也是因网络上散布的大量谣言而令当事人不堪重负。该事件发生时,网络实名制已在韩国实施约一年时间,已经积累了一定经验,取得了一定社会共识,该事件更是进一步坚定了韩国社会全面推行网络实名制的决心。之后不久,韩国政府即宣布网络实名制适用范围进一步扩张,将日均浏览量 10 万人次以上的网站均覆盖在内。至此,韩国成为了世界范围内第一个全面和彻底推行强制式网络实名制的国家。③

(三)韩国网络实名制的衰落与废除

随着网络实名制在韩国的持续推进,其在社会管理方面的"副作用"也开始伴随着"正能量"逐渐显现。首尔大学的研究表明,在网络实名制实施后,网络恶意诽谤的跟帖数量并未发生明显改变。(大致上是从实施实名制之前的 13.9% 下降到之后的 12.2%)韩国信息通信部的统计也显示,实施实名制后的恶意发帖数量仅仅减少了 2.2%。但实施实名制后,各大网络论坛的参与者却呈锐减趋势,其平均参与者从 2500 余人急剧减少到了不足 800 人。④还有其他研究数据和调查报告表明,网络实名制对于抑制网络诽谤和传播虚假信息的效果其实是有限的,却在很大程度上抑制了公众行使网络表达自由的权利。

另外,网络实名制也间接导致了诸多用户个人信息泄密问题。2011 年 7

---

① 参见《韩国网络实名制兴废始末》,网易,http://play.163.com/special/jianzheng_44/,最后访问时间:2016 年 10 月 1 日。

② 在该事件中散布谣言,侵害崔真实权益的两名证券公司员工,最终被首尔中央法院判以损毁他人名誉等罪名,最终量刑有期徒刑 10 个月,缓期两年执行。

③ 参见《韩国网络实名制兴废始末》,网易,http://play.163.com/special/jianzheng_44/,最后访问时间:2016 年 10 月 1 日。

④ 参见《误入歧途——韩国"网络实名制"的教训》,财经网,http://comments.caijing.com.cn/2012-12-24/112387638.html,最后访问时间:2016 年 10 月 1 日。

月,韩国门户网站 Nate 以及著名社交网站"赛我网"遭黑客攻击,导致约 3500 万名用户(占韩国网民数量的 95%、总人口的 70%)的个人信息外泄,相关信息包括了网络用户的真实姓名、出生日期、家庭住址、电子邮箱、电话号码、私人密码和身份证号码等众多私密内容。此外,韩国游戏运营商 Nexon 公司的服务器也被黑客入侵,最终导致高达 1300 万名用户的个人信息被泄露。① 韩国社会开始出现质疑甚至要求废除网络实名制的声音。

调查显示,相当数量的韩国网民对网络实名的规制作用持怀疑态度,认为网络侵权和网络犯罪行为的产生主要基于法不责众的利益考量,而非基于网络的匿名性特征。即使以真实姓名登陆、发布信息,他们仍会倾向发布和传播负面信息。此外,身份伪造软件和网站规避行为也开始大行其道。2009 年 4 月,为了规避网络实名制,著名社交网站 YouTube 关闭了韩国站的留言和视频上载功能,将韩国国内的用户转移到了国际站。为避免再次出现类似情况,韩国通信委员会此后将 Twitter、Facebook 等社交网站排除于实名制对象以外,认为这些属于私人领域的的社交性网站,可以不适用实名制。至此,网络实名制开始逐步瓦解。

2010 年韩国部分网络媒体公司和互联网用户,以网络实名制违宪为由向韩国宪法裁判所提起诉讼。2012 年韩国宪法裁判所 8 名法官一致裁定网络实名制违宪,要求韩国通信委员会修改相关法律,并废除网络实名制。韩国宪法裁判所判决认为,网络实名制之实施,起因是基于维护公共利益之良善目的,但从实际效果看,却没有带来控制和减少网络恶性言论和非法信息的预期效果,反而导致大量网络用户外流,危及了本国网络产业发展。另外,网络实名制还阻碍了个人网络表达自由权的行使,限制了没有韩国身份证等特殊人士的网络利用权利,增加了网络用户个人信息泄露的风险。判决书还通过比较观察上的恶性言论和非法信息并没有明显减少,反而促使网民们选择使用国外网站,让美、英、德等国的立法例和司法实践,指出网络实名制"控制上传非法信息、在造成损失时能获知加害者"的立法目的,其实可以通过网络用

---

① 参见张青:《韩国:信息安全缺失危害实名制》,新华网,http://news.xinhuanet.com/newmedia/2012-12/27/c_124156317.htm,最后访问时间:2016 年 10 月 1 日。

户、网络企业和行业组织的自律机制以及事后的"IP 追踪和刑事处罚、损害赔偿"等手段得以实现。该判决最终写道:"信息通信网法赋予经营网络讨论板的信息通信服务提供人确认用户本人的义务,让讨论板的用户必须经过确定是本人的程序才能使用讨论板,现在这项法律违反过剩禁止原则,侵犯网络讨论板用户的言论发表自由、个人信息自主决定权,以及经营网络讨论板的信息通信服务提供人的言论自由,因此判决违宪。"2011 年 12 月 29 日,韩国广播通信委员会向时任总统提交报告,要求从 2012 年起逐步减少和限制网站收集和使用"居民登录证"(身份证)号码的权力,到 2013 年时应当禁止所有网站强行要求网络用户提供真实身份信息注册、登录、发布信息的权力。至此,韩国网络实名制度正式退出历史舞台。①

(四)韩国网络实名制的特点与反思

韩国作为世界范围内率先推行强制性网络实名制的国家,有着较为完整的立法体系和显著的制度特色,韩国网络实名制由盛而衰的快速转变过程,也值得我们总结反思。一是韩国网络实名制有着较为完备的立法体系,其先后制定了《促进信息化基本法》《信息通信基本保护法》《关于利用情报通信网和情报保护的法律》《促进使用信息通信网络及信息保护关联法》等多部法律制度,旨在为网络实名制的实施和管理提供健全完备的制度基础。二是韩国网络实名制设定了较明确、可量化的监管范围,即将拥有特定数量日浏览量的门户网站和媒体网站纳入监管,政府管理有着较为明确的指向性和针对性。三是韩国的网络实名制一般坚持"后台实名、前台可化名"的原则,即在注册时必须提交个人真实身份信息,但在前台发言时可以自愿选择是以实名还是昵称等形式进行。此举之目的,也是为了平衡网络言论自由和网络信息监管之间的二元关系。四是韩国网络实名制有着较为健全的配套制度体系,明确违背法律规定、实施网络侵权、犯罪行为的法律责任。如韩国《青少年保护法》对青少年使用网络作出规定,要求避免网络对青少年的成长造成伤害。此外,

---

① 参见《韩国网络实名制兴废始末》,网易,http://play.163.com/special/jianzheng_44/,最后访问时间:2016 年 10 月 1 日。

韩国《电子通讯基本法》也规定,利用电子通讯设备公然散播虚假信息,危害公共利益的,将被处以 5000 万韩元以下罚款,并面临 5 年以下有期徒刑的刑事处罚。[1] 五是韩国网络实名制的形成和发展带有鲜明的政治性和投机性特征。韩国推行网络实名制有着较为突出的政治色彩,韩国作为总统共和制国家,总统作为国家元首享有至高无上的权力和地位,韩国总统所属的大国家党在议会中占绝对多数,而反对党在议会中的话语权微乎其微。进一步巩固执政党的执政地位,主导网络舆论,打通虚拟社区和地方政府管理的界限,树立政府的绝对权威,这些既是网络实名制产生的政治背景,也是网络实名制产生的政治目的。此外,韩国网络实名制度还有着显著的投机性特征,从政府先行到全面覆盖,对适用网站的要求从日均浏览量 30 万调整至 10 万,从网络实名制度的建构、完善到批判、废除,韩国政府在不到十年间对网络实名制的态度完成了 180 度的转弯。个案左右、舆论影响、政治博弈在很大程度上主导了韩国网络实名制度的兴废。因此韩国的网络实名制虽具有鲜明特色,但在制度稳定性、统一性、严肃性和发展节奏等方面,也存在很多值得反省共勉并加以避免的负面警示。

三、网络实名制正当性与局限性的再认识

在我国,清华大学的李希光教授是网名实名制学理上的较早倡导者,他 2002 年在谈及新闻改革问题时曾提出建议"我国人大应该禁止任何人网上匿名"。在实践操作中,中共中央 2003 年发布的《国家信息化领导小组关于加强信息安全保障工作的意见》,首次指出要建设以身份识别、授权管理和责任认定为主体的网络信任体系。2004 年教育部发布《关于进一步加强高等学校校园网络管理工作的意见》,明确提出要在高校教育网中实施实名制。2005 年 2 月,信息产业部会同有关部门要求境内所有网站主办者必须实名登记备案。2005 年 8 月,文化部、信息产业部联合下发《关于网络游戏发展和管理的若干意见》要求 PK 类练级游戏(依靠 PK 来提高级别)应当通过

---

① 参见莽九晨:《韩国不断加强互联网管理》,《人民日报》2012 年 12 月 26 日。

身份证登陆,实行实名游戏制度。2006 年 6 月,国家新闻出版总署提出《网络游戏实名制方案》。2007 年以来,公安机关开始在全国全面推行网吧实名上网制度和网站交互式栏目版主实名制度。2007 年 8 月,我国互联网协会发布《博客服务自律公约》,鼓励博客实名注册。2009 年 5 月,浙江省杭州市正式出台《杭州市计算机信息网络安全保护管理条例》,规定写发帖、写博、网游要提供有效身份证明,成为全国第一个通过地方立法实施"网络实名制"的城市。全国人民代表大会常务委员会 2012 年 12 月 28 日发布的《关于加强网络信息保护的决定》第六条规定:"网络服务提供者为用户办理网站接入服务,办理固定电话、移动电话等入网手续,或者为用户提供信息发布服务,应当在与用户签订协议或者确认提供服务时,要求用户提供真实身份信息。"国务院办公厅 2013 年 3 月颁布的《关于实施〈国务院机构改革和职能转变方案〉任务分工的通知》也明确提出,工业和信息化部、国家互联网信息办公室会同公安部,要在 2014 年 6 月底前出台并实施信息网络实名登记制度。上述规范文本及条款内容,构成了我国推行网络实名制的法律依据和制度基础。总体而言,我国的网络实名制立法主要针对网络服务提供商展开,实现方式则多为许可和备案。① 但直至目前,无论是学术界还是实务界,对在我国是否应强制推行网名实名制,仍一直是赞否两论争执不断。

　　诚如前文所言,网络的匿名性特征对于言论保护尤其是少数群体的意见,具有至关重要的作用和意义。但网络匿名性也带来了无法确认、关联、归属、追踪责任主体的法律空白地带。网络实名制的建构旨在对发言者进行事先威慑,并通过对相对明确之规约追责,防范网络侵权、网络犯罪等网络失范行为,消解因网络匿名特征带来的负面影响。但我们同时须注意到,网络实名制也有可能带来负面效应,如对公民言论自由权、批评建议权的限制,对网民身份认证信息的泄露,对公民隐私权的侵犯等,这在前述韩国的相关实践教训中已有体现。我国也有学者指出,如果无限夸大网络实名制的功能和适用范围,而对其适应性问题缺乏严格和认真的客观审视,将有使其沦为耗资巨大而收效

---

① 参见马艳华:《网络实名制相关法律问题探析》,《河北法学》2011 年第 2 期。

甚微的"屠龙术"之风险。① 故,深入分析网络实名制建构之正当性与局限性实为必要,其也是构建一种合法有效、宽严适中的网络有害信息治理机制之前提和基础。

(一)网络实名制的正当性

以韩国为代表国家的实践,证明了网络实名制的现实价值。除这种个案经验外,学术界还对我国应当推行网络实名制的正当理由作有多个方面的系统归纳,主要包括以下几点:

1.治理网络侵权行为的需要

网络侵权是网络匿名表达的主要恶果之一,其包括网络人格权和网络财产权被侵犯两个重要方面。网络人格权侵权主要指通过网络手段传播信息,侵害特定主体的人格权利和利益的不法行为,其侵权对象主要包括隐私权、名誉权、肖像权和荣誉权四个方面。网络人格权侵权相较于传统人格权侵权行为有着显著的自身特点:其一,侵权主体、客体复杂多样。相较于传统人格侵权行为,网络侵权行为主客体还包括网络平台服务提供商、网络内容服务提供商、网络链接服务提供商等多方主体。其二,网络人格侵权行为往往具有交叉复合特征。即通过互联网传播相关信息时,往往会同时侵犯特定主体的名誉权、隐私权、肖像权和荣誉权等诸多权利内容。其三,网络人格权侵权行为相较于一般人格侵权行为,往往具有更大的社会影响和社会危害。因为网络信息传播的开放性、即时性、交互性等特征,网络侵权信息往往呈现几何级数趋势的扩散,对被侵权主体的权利侵害往往更加显著。例如,在影视剧《搜索》中,主角叶蓝秋即是因为不堪网络上的侵权行为侵扰,最后选择自杀以逃避舆论侵害。实践中,韩国明星崔真实因不堪网络谣言侵扰选择上吊自杀,也有不少"门"事件等热点事件明显暴露出网络人格权侵权活动的暴力性和威胁性特点。

此外,网络匿名性也会对网络财产安全造成威胁,常见的表现是网络虚拟

---

① 参见姜方炳:《制度嵌入与技术规训:实名制作为网络治理术及其限度》,《浙江社会科学》2014年第8期。

财产侵权、网络交易违约等。网络虚拟财产指"以一定的数据、信息、符号储存到网络中的虚拟物"。① 由于虚拟财产具有价值属性和财产属性,其离线交易情况也日渐盛行。据估计,我国近年来网络虚拟财产的地下交易额累积早已超过了 10 亿元人民币。与此同时,针对网络虚拟财产交易的侵权行为也屡见不鲜。另外,在日益普及的网络电子商务活动中,由于匿名交易的存在,网店店主和消费者之间的信誉维系更显单薄和脆弱。在匿名交易的情况下,买卖双方的客观束缚和自律压力都明显弱化,消费者所购买的商品质量难以得到充分保障,卖方的款项回收也无法得到有效保护,对网络消费者、经营者的合法权益以及社会公信力都会产生威胁和影响。

2. 治理网络犯罪行为的需要

根据我国刑法的规定,现行网络犯罪包括多种类型,涵盖了妨害人身权利、财产权利的网络犯罪、妨害网络运行安全的网络犯罪、妨害国家安全和社会稳定的网络犯罪、妨害市场经济秩序和社会管理秩序的网络犯罪等诸多形式。② 网络犯罪相较于传统犯罪有着更大的社会危害性,据估测,单是网络著作权犯罪每年就可导致数百亿美元的损失。

传统犯罪网络化趋势挑战了现行刑法的基础理论和规制手段与模式,而且网络活动的跨地域、跨国界特点也对传统刑法的管辖制度提出了新的挑战。我国现行刑法采属地管辖原则为主、属人管辖和保护管辖为辅的混合管辖原则。但对跨区域甚至跨国界的网络犯罪行为,却难以有效适用属地管辖原则加以规制。此外,在网络场域中,难以有效确认网络犯罪行为人,属人原则的运用也面临诸多现实挑战。倘若根据普遍管辖原则对网络犯罪行为进行规制,需要满足该网络犯罪在本国和他国都构成犯罪这一前提条件,还要求两国之间必须有共同签订或缔结的国际条约,才能有效适用普遍管辖原则规制网络犯罪行为。但该管辖原则的适用门槛过高,且当前各国关于网络犯罪的定性和追责标准不统一,没有达成有效的国际条约规范,造成刑法普遍管辖原则虚置。

---

① 邓佑文、李长江:《虚拟财产的物权保护》,《社会科学家》2004 年第 2 期。

② 参见于志刚:《关于网络空间中刑事管辖权的思考》,《中国法学》2003 年第 6 期。

从刑事诉讼角度讲,网络犯罪也对现有的犯罪侦查、起诉和审判活动提出了新的挑战。网络用户身份的不确定性对刑事司法实践影响深刻,针对网络犯罪活动的侦查大多必须借助计算机专业技术和专业人员进行,司法成本相对较高。此外,对网络犯罪主体的起诉也有别于一般犯罪活动。由于网络犯罪人员往往具备较高的专业素养和专业能力,因此要在法庭上提出可信、有效的网络犯罪证据,控诉犯罪行为的社会危害,获得有利的司法判决,对现有的公诉机关、公诉人员的专业素质提出了更高要求。另外,在网络匿名表达的特点,也增加了在审判中依据排他性证据定罪量刑的难度。①

可以说,网络表达的匿名性是引起网络犯罪多发的重要原因之一。针对网络犯罪的定罪、取证、管辖、审判困难,也与网络用户身份难以确定的特点,不无关系。因此,打破网络表达的匿名性,逐步成为控制和打击网络犯罪诸多相应对策的思考出发点,网络实名制正是其中一项最具针对性并被寄予厚望的具体操作制度。

3. 均衡网络自由与网络监管的"折中型"选择

众所周知,治理网络信息对网络表达自由、知情等权利易于造成威胁,故政府对互联网进行监管必须恰当和适度。赞成推行网络实名制的论者,一贯将网络实名制视为实现网络适度监管的有效制度,其旨在维护网络虚拟社会、公共空间的必要秩序,避免因网络失范、不法行为,造成不良的社会影响,合乎法律的秩序价值和管制目的。同时,通过网络实名制进行网络管理有助于明确管理对象,提高行政执法活动的针对性和明确性。体现了兼顾协调、法益权衡的价值整合原则。另外,网络实名管理旨在打击网络失范行为,更好地保障公民的网络言论自由权,其立法动机和行政目的合情合理。最后,网络实名制可以通过优化改进,兼顾言论自由保障和网络社区治理之效,在网络治理中能够实现多元法律价值的平衡与调和。②

---

① 参见刘守芬,孙晓芳:《论网络犯罪》,《北京大学学报》(哲学社会科学版)2012年第3期。

② 参见刘刚:《我国网络实名制的缘起、争论及可能出路》,《电子科技大学学报》(社科版)2015年第4期;姜方炳:《制度嵌入与技术规训:实名制作为网络治理术及其限度》,《浙江社会科学》2014年第8期;马艳华:《网络实名制相关法律问题探析》,《河北法学》2011年第2期等。

（二）网络实名制的法律风险

网络实名制一方面对于治理网络侵权、惩治网络犯罪等网络失范行为颇有成效。但另一方面，我们不得不认识到网络实名制度也存在诸多的法律风险和实践局限，对网络实名制的正负功能需进行全面的评价与分析。具体而言，网络实名制的法律风险主要涉及以下几个方面：

1.侵犯表达自由权

在推行网络实名制的同时，如何充分保护言论自由的运行空间，并清醒认识言论自由的限度，需在制订政策时仔细权衡。这个权衡本质上涉及的即是在"言论自由的价值与社会控制的价值之间的适当取舍"问题。[①] 一方面，网络的无国界性、匿名性等特点，导致网络世界出现大量违法、侵权信息。尤其是作为一个处于转型期的社会主义发展中国家，无论是外在的挑衅、批判、暗中破坏，还是内在的利益冲突、舆情盲动、权力（利）滥用等，均使得我国网络虚拟世界的稳定性风险急剧膨胀，并已然威胁到了现实世界的各项秩序。近年来，接连发生的网络泄密、网络色情、网络欺诈、网络诽谤、网络煽动、网络恐怖主义等热点事件无不印证了对网络信息采取必要社会控制手段之必要。但另一方面，作为一种弥足珍贵的言论表达渠道、公民监督批评政府及官员的重要平台，网络环境下的表达自由权益也值得我们慎重对待与重点保护。言论自由是现代宪法所普遍规定的基本权利之一，我国《宪法》第三十五条也明确规定：中华人民共和国公民有言论、出版、集会、结社、游行、示威的自由。互联网原本作为一种重要的信息传播媒介，有助于公众更加高效、方便地行使言论自由权。但网络实名制以打破网络用户表达的匿名性为主要特点，其既有可能增加行政主体、网络企业等限制和审查网络言论的概率，也会对网络用户正常的网络表达行为形成潜在心理威胁与掣肘，这些均会对宪法赋予公民的表达自由权利造成侵犯和限制。

2.侵犯隐私权和安全权

隐私权是公民依法享有的不受他人侵扰以及保有内心世界、财产状况、社

---

① 参见陶文昭：《网络实名制可行吗？》，《红旗文稿》2008 年第 12 期。

会关系、性生活、过去和现在其他纯个人的不愿为外界知悉事务等秘密的权利。[1] 网络实名制要求网民提交身份证、一卡通、IC卡等信息内容,实行实名强制准入制度。一方面不能完全避免网民信息被注册管理机关泛用、滥用,侵犯公民的个人隐私。另一方面,在现有的技术条件下,更难以避免黑客非法侵入注册信息系统,窃取网民个人信息并谋取非法利益的行为。[2] 简言之,实名制在增加公民信息外泄概率、侵犯公民隐私权的同时,也"增加了公民人身与财产的安全风险,从而侵犯公民的安全权"。[3] 实践中,韩国实施网络实名制之后出现的大规模用户注册认证信息泄密事件即为明证。在我国,也曾发生过天涯网站四千万用户密码和注册邮箱泄露、CSDN社区六百万用户密码泄露的事件,都曾造成过极其严重的危害后果和社会影响。可见,推行网络实名制,将会面临巨大的用户信息泄露风险,会对公民的隐私权和安全权造成威胁。

3. 制约批评监督权

公权力机关、公权力行为并不具备天然的合法性、合理性,在法治社会,公民对公权力机关及其行为应有充分的批评监督权。在信息技术高度发达的当代社会,利用互联网对公职人员、公权力机关及其作为进行评价是公民行使批评监督权的重要体现。据统计,全国检察机关近年来立案侦查贪污贿赂案件之线索,有80%以上来源于群众举报,其中的匿名举报则占60%以上。其中的很多匿名举报,就是通过网络进行的。但"实名制对网民参政议政、监督政府的积极性是一种挫伤,对'言论自由'是一种变相威胁"。[4] 一旦全面实施网络实名制,举报者身份将以直接或间接方式被暴露,则难免侵蚀现有网络问政、网络反腐及批评监督的空间。举报者往往因为害怕打击报复等心理,而不敢勇于行使批评监督权,一般网民也更加难以全面了解、介入和监督权力机关及其行为。这一点已为诸多学者所认可并警示,例如,有学者指出:"网络匿

---

[1]　参见张新宝:《隐私权研究》,《法学研究》1990年第3期。

[2]　参见刘刚:《我国网络实名制的缘起、争论及可能出路》,《电子科技大学学报》(社科版)2015年第4期。

[3]　周永坤:《网络实名制立法评析》,《暨南学报》(哲学社会科学版)2013年第2期。

[4]　蔡德聪、刘素华:《"网络实名制"与网络不良信息治理》,《中国行政管理》2012年第11期。

名构建了公民政治参与的安全保护机制。……如果实行实名制,公民网络政治参与的积极性必然丧失,由于因害怕打击报复或因个人利害衡量而不再敢于说真话和反映实情,网络社会监督的平台将形同虚设。"①刘德良教授也认为:"推行网络实名制后,有些尖锐、苛刻但是合理合法的言论,可能因担心打击报复等不利后果,而不再被发表,真实的言论和有价值的思想可能就会被实名制扼杀。从更深的层面上讲,实名制可能会引发对公众舆论错误的导向作用,或者弱化公众的舆论监督作用,对于民主法治的建设和国家的长治久安将起到负面作用。"②还有学者针对网络实名制展开过专门调查,调查对象是有机会接触网络的大学生和在职人员。其中一项调查是"当遇到需要填写实名信息再发表意见的网页,你该如何处理",大学生和在职人员对这个问题的普遍回应是"关闭网页,不发表评论",所占比例分别达到 65.7% 和 58.2%。③可见,一旦强制实名,网络用户发表批评监督言论的安全感和政治参与的积极性均有可能大大降低。

(三)网络实名制的操作难度

除法律风险外,网络实名制在实践执行过程中还会遇到一些现实局限与操作难度:

1. 用户真实身份难以查证

网络实名制主要通过要求网民使用身份证号码、电话号码等个人信息内容进行注册,通过实名方式构成实际身份和虚拟信息之间的影射关系,以确定网络行为主体,明确虚拟社区行为责任。④ 但必须注意的是,网络实名制强调通过个人身份信息准入,却无法避免通过交易、盗取、欺骗等合法或非法手段获取他人身份信息,并以此信息作为个人身份,登陆和参与各项网络活动的情

---

① 徐振增:《民主政治视野下的网络实名制——基于当前网络后台实名注册管理制度的再思考》,《河北法学》2012 年第 9 期。

② 张伯晋、关仕新:《五位法学家眼中的网络实名制》,《检察日报》2012 年 1 月 12 日。

③ 参见杨福忠:《公民网络匿名表达权之宪法保护——兼论网络实名制的正当性》,《法商研究》2012 年第 5 期。

④ 参见张欢、杨霖:《身份映射关系:网络实名制的法理基础》,《山西高等学校社会科学学报》2009 年第 4 期。

况。例如,实施网络实名制的重要目的之一,在于保障未成年人的合法权益,避免未成年人沉迷于网络。但未成年人如果取得其父母的身份信息,并以此登陆网络系统,则网络实名制就不能有效地予以查证并实施阻止。韩国在实施网络实名制的实践过程,还曾出现过专门伪造身份证号码的作弊软件。"这类软件可以伪造出通过身份验证机制的韩国身份证号,从而可以用伪造的身份注册。此类软件的出现,也就意味着'网络实名制'近乎名存实亡。"①

2. 增加网络运行成本

网络实名制的实施,与其他法律制度一样,存在必要的运行和管理成本。除立法评估、立法调研、征求意见、立法表决等必要成本外,推行网络实名制还需承担实名制所需的身份验证系统和公民隐私信息保密系统的构建、运作和维护成本。这些成本一旦启动,将会长期存在,并会伴随网络用户规模的扩张和网络攻击技术手段的提升,而持续增长。此外,网络实名制也会产生相应的社会成本,原因在于,网络实名制的推行必然降低公民参与网络活动的活跃度和积极性,网络运营商的实际收益也会有相当的损失。②

3. 影响无有效证件人员的正常网络活动

在操作层面,网络实名制要求网络使用人通过输入以身份证为代表的个人真实身份信息,进行注册登录,然后才能发表观点、参与评论、浏览特定信息和交流互动。但实名注册准入模式面临着一个难以逾越的障碍,即对于军官、士兵、武警、没有户籍的中国公民、非中国籍外国人而言,由于他们没有中国居民身份证,客观上难以进行网络注册,这等于间接限制了这些特殊群体参与网络活动的自由权利。而倘若他们以军官证、护照等有效证件上网,不仅难以识别"年龄"这一实名制所最为倚重的身份分界指标,还可能存在泄露国家秘密信息、威胁国家安全等风险。

4. 导致网络用户外流,制约网络企业发展

在缺乏充分论证并获得社会普遍共识的情况下,推行全面和强制性的网络实名制将导致网络用户外逃,摧毁本土互联网企业竞争力,导致本国互联网

---

① 宋珏:《韩国网络实名制兴废记》,《南方周末》2012年1月12日。
② 参见刘丹:《网络实名制的法经济学分析》,《网络法律评论》2012年第2期。

投资环境的恶化。开放性是互联网产业的重要特征,国家政策的强制性介入对该行业的影响是明显的、不可逆的。网络实名制作为一种较为严苛的网络管理制度与手段,其出台、适用,不可避免地会引起网络用户的抵触,大量的规制手段也很有可能应运而生,网络用户利用"翻墙"等软件避开实名制,网络服务提供商向境外转移服务器地址等都是很有可能发生的后果。考虑到可能导致的上述后果,我们必须在制定实名制政策时慎之又慎。

四、间接网络实名制度之构建与展开

基于上述分析可知,网络实名制本身有利有弊,推行全面、强制性的网络实名制,抑或对网络实名制持彻底否定态度,均不科学。践行网络实名制的核心问题是,如何在多种相互冲突的利益间保持均衡,以最大限度地发挥其积极功能,而避免其消极功能。对此,较为中立的看法是,"要不要实行网络实名制,以及实行何种网络实名制,其主要目的是为了解决网络自由与安全之间的矛盾。主张实行网络匿名者,更倾向于网络自由;相反,主张网络实名者,更倾向于网络安全。(但)以上两者学说都过于极端,无法在网络自由与安全之间达至均衡"。[1] 而为协调两者之间的矛盾,既保护网络自由,又维护网络安全,必须以宪法之表达自由法理为依据,并对网络言论内容进行区分,采取差异化的实名制政策。在此基础上,"后台实名制""间接实名制""政治表达匿名、商业表达后台实名、淫秽色情信息混合实名"等论点构成构建网名实名制操作建议的主要看法。笔者认为,综合前述针对网络实名制的理论分析与域内外实践经验,后台网络实名制的基本构想较为符合我国现实,我国网络实名制度应结合中国实际,构建渐进式的"间接网络实名制度",且应在适用范围上提出更加明确、具体、更具操作性的相关建议。

(一)基本定位:前台自由,后台实名

网络实名制最大的现实意义在于防范借助匿名表达而滋生的网络有害信

---

[1] 高荣林:《韩国废除网络实名制引发的反思》,《传媒观察》2012 年第 11 期。

息,但这一目的同样可通过网络侦测技术和取证手段完成——虽然有可能程序相对复杂一些,成本更高一些。换言之,网络实名制并非不可取代的"灵丹妙药",不可能完全不加区别、不加限制地全面、强制推广,否则将反过来危及公民表达自由等基本权益。此时,如果采取"前台自由,后台实名"的间接实名制,给网络用户保留一定的选择权利和私密空间,同样可以制衡用户的恣意表达冲动,并能最大限度地保护其表达自由、隐私和批评建议等法律权利。

具体而言,在特定网络空间,网络用户应根据与网站缔结的服务协议和相应法律规定,提交真实身份资料并经网站后台审核后注册,只有经过注册的用户方能行使发言等权利。(未注册用户是否可以浏览信息,由网站根据经营需要自行决定)用户在注册时,可以选择是使用真实身份还是昵称进行前台表达。仅在用户发表的信息构成侵权、违法、犯罪时,网站方可根据法定程序、法定范围向有权主体透露其身份信息,否则用户在前台的身份将是隐名的。这种"前台自由,后台实名"的间接实名制,更利于在网络信息安全维护和表达自由等基本权益保障间保持均衡,更为契合网络有害信息治理"中间型"模式的内在精神要求。

(二)构建原则

第一,自愿选择原则。网络实名制最大的现实意义在于保障社会公共利益,防范网络谣言、网络诽谤等有害信息,净化网络环境等方面。但理论观点和诸多实践经验都表明,通过事后惩罚、追责等手段,也可以成为规制上述不法行为的有效手段。因此,网络实名制不宜全面、强制推行,不能为了规制少数主体的网络失范行为,就强制要求所有网络用户在所有网络社区都必须实名注册、实名上网,这是一种典型的怠政、懒政思维,侵犯了公民的自由选择权。

此外,如前文所言,网络实名制的实施与否在法理上涉及法律的价值选择问题,即法律的效率价值和法律的自由价值之间的冲突与平衡问题。追溯网络实名制推行的目的和动力,其"主要是为了消除虚假、违法的信息传播,加强网络监控,净化网络环境。实名制之后,可以提高惩罚违法的网络参与者的效率,特别是能够有效制止民事侵权行为、帮助提高侵权取证的效率,这对于提高社会管理效率有很大作用"。① 但效率不应该成为第一顺位的法律价值，并以此价值对抗公民的自由选择权。片面依托网络实名制，单方面强调网络管理的方便高效，其实质是对所有公民网络言论自由权的轻视。"从更深的层面上讲，实名制可能会引发对公众舆论错误的导向作用，或者弱化公众的舆论监督作用，对于民主法治的建设和国家的长治久安将起到负面作用。而言论自由是更高位阶的价值，民主法治和国家的长治久安亦是最终目的。"② 显然，完全排除网络用户自由选择意志的网络实名制，有失偏颇，其极易导致危及网络表达、网络利用、网络监督的不利局面。坚持"后台实名，前台自由"的自愿原则，则可在维护网络信息安全的同时，最大限度保留网络匿名表达的种种优势，不至于在不同网络权益间形成顾此失彼的困局。

第二，网络隐私权保护原则。网络隐私权是公民在网上享有私人生活安宁和私人信息依法不受窥探、打扰和泄露的一种人格权，③涵盖个人数据、私人信息和个人领域三个方面。网络实名制的实施前提在于公民通过个人真实身份信息予以准入登录，因此当主管机关和运营机构掌握了大量的用户个人信息和隐私时，对此类信息的保护就显得尤为必要。为保护公民网络信息和个人隐私权益，我国已于 2012 年 12 月颁布《全国人民代表大会常务委员会关于加强网络信息保护的决定》，决定明确要求有关主管部门应当采取采取技术措施和其他必要措施，预防、阻止和惩治通过窃取或者其他非法方式获取、出售或者提供公民个人电子信息的违法犯罪行为。《中华人民共和国网络安全法》第四十条至第四十五条，也详细规定了应加强网络隐私权保护的基本要求与具体方法。这些充分证明了构建网络实名制时，应当依法贯彻保护公民网络隐私权重要原则之必要性和合理性。

第三，公共利益原则。网络实名制的实施必须遵循公共利益原则，意指该制度实施的目的应集中于防止和防范网络失范行为，保障和保护社会公共利益。在韩国，宪法法院之所以最终宣布网络实名制违宪，主要也是基于公共利

---

① 张伯晋、关仕新：《五位法学家眼中的网络实名制》，《检察日报》2012 年 1 月 12 日。
② 张伯晋、关仕新：《五位法学家眼中的网络实名制》，《检察日报》2012 年 1 月 12 日。
③ 参见赵华明：《论网络隐私权的法律保护》，《北京大学学报》（哲学社会科学版）2002 年 S1 期。

益原则所做的考量。其判决指出,网络实名的目的是公益性,但网络实名制实行之后却没有实现预期的公益性。另外,实施网络实名制后,无法衡量网络实名制的公益性和危害性,因此无法肯定网络实名制的公益性。[①] 这项判决虽然最终指向否定在韩国继续实施全面和强制的网络实名制,但从法院的判词和说理内容可以明显发现,"公共利益"是推行网络实名制无法逾越的一项核心目的和考量因素。有效并适度的网络实名制,必然能够更好地提升公共利益;反之,如果破坏或限制了公共利益,也即说明相应实名制度之构建并不科学。公共利益原则,能够作为甄别网络实名制是否必要、有效和妥当的重要判准。

（三）适用范围

间接实名制度除了要求保留"前台自由"的根本要求外,还强调实名制度的实施必须被严格界定在有限的范围之内。基于网络空间属性与具体表达内容等方面的差异,笔者建议网络实名制应首先从信息安全威胁程度更高的电子商务、电子金融、电子政务、网游等行业和领域展开,社区论坛、即时通讯平台、博客等自媒体空间则应待社会共识进一步成熟时再考虑全面推广。

第一,电子商务、电子金融作为网络生产、流通和消费交易空间,适宜首先推行网络实名制。一方面,网络实名制有助于满足电商、金融机构等对交易平台真实性所提出的基本要求。从交易习惯上讲,具备真实身份信息、营业执照、实际办公环境和生产厂房等资质认证的企业和消费者更能获得彼此青睐,电子商务、电子金融领域的实名制,更是在虚拟空间加深交易双方相互信任的需要。就实践而言,实名制代表着不同阶层的信用机制,目前国内外主要的电子商务网站也无一例外都实行了不同程度的实名制交易。[②] 另一方面,网络实名制是维护交易安全和规避欺诈违约的重要手段,有利于电子商务、金融诚信体系的建设,有助于构建公平公正、规范有序的网络交易环境。2010 年国家工商总局颁布的《网络商品交易及有关服务行为管理暂行办法》对网络交

[①] 参见莽九晨:《韩国称网络实名制并未使恶性言论和非法信息明显减少》,人民网,http://world.people.com.cn/n/2012/0823/c1002-18818292.html,最后访问时间:2016 年 12 月 1 日。

[②] 参见胡凌:《中国网络实名制管理:由来、实践与反思》,《中国网络传播研究》第四辑。

易行为的实名制作出了规定:"通过网络从事商品交易及有关服务行为的自然人,应当向提供网络交易平台服务的经营者提出申请,提交其姓名和地址等真实身份信息。"2016 年开始在网络约车平台上出现的大量"幽灵车"现象,也说明了在电子商务领域实施网络实名制并加强审核的现实必要。①

第二,电子政务实名制也具有理论正当性和现实可行性。原因在于,政府部门是为公众提供公共服务的综合性平台,理当具有明确性、权威性、公开性的特点,公民通过网络渠道处理交通违法记录、住房公积金缴存信息、电费账单处理等活动,具有实名参与的客观必要。同时,电子政务实名制还是转变政府工作作风、塑造阳光政府、提高行政效率的重要举措,是政府创新社会管理方式的表现形式和基本要求之一。

第三,应对具有官方或纯商业背景的网络意见领袖、网络评论员、网络推手等特殊网络参与者实施实名制。② 意见领袖一般指在人际传播网络中经常为他人提供信息,并对他人行为与观念产生影响的活跃分子。意见领袖通过将信息扩散传播给受众,形成信息的两极传播,他们在大众传播活动和效果形成过程中起着重要的中介桥梁或信息过滤作用。③ 按学界的共识性归纳,网络意见领袖一般包括三种基本类型:第一类是各类文艺体育界明星,第二类是包括作家、记者、专家学者在内的各类公共知识分子,第三类是靠在网络发言获得一定数量网民认可、从而赢得关注度的草根领袖。④ 网络意见领袖的存在,既能深化网络相关议题的传播和讨论,也能对网络信息的治理,起到积极的正向作用。但意见领袖也容易导致系列问题,例如,发布不实信息,引发舆

① 2016 年中秋小长假里,全国多地出现优步"幽灵车"。这些车辆司机头像照片阴森恐怖,接单后不联系乘客,不来接应,接单迅速开始行程,不到一分钟结束行程。"幽灵车"的出现,系网络预约车司机刷单套取平台奖励所致。这种现象的存在,再一次说明网约车平台强化实名制之必要,也说明目前的审核身份形同虚设,相关监管细则有待发布。参见徐燕倩:《多地现优步"幽灵车":接单后迅速结束行程,司机头像恐怖》,http://www.thepaper.cn/newsDetail_forward_1530410,最后访问时间:2016 年 12 月 12 日。

② 关于网络意见领袖、网络评论员、网络推手等网络参与主体之功能地位及其法治化问题,本书"网络信息治理的主体制度"一章还有更为详细的论述。

③ See Lazarsfield P.F., Berelson, B.and Gauset, H., *The People's Choice:How the Votes Makes Up His Mind in a Presidential*, New York:Columbia University Press,1948,p.151.

④ 参见李良荣、张莹:《新意见领袖论》,《现代传播》2012 年第 6 期。

论动荡;滥用话语权,造成网络暴力等。① 同时,近年来,网络意见领袖还呈现出商业化、职业化的趋势。商业化和职业化的意见领袖,为了追求商业利益、迎合粉丝喜好,有时候不得不受制并被动追随粉丝们的集体意志——不管是理性表达、情绪发泄还是网络暴力,有时不得不跟随其一起起舞。② 这些网络意见领袖,不仅不能成为网络信息秩序的推动者和缔造者,反倒构成网络信息安全的重大威胁。为发扬网络意见领袖的正面价值并遏制其负面功能,政府应当采取一定方式培养和支持一些意见领袖。一方面,政府应发现、培养和支持部分勇于担当、有良好自律精神的意见领袖;另一方面,政府、职能机构及部分"明星官员"的官方微博等也可以被打造为官民互动、网络问政、权威发布的良好沟通渠道。③ 同时,对具有较大影响力的网络意见领袖还应实行实名制,从而利用自律和他律的双重方式,提高意见领袖谨言慎行的道德意识和法律意识。④ 但是,网络意见领袖的认定标准并不明确,也就是说,一个在网络拥有一定活跃度和知名度的用户到底是不是一个"网络意见领袖",答案并不是绝对的,也没有法定标准或法定主体对此拥有最终判断权。因此,如果要求对所有网络意见领袖都实施网络实名制,等于说间接承认政府等部门可以轻易要求所有拥有一定活跃度或知名度的网络用户都实名上网,这既会导致权力滥用,也会网络实名制的设立初衷相悖。因此,网络意见领袖的实名制还是应区别对待:一是需要有一个量化的标准,以确定何谓网络意见领袖,网络意见领袖的实名制应当建立在意见领袖能被准确识别的基础之上。⑤ 二是重点对具有商业目的、纯粹追逐商业利益、明星官员类的意见领袖实施强制性的网

---

①　参见刘锐:《微博意见领袖初探》,《新闻记者》2011 年第 3 期。
②　参见李良荣、张莹:《新意见领袖论》,《现代传播》2012 年第 6 期。
③　参见宋好:《微博时代"意见领袖"特点探析》,《今传媒》2010 年第 12 期。
④　参见顾品浩、蒋冠:《突发性公共事件中的网络意见领袖分析》,《情报杂志》2013 年第 5 期。
⑤　在网络空间,意见领袖的识别可以由政府部门出台判断标准,更佳选择是由网络行业组织出台参考性识别标准。目前,学术界关于网络意见领袖辨识的诸多建议也可以被吸收和参考。学术界多赞成采用影响力和声望两个维度,以 ID 影响力、帖子影响力、认同值、响应值、吸聚力、传染性等为基本指标,来识别网络意见领袖。参见余红:《网络论坛舆论领袖筛选模型初探》,《新闻与传播研究》2008 年第 2 期;丁汉青、王亚萍:《SNS 网络空间中"意见领袖"特征之分析——以豆瓣网为例》,《新闻与传播研究》2010 年第 3 期。

络实名制(对商业意见领袖实施实名制主要是为了维护交易安全,防止虚假广告,恶意推广和故意贬损竞争对手等行为;明星官员具有公职身份,其言行也容易被解读为代表官方态度,故应通过实名制确保其网络言论更加审慎)对于不涉及纯粹商业利益的网络意见领袖依然应当坚持自愿实名的原则,尤其应当允许其在前台自由匿名。(但其实,这部分意见领袖本身也具有实名的巨大动力。例如文体明星、作家、草根领袖等,利用网络获得知名度是其网络行为的主要目的之一,而只有实名才能为粉丝所知晓,并将其网络言行与其个人身份对应起来,并最终提高个人知名度)。三是对记者、学者、公共知识分子等,应当慎重实施实名制,宜将前台和后台是否实名的权利交给他们自己选择。原因在于,他们所发表、讨论、关注、共享的网络言论,往往涉及公共议题,并具有较为明显的非营利色彩,如果对其采取强制性的实名制,不仅易于引发"寒蝉效应",也会引发社会心理层面的普遍抵触与紧张。

在网络世界,还有一类特殊意见领袖——网络评论员,其泛指被政府等公权力部门所遴选、吸纳、培训、组织,在特定事件发生后或针对特定类型新闻信息进行统一口径的评论、跟帖,以达到影响、引导和制造舆论,占领网络舆论阵地,实现政府行政管理目标的网络活跃人士。对于网络评论员之身份与功能,目前存在赞否两论。赞成者认为,网络评论员的存在有利于维护社会稳定,控制对政府不利的网络言论,可以维护和提升政府形象,增强政府与民众间的交流沟通,对于建设社会主义和谐社会可以起到积极作用。[1] 反对者则语重心长地指出,有些网络评论员集体系由权力组织起来的,他们有时候会混淆视听,裹挟民意,伤害"社会最柔软的那部分良善机理",这些网络"水军"拥有比资本更可怕的破坏力。[2] 而且,由政府直接雇佣、培训与放任网络评论员,容易导致网民间的彼此不信任。网络评论员不正常的讨论方式、网民与网络评论员间的集体"围攻"、互骂,透支和破坏了中国基本的社会信任基础。政府与网络评论员间的关系也值得反思,他们之间似乎更像是在追求一种"合作性互骗"的互利关系,政府获得虚拟世界和现实生活中同样重要的"和谐"感

---

① 参见刘锐:《信息监控与网络治理:社会化媒体实名制研究》,华中科技大学出版社 2013 年版,第 175 页。

② 参见唐明灯:《网络水军的喧嚣与边界》,《时代周报》2010 年 2 月 16 日。

受,后者则获得被肯定、赞扬甚至带来直接经济利益的工作成绩。① 可见,为遏制和消除网络评论员的负面消极功能,对网络评论员也有实施网络实名制之必要。网络评论员的实名制度,可以通过两种方式展开:一方面,应通过完善相关法律、法规,对冠名以网络技术公司、网络传媒公司、网络公关公司、网络广告公司等名称但实质实施网络推手行为的公司进行实名制注册,对其行业准入、经营范围、在线行为、法律责任等予以明确规定。另一方面,为解决网络评论员制度的弊端并缓解具有"官方"背景的网络评论员②与普通网民间的对立情绪,应公开并规范网络评论员的身份与言论,应当通过建立网络评论员信息公开和实名发帖制度,以充分的信息披露机制重构政府与网民间的信任关系。③

第四,针对未成年人易于沉迷网络游戏、网络虚拟交易风险高发的严峻现实,在网游领域推行实名制也具有高度社会共识。对此,文化部已于2010年6月正式签发《网络游戏管理暂行办法》,明确规定玩家登录在线游戏时必须实名注册,网游行业的实名制已构成一种法定义务。《网络游戏管理暂行办法》颁布并实施以来,腾讯、网易、盛大等网络游戏运营商纷纷迅速响应,要求用户在登录游戏环节按指引填写实名信息,但未对最终的截止日期做出规定,也未说明拒绝履行实名登记的用户应承担的不利后果。关于网络游戏实名的直接法律依据,最高位阶的法律规范为部门规章,从效力上讲,尚不能成为强制要求网络游戏用户提供真实身份信息的终局依据。因此,为推动网络游戏实名制管理制度之法治化,还应在《网络游戏管理暂行办法》运行成熟之时,出台相应的法律或行政法规和配套措施,对网络游戏实名制的实施细节给予更加明确的规定,赋予网络游戏运营商或第三方权力机关要求网络游戏用户提供真实身份信息或核查身份信息真实与否的权利,并在身份

---

① 参见石扉客:《解剖一只网评猿》,《南都周刊》2009年6月19日。
② 具有"官方"背景的网络评论员又被网民戏称为"五毛党",一般是为了象征性地讽刺他们每发一贴能从中挣五毛钱。号称不需政府支付报酬,自觉自愿为社会正能量点赞、为中国发展鼓劲的网民则自谓"自干五"(自带干粮的五毛)。参见赵士兵:《"自干五"是社会主义核心价值观的坚定践行者》,《光明日报》2014年11月15日。
③ 参见梁发芾:《网络实名制从网评员做起》,《中国青年报》2010年5月19日。

信息保护、实名制监督体系、救济机制等方面对该制度进一步予以构建与完善。①

　　除此之外,对于社区论坛、即时通讯平台、博客等自媒体空间则不宜立即推行全面和强制性的实名制。网络社区论坛等平台具有匿名性和草根性的典型特征,这也是网络表达的重要价值和魅力所在。但近年来,以新浪微博、凯迪社区等为典型代表的网络空间均逐步开始从"准实名制"向强调实名制过渡。该做法虽一定程度上减少了网络负面、消极甚至侵权、违法信息内容,但却也一定程度上降低了公民的网络参与热情。在现有技术条件下,网络实名制并不是进行网络言论追责的唯一途径。既便是实施匿名制,管理机关在网络言论构成违法、犯罪时,同样可以利用技术侦测手段寻找到真正的发言人并实施追责,不一定非得依赖事先的强制实名制。显然,在社区论坛等空间推行建立在自愿基础上的间接实名制制度,已足以起到秩序维护、言论监管之目的,全面和强制的实名制度并不可取。

　　另外,即时通讯软件作为人际交往、信息交流的重要工具,其实名制的意义在于防范网络诈骗、网络侵权,传播病毒和木马、传递违法信息和链接、组建违法聊天群等内容,有助于国家机关调查取证等,其弊端则在于将使用户受到一定的拘束和限制,不敢或不能畅所欲言,尤其不敢发表监督、批评、反对声音。对此,笔者认为在不同的对话语境下,应当允可用户自主选择实名或者匿名。比如企业版QQ应具有实名对话的特点,而对于一般网络交友聊天,则可以选择匿名。在网络博客、微博、微信等自媒体空间,存在着同样的价值选择问题。这些网络自媒体相较于传统媒体的最大特点,在于其具备的自主性和互动性特点。在自媒体上,新闻信息传播方式不再是单向的传达和传播,而是赋予社会公众以话语权,通过发帖、跟帖、评论、点赞、关注等方式,促进社会互动和信息交流。在自媒体空间实施实名制,可对新媒体信息传播产生规范约束作用,对社会舆论产生疏通引导作用,但也会使得公众公共话语空间变得更为逼仄,实名制背后的"监视目光"当然也会降低网络表达的热度和力度,将

---

　　①　参见姜亦周、张平:《网络游戏实名制的法律问题分析》,《武汉大学学报》(哲学社会科学版)2012年第1期。

大大降低自媒体本身具有的特殊优势,也会影响自媒体产业的持续发展。所以在该范围内,也不宜强调网络实名制的全面强制覆盖。

（四）支撑制度

为更好地发挥功能并消解负面影响,推行网络实名制,还需构建与完善三个方面的支撑制度:

第一,个人信息数据保护制度。执行网络实名制度,网络企业将因之获得大量用户身份信息,这对个人信息数据保护工作提出了更高要求。全国人大常委会 2012 年 12 月 28 日出台的《关于加强网络信息保护的决定》,要求网络服务提供商或其他单位和部门"收集、使用公民个人电子信息,应当遵循合法、正当、必要的原则,明示收集、使用信息的目的、方式和范围,并经被收集者同意,不得违反法律、法规的规定和双方的约定收集、使用信息"。2016 年 11 月 7 日颁布的《中华人民共和国网络安全法》第四章"网络信息安全"一章规定:"网络运营者应当对其收集的用户信息严格保密,并建立健全用户信息保护制度。""网络运营者不得泄露、篡改、毁损其收集的个人信息;未经被收集者同意,不得向他人提供个人信息。但是,经过处理无法识别特定个人且不能复原的除外。网络运营者应当采取技术措施和其他必要措施,确保其收集的个人信息安全,防止信息泄露、毁损、丢失。在发生或者可能发生个人信息泄露、毁损、丢失的情况时,应当立即采取补救措施,按照规定及时告知用户并向有关主管部门报告。"以此为基础,我国应加快个人信息数据保护制度的建设工作,应进一步细化侵犯个人信息数据权益的法律责任、追责主体,以切实保障实名制得以在法治的轨道内健康运行。对此有学者建议:"全国人大常委会应制定个人信息保护法,全面保护公民的个人数据,其中应统一规范网络服务提供者收集、保存、公开、使用的权利与义务:网络服务提供者所收集的公民个人信息应仅限于认定公民身份所必需,未经公民个人同意,禁止收集与认定公民身份无关的其他信息;禁止网络服务提供者泄漏或不当使用公民个人信息。公民有权利向存有其个人网络信息的网络服务提供者了解哪些信息已被收集,并被进行了怎样的处理。收集与识别公民身份无关的个人信息的行为,以及非法泄露和使用个人信息的行为,都应当视情况承担民事侵权责任和行政违法责任,情节严重、构成犯罪的,还应当承担刑事责任。"①简言之,现有立法虽然宣示了网络服务提供商保护个人信息数据的法定义务,但对该保护制度的具体范围、法定程序、法律责任、监督主体等应作更进一步的细化规定,以增强该制度的完整性、明确性和可操作性。

第二,"双网分离"的网络身份信息管理制度。强化统一的身份认证及管理是推行网络实名制的核心环节,网络身份信息管理要统筹网络用户个人身份确认和保障网民合法权益,兼顾强化责任追究和防范恶意打击报复等多维效果。这些目的,可通过推动实施"双网分离"的身份信息管理系统加以实现。"双网分离"的身份信息管理系统主要指构建公民网络通行账号系统,并依托现有公安机关"全国公民身份信息系统",既能实现网络身份识别,又着力避免身份信息被无权限主体恣意接触的一种信息管理系统。建议构建该制度的主要原因在于,一方面,公安机关设置的"全国公民身份信息系统"由内部专网建立,可以形成有效的物理隔离,避免遭受黑客攻击,而处于前台的网络通行账号系统又可以保证实名化的现实需求。另一方面,当网络用户存在失范行为,亟需对其个人真实身份进行确认时,管理机关可以按照法定程序要求网站向其提供网络用户的网络通行证账号,并由公安机关通过"全国公民身份信息系统"进行定位查询。如此,"一方面保证了正当查询的及时和便捷,也通过'双网分离'的形式避免了各种侵权查询行为,保护了正当的网络权益"。②

第三,网络取证制度。实施网络实名制的重要目的在于克服网络虚拟性的系列弊端,治理网络侵权和网络犯罪行为,净化网络环境,保障网络用户的合法权益。为更好地发挥实名制的功能,必然需要配套建立发达的网络取证制度。只有将事前的网络实名制与事后的网络取证制度衔接起来并形成联动,才能对电子证据进行有效保护、收集、验证、鉴定、分析、解释、存档和出示,更有效地实现事先威慑与事后追责的制度构建目的。网络实名制是事前治理机制,而网络取证制度则具有事后工具价值,二者的有效衔接和联动治理,将

---

① 皮勇、胡庆海:《论网络实名制不应"独行"》,《信息网络安全》2006年第5期。
② 参见张辉:《从网络实名制谈互联网管理机制创新》,《中国科学报》2013年11月11日。

有效克服网络匿名性带来的负面效应。

　　总之,网络实名制度是我国网络治理实践中呼声很高的一项重要实体制度,推行该制度有利于增强网络用户的规约意识和责任意识,能够有效防范网络造谣、诽谤、侮辱、煽动等侵权、违法和犯罪行为。以韩国为代表的实践经验也证明,推行网络实名制对网络有害信息治理工作助益良多。但与此同时,网络实名制对公民言论自由权、批评建议权的限制,对网民个人信息的泄露等方面的负面影响,也长期客观存在并为人所众知。故,我国网络实名制度之建构,需在结合国际经验和我国实际基础上,在坚持前述网络信息治理"中间型"模式框架下谨慎展开。

第五章　网络信息治理的正当法律程序制度

以政府为代表的公权力机关介入治理网络有害信息,一方面应恪守网络有害信息的判断标准,并通过发挥网络实名制、信息内容分级等实体制度之功能,严格限定治理范围,避免对网络信息不加区分的"一刀切"式做法;另一方面,则应严格遵循行政法上的正当法律程序原则,满足最低限度的程序正义标准,以回应现代法治对行政主体公正行使权力所提出的基本要求。目前,理论界与实务界关于网络信息治理的既有讨论,明显偏重第一方面的问题,相关成果几乎全部围绕网络有害信息的判断标准、网络表达自由的边界、网络实名制、网络信息内容分级、网络信息政府治理的基本模式等实体问题展开,鲜有论者专门研究网络信息治理的正当法律程序问题。这说明网络信息治理的既有实践与研究依然存在粗放型弊端,"重实体、轻程序"的传统积弊在网络信息治理问题上依然严重。而实际上,"正是程序决定了法治与恣意的人治之间的基本差异。坚定地遵守严格的法律程序,是我们赖以实现人人在法律面前平等享有正义的主要保证"。① 为此,本章拟通过实证方式梳理归纳我国网络信息治理行政措施的基本类型,从实然法和应然法双重角度讨论正当法律程序原则对网络信息治理行为提出的客观要求,并在比较观察域外成熟做法基础上,系统讨论我国网络信息治理过程中应当恪守的行政公开、行政参与、通知——删除、告知和教示、说明理由等系列具体程序之构建与完善路径。

---

① Christopher Osakwe, *The Bill of Rights for the Criminal Defendant in American Law*, in *Human Rights in Criminal Procedure* (edit by J.A.Andrews), Martinus Nijhoff Publishers, 1982, pp.260-264.

一、网络信息治理的管理手段类型

我国治理网络信息所使用的具体管理制度与手段,主要包括市场准入制度、实名登记制度、技术监控手段以及警告、罚款、责令停产停业、没收违法所得、吊销许可、强制断链、拘留等行政处罚和强制措施。① 在特定的专项整治行动中还会采取一些非常规手段,如全面的"断网"措施等。

就立法而言,现有立法直接涉及网络信息治理措施的主要有《全国人大常委会关于维护互联网安全的决定》第六条、《全国人大常委会关于加强网络信息保护的决定》第十一条、《中华人民共和国网络安全法》第六章、《电信条例》第六章、《互联网信息服务管理办法》第十九条至第二十四条、《互联网新闻信息服务管理规定》第二十三条、第二十六条至第二十九条、《互联网文化管理暂行规定》第十九条、第二十一条至第三十一条、《计算机信息网络国际联网暂行规定》第九条、第十四条、《计算机信息网络国际联网安全保护管理办法》第十八条、第二十条至第二十三条、《互联网电子公告服务管理规定》第十六条至第二十条、《互联网视听节目服务管理规定》第二十三条至第二十五条等(参见下表)。没有直接涉及,但可以适用于网络信息治理的行政手段,主要体现于《治安管理处罚法》第十条、《行政处罚法》第八条、《行政强制法》第九条等相关规定之中。综合上述立法以及执法实践,我国治理网络信息的管理手段可归纳为以下几种类型:

第一,技术措施,即网络主管机关利用网络技术工具与方法对网络有害信息采取的控制手段,包括物理删除、屏蔽、断开链接、禁止搜索等。技术措施的预防性和隔离性能够对网络有害信息实现有效控制,而且覆盖范围广,方便快捷。但因为技术本身的"中立性",其并不能对网络中的相关信息作出细致识别,往往因"批量"处置而造成"误杀"。我国《网络安全法》第五十条、五十五条等规定,对于法律、行政法规禁止发布或者传输的信息以及在发生网络安

---

① 参见唐慧西:《网络信息政府监管法律制度研究》,武汉大学出版社 2015 年版,第 94—96 页。

全事件的情况下,政府等主管机关可以要求网络运营者采取技术措施和其他必要措施,以消除相关信息或阻断其传播。政府等主管机关通过技术措施治理网络有害信息的典型案如,2011 年,公安部门启动实施全面的"净网行动",对 15 家突出存在涉枪涉爆违法信息问题的网站进行了重点挂牌整治。责令网站删除涉枪涉爆违法信息 2.3 万余条,百度、一淘网等网站分别进行自查自清,清理有害信息、封禁违规用户和贴吧,并设置违法信息禁搜关键词等。① 2014 年,公安部会同全国"打黄扫非"工作小组办公室又开展多次"净网"行动,对各类门户网站、网络链接和搜索引擎、应用软件下载和销售平台等网络服务提供商和网络机顶盒、电视棒等设备,进行了全面和系统的清查。对含有淫秽、色情内容的网络文字、图片、音视频等信息,均作出了删除处理。② 整体上看,我国的网络管理采取的是一种授权许可、阻断和过滤系统,它针对的不是特定的网络内容,而是整个网络信息系统。③ 这为通过技术措施实现网络封锁,进而治理网络有害信息提供了较大便利。

第二,申诫措施,即网络主管机关针对情节轻微或未造成实际危害后果的违法行为人予以警戒劝告的管理措施,具体包括责令改正、警告、通报批评、记入社会信用档案并予以公布等。该措施实质上系通过一定程度的公开,让社会予以监督,给行为人名誉或评价带来一定减损的惩罚。对此,我国《关于加强网络信息保护的决定》第十一条规定:"对违反本决定行为的,依法给予警告、罚款、没收违法所得、吊销营业许可证或者取消备案、关闭网站、禁止有关责任人员从事网络服务业务等处罚,计入社会信用档案并予以公布;构成违反治安管理行为的,依法给予治安管理处罚。"《网络安全法》第五十九、六十、六十二、六十六、六十八条也规定了警告等网络信息管理申诫措施。实施申诫罚的典型案件如,2011 年 12 月,CSDN 网站向公安机关报案称服务器遭入侵,导

---

① 参见《公安部:15 家网站因涉枪涉爆问题突出被挂牌整治》,中央政府门户网站,http://www.gov.cn/jrzg/2011-09/22/content_1954204.htm,最后访问时间:2016 年 12 月 25 日。

② 参见全国"扫黄打非"工作小组办公室:《关于开展打击网上淫秽色情信息专项行动的公告》,http://www.shdf.gov.cn/shdf/contents/4482/200184.html,最后访问时间:2016 年 12 月 25 日。

③ Jeffrey(Chien-Fei)Li, "Internet Contral or Internet Censorship? Comparing The Contral Models Of China,Singpore,and United States To Guide TaiWan's Choice", 14 *University of Pittsburgh Journal of Technology Law and Policy*,(2013),pp.1-10.

致用户数据泄露,公安机关经过调查抓获入侵者,但同时认为 CSDN 网站本身未落实国家信息安全等级保护制度,责令其整改,并作出行政警告处罚。①

第三,财产措施,即网络主管机关通过限制或剥夺违法行为人的财产权,包括金钱和物品方面的处罚措施,如罚款、没收违法所得、没收非法财物及对财产或物品采取查封、扣押、冻结等强制措施。财产措施不直接针对网络有害信息本身,但能给违法行为人带来一定的经济损失,属于间接性惩罚措施,系网络有害信息治理过程中被普遍采用的一种法律手段。我国《行政处罚法》、《治安管理处罚法》都规定了罚款措施,《网络安全法》第五十九至第六十九条、《关于加强网络信息保护的决定》第十一条、《计算机信息系统安全保护条例》第二十三条、《计算机信息网络国际联网安全保护管理办法》第二十条均规定了罚款、没收违法所得等财产罚措施。对网络违法行为采取财产处罚措施的典型案,例如 2014 年,快播公司因涉嫌传播淫秽物品牟利,监管部门对其处以 2.6 亿元的罚款;②2015 年,山东济南某家电卖场在利用微信实施店庆促销宣传时,在网络上发布了系列图片,其中一张是反映本店人流爆满的促销现场图,另一张是竞争对手门店门可罗雀的现场图,并分别在两张图上配上笑脸和哭脸增强对比效果。该卖场的这种作法被认定为贬损竞争对手,构成虚假宣传,被济南市工商部门处以 10 万元罚款。③

第四,资格措施,即网络主管机关采取的限制或剥夺违法行为人资格能力的处罚措施,包括吊扣许可证或执照、取消备案、责令停产停业、取消联网资格、停业整顿、禁止有关人员从事网络服务、关闭网站等。网络有害信息可以借助互联网平台,呈几何级数趋势扩散,为提高治理网络有害信息的效率,需要从源头对其予以控制。因此,政府等部门在治理网络有害信息时,除采取财产罚和技术封锁等手段外,往往对于制作、发布有害信息的违法行为人及其平台施以多种资格和能力方面的限制,以期产生源头封锁的效果,该类措施也是

---

① 《CSDN 用户数据泄露案告破,嫌犯利用网站漏洞侵入》,人民网,http://legal.people.com.cn/GB/17441462.html,最后访问时间:2016 年 12 月 27 日。

② 参见吴琳琳:《快播被罚的背后》,《北京青年报》2014 年 6 月 23 日。

③ 参见王志、滕军伟:《济南:微信"吐槽"竞争对手　虚假宣传被罚 10 万》,新华网,http://news.xinhuanet.com/legal/2015-11-29/c_1117295682.htm,最后访问时间:2016 年 12 月 30 日。

治理机关针对有害信息常用的一种强制手段。在采用该措施时，一般需要考虑网络运营商的责任，即对运营商制作、发布和传播有害信息的责任予以区分，而区别采取不同的"资格罚"手段。典型案例如，2014年7月15日以来，国家互联网信息办公室、工信部持续关停因管理不力、任由谣言传播的网站，对未在通信管理部门履行备案手续、传播谣言信息的赣州在线等网站依法予以关闭，对篱笆网等43家网站给予关停整改处罚，对虎扑体育论坛等给予暂停更新处罚。① 2016年4月，山寨版"微成都"因发布虚假、色情低俗信息而被关闭，被注销微博认证和微信公众号。②

第五，人身措施，即网络主管机关限制违法行为人人身自由的行政处罚措施，我国《治安管理处罚法》第二十五条第一项、《网络安全法》第六十三条等对此作有规定。其中的典型案例如，2014年5月，广东省清远市清新区公安分局查处一起网上造谣事件，某网友在网上发帖称山塘镇发生一起重大杀人案，手段极其残忍，并对细节予以描绘。此帖一出，引起众多网友跟帖转发。警方通过核查发现，该网帖信息纯属虚构，为避免造成更大的负面影响，办案民警找到该名网友并传唤至公安分局调查。经查，该网友于2012年在网络上发现该网帖，在没有核实内容真伪的情况下，将其复制发表至自己的QQ空间，并于今年再次转发至微信朋友圈。公安机关根据《治安管理处罚法》第二十五条之规定，依法对其予以行政拘留。③ 另一案例如，2016年6月，山东菏泽两网民在朋友圈散布"吃樱桃染H7N9死亡"的谣言，最终被分别处以五日和七日的行政拘留。④ 人身措施涉及对行为人自由的限制，是治理网络有害信息最为严厉的行政措施，故违法行为人的行为必须足够严重才可以采取该处罚措施。以治理网络谣言为例，在网上发帖散布谣言和在朋友圈散布谣言

① 参见罗宇凡：《三部门开展联合行动，打击利用互联网造谣传谣行为》，新华网，http://www.chinacourt.org/article/detail/2014/07/id/1351091.shtml，最后访问时间：2017年1月1日。
② 参见俸奎：《发布虚假信息扰乱视听 山寨版"微成都"被依法取缔》，《成都商报》2016年4月13日。
③ 参见《网络发帖造谣，行政拘留》，广东省清远市公安局，http://www.qyga.gov.cn/jwxw/jwxw/t20140508_17885.htm，最后访问时间：2017年1月3日。
④ 参见《山东菏泽两网民散布"吃樱桃染H7N9死亡"谣言被行拘》，人民网，http://society.people.com.cn/n1/2016/0602/c1008-28406905.html，最后访问时间：2017年1月3日。

所造成的影响和结果是明显不同的,治理机关在进行处罚时,应当对谣言的转发行为和发布行为予以区分,并考虑谣言本身的内容和其影响的范围和结果,仅在谣言的危害和影响达到一定程度时方可对违法者实施人身处罚。

　　整体观之,我国既有立法对治理网络信息可采取的管理措施种类之规定,非常多元,各种手段的严厉程度也多有差异。但在针对不同的网络有害信息究竟应采取何种手段方面,并没有非常详细和具体的规定和限定,这为行政机关"选择性"执法留下了一定的空间。在各类管理手段的适用方面,主管机关也存在过于偏重国家行政管制目的之倾向,在治理实践中经常采取"突击式""运动式"的执法方式。[①]　立法规定的粗放型和可兹适用管理措施的多元化,一方面是网络信息治理行政程序制度缺失的背景和原因,另一方面凸显了强化相应行政程序制度构建与落实之必要性。

二、网络信息治理的现行程序及其不足

(一)我国网络信息治理的现行程序

　　目前,在我国有关网络信息治理的立法中,并没有关于程序的专门和统一性规定,相应的程序性规定大多散见于法律、行政法规和部门规章中。例如,2000年全国人大常委会《关于维护互联网安全的决定》第六条规定,利用互联网实施违法行为,违反社会治安管理,尚不构成犯罪的,由公安机关依照《治安管理处罚条例》[②]予以处罚;违反其他法律、行政法规,尚不构成犯罪的,由有关行政管理部门依法给予行政处罚。2011年修订的《互联网信息服务管理办法》规定,行政执法人员在履行执法职责时应出示证件、表明身份;公众有权查阅执法及监督检查记录;有关部门应当建立信息共享和信息通报制度、公众举报制度等。2012年全国人大常委会颁布的《关于加强网络信息保护的决定》第九条规定,任何组织和个人有权就网络信息违法犯罪行为向有关部门举报、控告;接到举报和控告的部门应当依法处理。2016年通过的《网络安

[①]　参见张新宝:《互联网有害信息的依法综合治理》,《现代法学》2015年第2期。

[②]　2006年3月1日起,《治安管理处罚法》正式实施,《治安管理处罚条例》同时废止。

法》第五章规定了网络安全监测预警程序和通报制度。其他有关网络信息治理的行政法规和部门规章也大多参照上述文件制定。除了上述直接规定外，主管机关主要以《治安管理处罚法》《行政处罚法》《公安机关办理行政案件程序规定》中的一般程序性规定，作为针对网络信息行政治理的相应执法程序依据。

为系统反应我国网络信息治理相应管理措施及法律程序的立法现状，笔者制作了如下表格，对现行主要立法的相关条款作了归纳和梳理：

编号	法律法规名称	颁布或实施时间	制定或颁布单位	行政措施类型	法律程序规定
1	网络安全法	2016年11月17日	全国人大常会	责令改正，警告，计入信用档案，罚款，冻结财产，没收违法所得，责令暂停相关业务、停业整顿，关闭网站，吊销相关业务许可证或者吊销营业执照，行政处分，拘留	省级以上人民政府有关部门在履行网络安全监督管理职责中，发现网络存在较大安全风险或者发生安全事件的，可以按照规定的权限和程序对该网络的运营者的法定代表人或者主要负责人进行约谈。网络运营者应当按照要求采取措施，进行整改，消除隐患。
2	电子签名法	2004年8月28日	全国人大常委会	责令停止违法行为，没收违法所得，罚款，吊销电子认证许可证书	
3	关于加强网络信息保护的决定	2012年12月28日	全国人大常委会	警告、罚款、没收违法所得、吊销许可证或者取消备案、关闭网站、禁止从事网络服务业务，计入社会信用档案并予以公布	
4	计算机信息系统安全保护条例	1994年2月18日	国务院	警告，停业整顿，罚款	违反本条例的规定，构成违反治安管理行为的，依照《中华人民共和国治安管理处罚法》的有关规定处罚；

编号	法律法规名称	颁布或实施时间	制定或颁布单位	行政措施类型	法律程序规定
5	计算机信息网络国际联网管理暂行规定	1997年5月20日	国务院	责令停止联网,警告,罚款,没收违法所得	违反本规定,同时触犯其他有关法律、行政法规的,依照有关法律、行政法规予以处罚
6	计算机信息网络国际联网安全保护管理办法	1997年12月30日国务院批准	国务院	责令限期改正,警告,没收违法所得,罚款,停止联网、停机整顿,吊销许可证或取消联网资格	公安机关计算机管理监督机构发现含有本办法第五条所列内容的地址、目录或者服务器时,应当通知有关单位关闭或者删除。违反本办法第四条、第七条规定的,依照有关法律、法规予以处罚。
7	电信条例	2000年9月25日	国务院	责令改正,没收违法所得,罚款,责令停业整顿	在公共信息服务中,电信业务经营者发现电信网络中传输的信息明显属于本条例第五十六条所列内容的,应当立即停止传输,保存有关记录,并向国家有关机关报告。在发生重大自然灾害等紧急情况下,经国务院批准,国务院信息产业主管部门可以调用各种电信设施,确保重要通信畅通。
8	互联网信息服务管理办法	2000年9月25日	国务院	责令限期改正,没收违法所得,罚款,责令关闭网站,责令停业整顿,吊销经营许可证	从事经营性互联网信息服务,应当向省、自治区、直辖市电信管理机构或者国务院信息产业主管部门申请办理互联网信息服务增值电信业务经营许可证。省、自治区、直辖市电信管理机构或者国务院信息产业主管部门应当自收到申请之前起六十日内审查完毕,作出批准或者不批准的决定。予以批准的,颁发经营许可证;不予批准的,应当书面通知申请人说明理由。申请人取得经营许可证之后,应当持经营许可证向企业登记机关办理登记手续。
9	互联网上网服务营业场所管理条例	2002年11月15日	国务院	依法取缔,查封活动场所,警告,没收违法所得,罚款,吊销许可证,责令停业整顿	依照本条例的规定实施罚款的行政处罚,应当依照有关法律、行政法规的规定,实施罚款决定与罚款收缴分离;收缴的罚款和违法所得必须全部上缴国库。

续表

编号	法律法规名称	颁布或实施时间	制定或颁布单位	行政措施类型	法律程序规定
10	计算机信息网络国际联网管理暂行规定实施办法	1998年3月6日	国务院信息化工作领导小组办公室	警告,责令停止联网,没收违法所得,罚款	违反《暂行规定》及本办法,同时触犯其他有关法律、行政法规的,依照有关法律、行政法规的规定予以处罚。
11	互联网出版管理暂行规定	2002年8月1日	新闻出版总署、信息产业部	警告,责令停止登载,没收违法所得,罚款,责令限期整顿或撤销批准或暂时关闭网站	新闻出版行政部门应当自受理申请之日60日内,作出批准或者不批准的决定,并由所在地省、自治区、直辖市新闻出版行政部门书面通知主办者;不批准的,应当说明理由。
12	互联网药品信息服务管理办法	2004年7月8日	食品药品监督管理局	警告,责令限期改正,罚款	省、自治区、直辖市(食品)药品监督管理部门在收到申请材料之日起5日内作出受理与否的决定,受理的,发出受理通知书;不受理的,书面通知申请人并说明理由,同时告知申请人享有依法申请行政复议和提起行政诉讼的权利。 省、自治区,直辖市(食品)药品监督管理部门对申请人进行审查时,应当公示审批过程和审批结果。申请人和利害关系人可以对直接关系其重大利益的事项提交书面意见进行陈述和申辩。依法应当举行听证的,按照法定程序举行听证。
13	互联网等信息网络传播视听节目管理办法	2004年6月15日	国家广播电影电视总局	责令停止违法活动,警告,限期整改,罚款	
14	互联网著作权行政管理办法	2005年5月30日	国家版权局、信息产业部	警告,责令停止侵害,没收违法所得,罚款。	著作权行政管理部门在查处侵犯互联网信息服务活动中的信息网络传播权案件时,可以按照《著作权行政处罚实施办法》第二十条规定要求著作权人提交必备材料,以及向互联网信息服务提供者发出的通知和该互联网服务提供者为采取措施移除相关内容的证明。

编号	法律法规名称	颁布或实施时间	制定或颁布单位	行政措施类型	法律程序规定
15	互联网电子邮件服务管理办法	2006 年 3 月 30 日	信息产业部	警告,责令改正,罚款	
16	互联网新闻信息服务管理规定	2005 年 9 月 25 日	国务院新闻办公室、信息产业部	警告,责令停止违法活动,罚款,停止互联网信息服务或接入服务	国务院新闻办公室和省、自治区、直辖市人民政府新闻办公室的工作人员依法进行实地检查时,应当出示执法证件。国务院新闻办公室和省、自治区、直辖市人民政府新闻办公室,应当对互联网新闻信息服务进行监督;发现互联网新闻信息服务单位登载、发送的新闻信息或者提供的时政类电子公告服务中含有违反本规定第三条第一款、第十九条规定内容的,应当通知其删除。互联网新闻信息服务单位应当立即删除,保存有关记录,并在有关部门依法查询时予以提供。
17	互联网视听节目服务管理规定	2008 年 1 月 31 日	国家广播电影电视总局、信息产业部	警告,责令改正,罚款,关闭网站,吊销许可证或者撤销备案,停止接入。	广播电影电视主管部门发现互联网视听节目服务单位传播违反本规定的视听节目,应当采取必要措施予以制止。互联网视听节目服务单位对含有违反本规定内容的视听节目,应当立即删除,并保存有关记录,履行报告义务,落实有关主管部门的管理要求。广播电影电视主管部门依法对互联网视听节目服务单位进行实地检查,有关单位和个人应当予以配合。广播电影电视主管部门工作人员依法进行实地检查时应当主动出示有关证件。
18	电子认证服务管理办法	2009 年 3 月 31 日	工业和信息化部	警告,责令限期改正,罚款,向社会公告。	工业和信息化部对电子认证服务机构实行监督检查时,应当记录监督检查的情况和处理结果,由监督检查人员签字后归档。公众有权查阅监督检查记录

续表

编号	法律法规名称	颁布或实施时间	制定或颁布单位	行政措施类型	法律程序规定
19	通信网络安全防护管理办法	2010年3月1日	工业和信息化部	责令改正,警告,罚款	通信网络运行单位应当配合电信管理机构及其委托的专业机构开展检查活动,对于检查中发现的重大网络安全隐患,应当及时整改
20	互联网游戏管理暂行办法	2010年8月1日	文化部	责令改正,没收违法所得,罚款,责令停业整顿,吊销许可证	
21	互联网文化管理暂行规定	2011年4月1日	文化部	责令改正,没收违法所得,罚款,责令停止活动,停业整顿,吊销许可证	经营进口互联网文化产品的活动应当由取得文化行政部门核发的《网络文化经营许可证》的经营性互联网文化单位实施,进口互联网文化产品应当报文化部进行内容审查。 文化部应当自受理内容审查申请之日起20日内(不包括专家评审所需时间)做出批准或者不批准的决定。批准的,发给批准文件;不批准的,应当说明理由。
22	规范互联网信息服务市场秩序若干规定	2012年3月15日	工业和信息化部	责令改正,警告,罚款,向社会公告	互联网信息服务提供者认为其他互联网信息服务提供者实施违反本规定的行为,侵犯其合法权益并对用户权益造成或者可能造成重大影响的,应当立即向准予该其他互联网信息服务提供者互联网信息服务许可或者备案的电信管理机构报告。 电信管理机构应当对报告或者发现的可能违反本规定的行为的影响进行评估;影响特别重大的,相关省、自治区、直辖市通信管理局应当向工业和信息化部报告。电信管理机构在依据本规定作出处理决定前,可以要求互联网信息服务提供者暂停有关行为,互联网信息服务提供者应当执行。

编号	法律法规名称	颁布或实施时间	制定或颁布单位	行政措施类型	法律程序规定
23	电信和互联网个人信息保护规定	2013年9月1日	工业和信息化部	责令限期改正，警告，罚款，向社会公布	电信管理机构及其工作人员对在履行职责中知悉的用户个人信息应当予以保密，不得泄露、篡改或者毁损，不得出售或者非法向他人提供。
24	即时通信工具公众信息服务发展管理暂行规定	2014年8月7日	国家互联网信息办公室	警示、限制发布、暂停更新直至关闭账号	对违反本规定的行为，由有关部门依照相关法律法规处理。
25	互联网危险物品信息发布管理规定	2015年3月1日	多部门联合发文	停止联网、停机整顿、吊销许可证或者取消备案、暂时关闭网站直至关闭网站等处罚	
26	互联网用户账号名称管理规定	2015年3月1日	国家互联网信息办公室	通知限期改正、暂停使用、注销登记	对违反本规定的行为，由有关部门依照相关法律规定处理
27	互联网新闻信息服务单位约谈工作规定	2015年6月1日	国家互联网信息办公室	警示谈话、指出问题、责令整改纠正、警告、罚款、责令停业整顿、吊销许可证	国家互联网信息办公室、地方互联网信息办公室对互联网新闻信息服务单位实施约谈，应当提前告知约谈事由，并约定时间、地点和参加人员等。国家互联网信息办公室、地方互联网信息办公室实施约谈时，应当由两名以上执法人员参加，主动出示证件，并记录约谈情况。

　　上述规范文本中，有20多部对网络信息治理的程序有所涉及，但相关程序性规定碎片化特点明显，难以形成完整的正当法律程序体系。此外，我国《行政处罚法》虽对行政处罚程序作出了相对完整的规定，但网络治理的管理手段并非全部属于行政处罚措施，网络虚拟社区也与传统现实社会的执法环境差异巨大，这都决定了网络信息治理不可能完全套用《行政处罚法》的相关程序规定。

　　另一方面，从实践来看，我国网络信息治理在操作环节主要遵循如下的传统行政执法程序:受理,即治理机关在接到举报后,及时受理,进行登记;核查,即治理机关针对举报进行相关调查、检查、询问等,以了解事实情况;决定,即治理机关针对有害信息的传播或发布者作出裁决;执行,即治理机关机关或相对人对案件裁决予以履行;救济,即相对人或相关人对治理机关所作的裁决不服,而采取事后的复议、诉讼、申诉等救济方式。①

归纳而言,我国网络信息的现行治理程序主要包括受案——调查——裁决——送达——救济五个环节。但传统的执法程序并未考虑网络本身的特殊性,导致正当法律程序在实践操作中存在不同程度的缺失。例如,对被举报的信息往往只经过治理机关的初核就予以处理,并没有对其是否为有害提交专业判定;网络有害信息的治理明显属于单向行动过程,治理机关或网络运营商采取相应处理措施之前和之中,没有充分听取当事人的陈述和申辩,被处理方的参与不足,也没有提供内部的复核、申诉救济途径等。

(二)我国网络信息治理现行程序之不足

综合上述立法和实践,关于网络管理的法律法规多重点规定公民在网络空间的行为义务,立法条款多从权利边界、禁止性规则角度构建,罚则及法律责任部分也主要围绕网络用户行为失范问题展开,对以政府为代表的主管机关的执法边界及执法过程中所要遵守的程序和相应法律责任规定甚少。网络信息治理现行程序在立法及实践方面的缺陷与不足,可归纳为以下几个方面:

第一,事前:往往强硬决断,缺乏沟通和预警。与传统媒体相比,网络媒体具有用户多、容量大和传播快等特点,有害信息在网络发表后往往会以几何倍数的速度扩散。在治理过程中,往往因过于关注信息安全利益,而忽略对网络用户和网络企业基本权益的保护。这不仅体现在网络有害信息判定、行政处理手段和力度等实体方面,其在针对网络有害信息的处理程序过程中也表现甚为明显。在诸多的网络有害信息和不法网站的查处、治理过程中,无论是删帖、屏蔽、断链、关键字词过滤、冻结用户账号,还是常规的财产、人身处

---

① 参见中国互联网违法和不良信息举报中心:《如何举报和处理互联网违法和不良信息》,http://www.12377.cn/txt/2014-11/02/content_7339636.htm,最后访问时间:2017 年 1 月 4 日。

罚,主管机关经常是根据自己的判断即直接作出处理决定,而不在决定作出之前听取相对人的陈述和申辩,事先缺乏足够的沟通和预警。相对人获得的往往是主管机关所作决定的结果,往往只能被动接受。这种处理方法,不仅增加了治理主体恣意滥权的风险,不能获得相对人对处理结果心悦诚服的接受和认可。治理机关在相关案件的处理过程中,未充分考虑言论本身的性质和对公众的影响,作出处理决定前没有和当事人进行必要沟通,没有进行预警并给予自行纠正等缓冲空间和机会。主管机关在事先没有沟通预警的情况下,仅凭自己的判断仓促作出决定,易于侵犯相对人合法权益,其单向、强势的处理过程也广受社会各界诟病。

第二,事中:不透明,简单粗暴。缘于网络的虚拟性特点,主管机关在治理网络有害信息时,经常并不当面接触相对人本人,而是直接针对有害信息本身采取处理措施。加之网络信息治理,经常以"专项行动"等运动式执法方式展开,主管机关在治理过程中,往往采取单方行动,未能以公众"看得见"的方式执法,也未给相对人提供足够参与的渠道和空间。[1] 典型案例如,为治理网络色情信息,以全国"扫黄打非"办公室为代表的主管机关,每年不定期开展系列"净网"行动,一旦开始执法,即在短期内对数以万计的阅读平台、手机客户端、聊天软件等进行查处,所删除和限制的有害信息条数更是不计其数。[2] 大规模的专项整治行动能够快速和有效地净化网络信息,但在如此短的时间内进行如此大量的执法行动,很难确保所针对的每一处置对象都能获得充分的程序参与权。而且,在单方行动中,治理机关享有很大的裁量权,其往往不会对有害信息进行仔细判断,甚至会牵连到没有有害信息的网络板块,影响网络的正常使用。相对人参与权利的缺失,处置结论的独断恣意,均是造成网络执法权滥用的主要原因和典型表现。为确保有害信息认定的准确性和处置结论的妥当性,亟需对网络信息处置的事中全过程加以公开透明和规范化。

---

① 我国《行政处罚法》第三十一条规定:"行政机关在作出行政决定之前,应当告知当事人作出行政处罚的事实、理由及依据,并告知当事人依法享有的权利。"

② 参见全国"扫黄打非"办公室:《网易、百度、陌陌被查处》,http://www.shdf.gov.cn/shdf/contents/767/247966.html,最后访问时间:2017年1月5日。

第三,事后:责任主体模糊,难以寻求合法救济。目前,网络信息治理主体多元,范围广泛,且各主体间的权限划分既不清晰也多有交叉和重复。其中,仅中央一级的治理机关,就至少包括中宣部、公安部、国新办、工业和信息化部、国家新闻出版广电总局等二十余个。① 这种"九龙治水"②的状况,存在职能交叉、权责不一的不足。而且,有些治理主体,并非行政机关,也没有行政机关的授权或委托,缺乏法定行政执法权;有些不属于独立的行政机关,不能独立地行使职能和独立的承担责任。这种状况也会导致作出决定的治理机关和承担责任的机关不一致的情况,易发生责任推诿,导致相对人救济"无门"。另外,根据我国行政处罚法及行政诉讼法的明文规定,网络信息治理机关在作出决定之后,应告知相对人寻求救济的法律途径和期限。但实践中并未严格执行。

三、国外网络信息治理正当法律程序的经验及启示

互联网不仅仅是一个通信网络,更是一个现实社会的虚拟镜像。③ 现实社会的林林总总都会在互联网上有所呈现,网络治理活动也处在一定的社会治理体系之中,会受到网络发展水平、媒介管理惯例、市场运行机制和政治文化传统的影响,而形成不同的治理理念,呈现出不同的治理手段和方式。同时,各国基于不同的治理观念和手段,在具体的治理实践中也会形成自己的一套治理程序。美国、德国、韩国、新加坡等国家,是网络信息技术发展较早且较为发达的地区,拥有相对完善的网络信息治理机制,并各具特色。与这些国家相比,我国信息网络的起步和建立相对较晚,在网络信息的治理尤其是程序设计方面还存在一些不足。比较观察上述国家治理网络信息法律程序方面的经验,能够对构建与完善我国相关程序制度提供启发与借鉴。

---

① 参见尹建国:《我国网络信息的政府治理机制研究》,《中国法学》2015 年第 1 期。

② 参见《网信办主任:网络安全管理九龙治水非解决不可》,中国新闻网,http://www.chinanews.com/gn/2014/05-18/6182294.shtml,最后访问时间:2017 年 1 月 5 日。

③ 参见王雪飞、张一农、秦军:《国外互联网管理经验分析》,《现代电信技术》2007 年第 5 期。

（一）各国网络信息治理法律程序的比较观察

1. 美国

基于完善的市场运行机制和崇尚自由的传统，美国一贯奉行互联网自由和网络中立政策，其网络信息多由行业协会等自律组织制定相关竞争规则进行自我管理。但其对垃圾邮件、虚假信息、儿童色情信息、侵犯个人隐私权的信息、危害国家安全的信息等控制相对较严。尤其是"9·11"之后，在网络信息安全的管控方面，美国先后通过了《爱国者法》和《国土安全法》，成立了国家安全部等部门，允许采取特别措施，从而加强对网络信息安全的监控，由此也引发了是否对公民言论自由造成侵犯和是否违宪的争议。① 整体上，美国对网络信息的管制，并非采取单一准则，而是存在着多重标准，网络行业、网络用户、国家之间的利益通过行业自律、法律规定、政府指导、技术约束等得到一定程度的协调。②

美国治理网络有害信息的行政机关也不是单一的，包括独立规制机构和其他行政机关两大类。独立规制机构包括联邦贸易委员会（FTC）和联邦通信委员会（FCC），前者负责网络方面的广告欺诈，后者负责对电子媒介的监管。其他行政机关包括国土安全部、司法部、联邦调查局等，其中，美国国土安全部主要负责对网络上危害国家安全的信息，比如网络恐怖主义信息，进行监控，是美国政府维护包括网络安全在内安全事务的中枢部门。③ 就具体的网络信息治理权力而言，1934年的美国联邦通信法案仅赋予了联邦通讯委员会管理电话公司和电台的权力，并没有为其规制有线电视和网络提供法律根据。联邦通信委员会却创制出自己的附带管辖权，④为规制通信法案所涉及的对象提供了基础。但联邦通信委员会并不直接对网络信息进行监管，而是通过对

---

① 参见潘天翠：《立法、诚信、责任是治理好互联网的关键——访中国科协副主席、中国互联网协会理事长胡启恒》，《网络传播》2007年第5期。

② 参见王靖华：《美国互联网管制的三个标准》，《当代传播》2008年第3期。

③ 参见尹建国：《美国网络信息安全治理机制及其对我国的启示》，《法商研究》2013年第2期。

④ See Amendment of Parts 21,74, and 91 to Adopt Rules and Regulations Relating to the Distribution of Television Broadcast Signals by Community Antenna Television Systems, and Related Matters, 2 F.C.C.2d 725,(1966).

网络服务提供商资格的授权和管理来实现,其并没有对网络内容进行直接规制的权力,其主要目的在于维护网络的自由和开放。① 联邦通信委员会下设专门的执行局,负责接收公众的举报和投诉,对有害信息进行查处和管理。联邦通信委员会和其他独立的联邦机构一样,有一套自己处理事务的流程,但其基本程序必须符合《联邦行政程序法》②所规定的正当法律程序。

《联邦行政程序法》规定行政裁决的基本程序为通知、评论、听证、初步裁决、复议、制裁措施等。联邦通信委员会等独立规制机构在此基础上形成了自己独立的程序,即:(1)发现问题或收到投诉;(2)发出违法通知;(3)初步制裁;(4)正式调查(可以根据问题严重情况决定是否启动,可以要求被调查者自愿提供各种信息,或发出传票,强迫出面作证或提供文件);(5)召开正式听证会,听证会由行政法官③主持,会后作出初步裁决;(6)对初步裁定可上诉至独立规制机构内部由5位委员组成的委员会,如果没有上诉,则为最终裁决;(7)不服最终裁决可上诉至美国上诉法院,甚至最终诉至美国最高法院。④ 例如,对于网络色情信息,《美国联邦通信法》第五百零三条规定联邦通信委员会在接到有关投诉的180日内,首先向相关人发出通知,然后发出罚款通知,并以书面形式告知相关人。如罚款未缴纳或未达成解决方案,联邦通信委员会将在接到投诉270日发布命令,强制罚款。对于网络欺诈信息,美国联邦贸易委员会在接到举报或发现欺诈广告后,一般会先向网站发出通知或警告,发送建议中止广告的指令。如果虚假广告商不中止或删除相关广告或者签署自愿遵守规定的保证书,就会进入审理程序,由行政诉讼法官在听取双方意见的基础上进行裁决。一旦同意指令或中止发布的指令生效,广告商如果违反,将面临罚款等处罚。⑤ 当然,如果联邦通信委员会等机构的裁决或决定过程违

---

① See Rob Frieden, "Assessing the Merits of Network Neutrality Obligations at Law, Medium and High Network Layers", 115 *Penn State Law Review* (2010), pp.49-82.

② The Administrative Procedure Act is codified in Title 5 of the United States Code, beginning at 551.

③ 行政法官是专业的听证官员,为政府部门工作,行使法律赋予这些部门的权力。

④ 参见[美]约翰·D.泽莱兹尼:《传播法:自由、限制与现代媒介》,张金玺、赵刚译,清华大学出版社 2007 年版,第 339—340 页。

⑤ 参见[美]韦恩·奥弗贝克:《媒介法原理》,周庆山等译,北京大学出版社 2011 年版,第626—628 页。

反相关程序规定,其决定将不会得到法院的认可。例如,在塞拉芬诉联邦通讯委员会案①中,原告认为哥伦比亚广播公司的节目存在歪曲事实、侮辱乌克兰裔人的言论,请求联邦通信委员会作出处理,联邦通信委员会拒绝调查。法院认为涉及到公共利益,且原告的指控是可信的,联邦通信委员会应当进行调查并召开听证会。在康卡斯特案②中,联邦通信委员会认为其阻碍了受众获取网络信息的权利,对其处以罚款;学者则认为联邦通信委员会的政策性原则不能作为处罚的依据,而且其处罚没有有记录的听证和证明,存在程序方面的瑕疵,不应得到法院的认可。③ 联邦贸易委员等机构也可以不经由行政程序而直接诉讼,以申请法院禁制令或者发布建议性指令或者要求广告商采取"更正广告"等措施。④ 例如,2001 年,美国联邦贸易委员会对那些利用"9·11"事件造成的恐怖主义恐慌,在网站上贴出各种疾病治疗的虚假广告作出了回应和处置。联邦贸易委员会警告了四十家网站的运营商,要求其删除广告,并标示出治疗相关病症的正确方法。

另外,对于网络上危害国家安全的恐怖主义等言论,一般由美国国土安全局、联邦调查局等机构予以监管。这些部门的执法依据来自《爱国者法》和《国土安全法》的相关条款,即《爱国者法》等授予了国土安全局等部门对网络信息内容进行监控的权力。不过有学者指出,这些法案降低了联邦执法部门获得搜查和扣押令的门槛,增加了自由裁量的空间和执法的随意性,是对公民自由和正当程序等宪法条款的实质违反。⑤ 比如,2010 年 3 月,维基解密公布了一份由美国某机构在 2008 年制作的秘密报告,称维基解密网站已对美国军方的"情报安全和运作安全"构成严重的威胁,相关机密文件有可能会"影响

---

① Serafyn v.FCC,149F.3d 1213(D.C.Cir.1998).

② See Kevin Werbach ,"Off the Hook",95 *Cornell Law Review*(2010) ,p.535.

③ See Philip J.Weiser,"The Future of Internet Regulation",43 *U.C.Davis Law Review*(2009) , pp.529-590.

④ 参见[美]约翰·D.泽莱兹尼:《传播法:自由、限制与现代媒介》,张金玺、赵刚译,清华大学出版社 2007 年版,第 440 页;[美]韦恩·奥弗贝克:《媒介法原理》,周庆山等译,北京大学出版社 2011 年版,第 628—629 页。

⑤ 参见刘卫东:《〈爱国者法〉及其对美国公民权利的影响》,《美国研究》2006 年第 1 期。

到美国军方在国内和海外的运作安全"。① 随后,维基解密先后公布了美国在伊拉克滥杀平民的视频和其他一些涉及阿富汗战争和伊拉克战争的机密文件。美国宣称该网站行为非法,并组织相关力量对该网站进行攻击,并声称其不实报道和不负责任的言论是一种恐怖主义威胁。② 美国军方同时宣布抓捕泄密者,进入戒备状态。美国政府虽然对外宣称其采取的一些措施是在相关机关批准和监督条件下施行的,但并没有公布其处理该事件的相关程序。而且美国主管机关在界定网络恐怖主义行为并采取非常手段的相关程序,也非规范和透明的。

整体而言,美国在网络信息治理方面所遵从的程序除了《联邦行政程序法》的一般性规定之外,每个机关也会根据自身职权和治理信息之特殊性,采取差异化的执法程序,表现出一定的灵活性。但该灵活性并非以忽视和侵犯公民的言论自由权和网络服务商的利益为代价,其必须在保证言论自由和各方利益的基础之上采取损害结果尽可能小的程序。而且,基于英美法系重视司法对行政控制的传统,其采取的措施和程序一般要接受司法的审查和控制。但在治理恐怖主义等危及国家安全的"敏感"信息时,美国也一定程度体现出强势、粗暴的一面。相关治理程序在规范性、透明性、法治化等方面仍有不足,这也印证美国在网络信息治理方面存在着"多面性",奉行着"双重标准"。

2. 德国

德国《基本法》确立了公民"言论与新闻出版自由"和"通讯和电信秘密"等基本权利,但该基本权利并非绝对权利。该法第一条同时确立了"人性尊严"的核心地位,当"言论与新闻出版自由"、"通信和电信秘密"等基本权利与"人性尊严"或宪法上其他重要价值相冲突时,就需要根据《基本法》的精神予以协调,可以对言论自由作出限制。③ 德国《基本法》对言论自由的限制,则通

① See U.S. Intelligence Planned to Destroy WikiLeaks, http://www.scoop.it/t/julian-assange-and-the-wikileaks-controversy.

② See Yochai Benkler, "A Free Irresponsible Press: Wikileaks and the Battle over the Soul of the Networked Fourth Estate", 46 *Harvard Civil Rights Civil Liberties Law Review* (2011), pp.311-398.

③ 参见颜晶晶:《传媒法视角下的德国互联网立法》,《网络法律评论》2012年第2期。

过其他宪法性条款的规定和一般法的规定两种方式加以实现。① 这说明,从权利属性上讲,德国的言论自由并非像美国一样绝对。而且,源于君主制的历史传统,德国比美国具有更为明显的言论管制倾向。但另一方面,随着网络社会的发展,公民对网络言论自由权利的要求和网络服务商的利益抗争,使得政府也不得不放松一定的监管。这些原因也促使德国针对网络信息形成了自己独特的联邦、各州和行业混合监管模式。② 这种监管模式的法律依据,以《基本法》为基石,以《信息和通讯服务法》《电子交易统一法》为主要框架,以《电子媒体法》《广播电视与电子媒体州际协议》《青少年媒体保护州际协议》为核心内容。③ 联邦、各州以及行业的三层级网络监管机构之间,基于不同的目标,相互划分职权,协同配合。其中,联邦一级由联邦内政部主要负责应对恐怖主义、极端主义和非法移民等有害信息和国家安全问题,州一级由青少年媒体保护委员会等负责维护良好的网络社会秩序,行业一级由各自律机构从微观的技术层面对网络信息进行监管。④

德国的网络监管机关针对有害信息,尤其是涉及纳粹复兴和儿童色情等有害信息方面,形成了一套有效的监管措施和完善的监管程序。以治理侵犯未成年人权益的有害信息为例,德国各层级机关分工明确,相互配合,搭建了良好的程序运行和保障机制。这类信息由联邦一级的联邦危害青少年媒体检查处、州一级的青少年媒体保护委员会和以公益有限责任公司形式组建的 jugendschutz.net 公司共同负责。具体而言,先由 jugendschutz.net 对媒体服务、互动式以及交际式网络内容进行审查,其通过网络搜索等方法,一旦发现危害青少年的不良信息,将知会相关内容提供主体,并向青少年媒体保护委员会通报该情况。委员会收到通知后,会启动对相关内容的审查程序。经审查发现存在违法情形的,青少年媒体保护委员会可向联邦危害青少年媒体检查处提

---

① See Edward J.Eberle,"Public Discourse in Contemporary Germany",47 *Case Western Reserve Law Review*(1997),pp.792-902.

② See Ben Wagner,"The Politics of Internet Filtering:The United Kingdom and Germany in a Comparative Perspective",1 *Journal of Politics*(2014),pp.63-67.

③ 参见颜晶晶:《传媒法视角下的德国互联网立法》,《网络法律评论》2012 年第 2 期。

④ 参见黄志雄、刘碧绮:《德国互联网监管:立法、机构设置及启示》,《德国研究》2015 年第 3 期。

交申请,建议将该网络内容纳入禁止目录。最终纳入与否,由联邦危害青少年媒体检查处调查审理后作出。① 网络内容提供者在得到有害信息的认定通知后,可行使《德国联邦程序法》所规定的陈述、申辩以及要求听证的权利,并在收到决定后可以主张相应救济权。对于其他网络有害信息的治理,除了治理机关存在差异之外,其治理程序大同小异。此外,除了专门的网络法律对网络监管程序作出规定外,《德国刑事诉讼法典》对网络监管行为也作有规定。其规定了实施监管的前提、程序和具体措施,尤其规定了有关监管措施的告知规则,这些规定为网络监管作了手段和程序上的补充,也为保障公民言论自由等权益提供了坚实基础。

总体而言,德国对于网络信息的治理以政府主导为基础,同时积极发挥着行业组织的作用,其治理程序严格而审慎,既划定了政府治理的权限,又保障了公民的言论自由,能够较为妥当地平衡信息安全维护与公民自由保障之间的利益关系。

3. 韩国

韩国对网络有害信息的监管往往以维护"公共福祉"为出发点,其一般认为,网络作为公共服务的提供者,具有较大的影响力,网络监管的目的是围绕着整个社会服务的,具体到个人则是为单个网络受众服务的。② 由于网络的交互性和无边界性,单个网络受众的行为可能会影响到整个网络,当单个受众传播不良或有害信息时,会对其他受众和整个网络造成不利影响。因此,为了公众的利益,政府必须对网络有害信息进行监管。也就是说为了维护公众的利益,韩国政府可以对个人的言论自由进行限制。而且,韩国自古受儒家文化的影响,形成了以忠孝为核心的文化理念和秩序,容易受到政府号召的影响,存在依赖政府管理的倾向。基于此,韩国的网络信息治理,具有较为明显的政府主导特点。以对未成年人的保护为例,韩国政府要求十八岁及以下的未成年人购买智能手机时,必须安装监控工具,以打击过度沉迷手机游戏、接触暴

---

① 参见黄志雄、刘碧绮:《德国互联网监管:立法、机构设置及启示》,《德国研究》2015 年第 3 期。

② 参见栾静菊:《韩国网络监管对中国网络监管的启迪意义》,《传媒与法》2015 年第 1 期。

力色情等信息。①

　　韩国的网络立法,主要以《电子商务通信法》为框架,分别颁布了《不当因特网站点鉴别标准》《互联网内容过滤法》《信息通信基本保护法》等专门法律;同时结合未成年人保护法,年轻人保护法以及相关的国家安全法律等确立了相对完善的监管法律体系。② 在管理主体方面,韩国政府于2006年设立了一个独立的互联网管理机构——韩国互联网管理委员会(KISCOM),其前身是韩国信息通信道德委员会,主要负责网站内容分级,制定分级标准,并就信息传播伦理,净化网络内容等提出一般性的准则和建议。③ 其下设信息通信道德委员会和专家委员会,负责具体的网络监管措施的执行。针对网络有害信息的处理程序则遵循《韩国行政程序法》的相关规定进行,基本流程如下:处分基准公布——事前通知——意见听取——告知——说明理由——公听会(听证)——决定等。

　　在治理实践中,韩国一方面对网络有害信息进行技术过滤,另一方面通过"违法及有害信息举报中心"接受举报并进行处理。违法及有害信息举报中心由专家委员会运营,其建立了一套属于自己的有害信息处理程序,并通过与其他机关相互配合进行治理。其基本的业务流程为:举报——接收举报并发出举报接收通知——分析举报内容——处理举报——通知结果。在处理举报环节,中心根据有害信息内容复杂程度又可分为如下两种处理结果:一是直接要求互联网服务提供商停止服务;二是由支持小组提出建议、支持复审,提交专家常务委员会审议,如果能完成审议则通知复审结果,并说明审议依据和处理内容;如不能,则由专家常务委员会提交专家小组委员会审议,完成审议,通知复审结果。④ 在此过程中,互联网服务商可根据行政程序法的规定行使申诉以及救济的权利。

---

　　① 参见《韩国强推"监控软件"18岁以下未成年人必须安装》,中国新闻网,http://www.chinanews.com/gj/2015/05-18/7283197.shtml,最后访问时间:2017年1月8日。
　　② 参见艾云:《韩国互联网安全治理结构、特点》,《信息网络安全》2007年第12期。
　　③ See Francis Kim, *Activities on Internet Safety-Preventing Illegal and Harmful content in Korea*, Taiwan 2006 Asia-Pacific Internet Safety Seminar.
　　④ 参见陈晓云:《韩国网络治理现状及启示》,《新闻与传播研究》2010年第6期。

韩国违法及有害信息举报中心针对网络有害信息的上述处理流程,体现出较为明显的尊重专家意见的特点,而且其也能关注并维护被处理对象的程序参与权和事后救济权。但是,也有学者认为,韩国的网络管控过于严格,例如对于3次以上因刊登非法复制品而被处以删除警告处罚的网络BBS,韩国文化体育观光部长官可以命令其关闭,对严重扰乱使用秩序的网站则可以责令其休业。另外,韩国通信部长如果认为网络信息危害公共安全,有权下令该公司停止传播,也可下令限制他的某些传播渠道。① 批评者认为,这种不经裁判程序,行政部门就命令BBS或网站休业等作法侵害了网站运营商的权益,不完全符合正当法律程序的基本要求。②

4.新加坡

作为一个传统的威权主义国家,新加坡基于本国网络发展状况、市场环境、民族以及历史传统等因素形成了自己独特的网络监管方式。新加坡的网络治理主要遵从"三C"原则:一是服从(Compliance)原则,即将社会责任和国家利益作为媒介治理的出发点,媒体必须服从于国家的整体利益;二是妥协(Compromise)原则,由于规制措施相较于互联网发展永远显得滞后和笨拙,因此不会对互联网实行过度控制,而是采取内容监管的轻度干预手段,主张网民的自律;三是竞争(Competent)原则,该原则强调在观点或言论的多样性和国家利益之间作出一定的平衡,以保证观点和意见可以自由、公开的讨论、交换。③ 就治理手段而言,新加坡对网络内容管理实行"三管齐下"(A Three-Pronged Approach)的方针,一是实施轻触式管理制度,二是鼓励行业自律,三是媒体素养教育。④ 轻触式管理和媒体素养教育突出了新加坡网络治理的独有特色,其中,轻触式管理指采取较为温和的网络内容管理方式,在法律层面制定最低限度的法律规则,为网络运营商提供更多自由支配空间,使人们负责任地使用网络。为此,新加坡制定了《分类许可证制度》和《互联网操作规则》

---

① 参见陈晓云:《韩国网络治理现状及启示》,《新闻与传播研究》2010年第6期。
② 参见[韩]丁相朝:《韩国互联网监管制度发展现状——一位韩国法学教授对互联网监管制度的意见》,孟可待译,《信息网络安全》2009年第8期。
③ 参见周逵、朱鸿军:《新加坡互联网治理的3C原则——访新加坡国立大学政策研究所阿龙·玛希哲南副主任》,《传媒》2010年第5期。
④ 参见王国珍:《新加坡的网络监管和网络素养教育》,《国际新闻界》2011年第10期。

等法律,对网络运营商实行注册登记和分类许可,实行间接管理,①以避免过多的行政干预。媒体素养指对报纸、广播、电视和网络等传播媒体内容的分辨、质疑和恰当使用的能力,在网络上主要表现为对网络信息进行分析、辨别和健康使用的能力。② 媒体素养的培养可以避免政府直接从源头上对网络信息进行控制,以增加网络用户自主选择的空间,一定程度上可以保障言论自由,促进言论的多样性。这两项措施的施行也体现出新加坡对网络内容的控制并不是全面的审查,其对不同的言论以及不同的人群采取了区别对待的原则。

就具体的有害信息及其治理程序而言,新加坡政府重点控制的是涉及公共利益、种族、宗教、色情和有害儿童的有害信息内容。新加坡政府与信息艺术部下属的检察署负责对网络有害信息进行检查,当其发现有害信息时,会要求网络服务提供商根据行政机关的提示关闭有害站点,按照媒体发展管理局的网络内容管理指导原则对自身服务内容进行检查,同时要求网络服务提供商加强其内部的网络内容控制。网络运营商在接到相关通知后,应按要求关闭含有禁止内容的网络链接,取消订阅含有禁止内容的新闻组,关闭含有禁止内容的网页。③ 当网络运营商发现有禁止性的网络有害信息时,则应当按照法律的规定采取措施阻止有害信息的接入;如果难以断定网络信息是否为法律所禁止,则可以提请媒体管理局做出决断。对于没有按照法律的规定阻止有害信息的网络运营商,将会受到媒体管理局的处罚,而采取相关措施的网络运营商,则可以免除相关的法律责任。可以说,新加坡对网络有害信息的治理,主要是假借网络服务提供商之手进行的。因其并不直接针对有害信息本身展开行政执法,所以相应的执法程序相对也不算严格和规范。虽然新加坡一直倡导对网络的轻触式治理,但作为一个比较强调通过严苛法律实现社会管理的国家,其在网络执法及其程序规定方面也带有一定的威权色彩。

---

① See Lewis S.Malakoff, "Are You My Mommy, or My Big Brother? Comparing Internet Censorship in Singapore and the U.S.", 8 *Pacific RIM Law & Policy Journal* (1999), p.423.

② 参见王国珍:《新加坡的网络监管和网络素养教育》,《国际新闻界》2011年第10期。

③ 参见李静、王晓燕:《新加坡网络内容管理的经验及启示》,《东南亚研究》2014年第5期。

（二）各国网络信息治理法律程序对我国之启示与借鉴

综合域外网络信息治理程序的理念、立法及操作制度，可以发现各国各具特色，但也有一些突出共性。比较观察这些共性与差异，能够对我国网络信息治理正当法律程序之构建，产生启发与借鉴。

第一，网络信息治理的法律程序依托于各国奉行的网络信息治理模式、基本制度等整体因素，不同的治理理念和目的决定了治理程序的严格和规范程度。从法理上讲，法律程序具有两重属性，即工具属性和目的属性。工具属性强调法律程序是实现一定结果和目的的手段或者工具，目的属性意味着法律程序自身具有独立于结果的内在价值。① 程序的工具属性意味着程序必然体现一定的目的和宗旨，对网络信息治理的法律程序而言，其必然也会体现出一定的治理理念和目的——要么在于对网络有害信息进行有效治理，要么在于保障网络用户的言论自由等权益，或者二者兼而有之。基于何种治理理念，会从根本上决定设计和适用何种法律程序。程序的价值属性则意味着程序具有独立于结果的内在价值，这说明程序的设计目的乃是为了实现程序本身的正义。具体到网络信息治理的法律程序，程序正义的主要要求应该指协调好政府、网络运营商和公众的利益，使三者间能够得到合理的平衡。纵观各国网络信息的治理理念与目的，虽然存在诸多差异，但从根本上来看是要划定政府对网络信息的规制程度和公众表达自由之间的界限问题。其中，美国基于个人自由主义的传统以及保障宪法规定的言论自由之理念，其相应治理程序设计更加严密和细致，以突出保障公众言论自由的优位性和有效性。德国基于人性尊严高于言论自由的理念，对网络信息治理程序的规定严格而审慎，通过三层次的治理主体并配之以严宽有别的程序设计，以搭建对不同类型网络有害信息的差异化治理格局。韩国和新加坡则基于国家利益或公共利益优位的理念，其程序设计虽然严格，但多粗放而不追求精细，更多地体现了效率和便宜行事的风格。反思我国，我们也有重视集体和国家的历史传统，近年来网络发展迅速且混乱现象明显，相应的网络信息治理理念应当回应国家利益和公共利益优先的客观现实。但是，在传统媒介制约繁多、网络媒介为公众提供了

---

① 参见王锡锌：《行政程序法理念与制度研究》，中国民主法制出版社 2007 年版，第 79 页。

弥足珍贵的言论表达渠道这一背景之下,我们也应尤其重视对网络环境下的表达自由权保障问题,其重要性与迫切性相比美、德等国甚至更为强烈。而且,网络服务业也是我国需要着力发展的新兴产业,应当为其发展营造必要的生存空间,政府等权力主体对该领域的干预、限制应当审慎且严守规范程序。凡此表明,确立我国网络信息治理程序时,应当同等关注网络秩序维护、治理效率、网络运营商利益和民众言论自由的协调。以此为基础,我国网络信息的治理程序必须法定化,应当符合现代法治原则对正当法律程序原则提出的基本要求,同时还要兼备可操作性,不能因过于繁文缛节、偏废相对人的利益而影响行政效率,危及网络信息内容安全。如何在各种利益间保持平衡,是考验程序制度设计科学性的一大难题,也应是我们孜孜以求的要务所在。

第二,各国普遍采取立法手段,对包括程序问题在内的网络信息治理机制予以规范化与法化化。完善的立法为网络信息治理活动提供了法律依据,同时也限制了相关主体的治理权力,尤其是明显减少了政府部门过多的行政干预,实现了对网络的有效和有限管理。其中,德国采取了多层次的立法结构,实现了对治理权力的合理配置,韩国和新加坡则采取以专门法为主导、普通法为补充的立法模式,力图在各类立法间建立合理协调机制。域外针对网络信息治理的专门立法,多体现为针对垃圾邮件、网络色情、未成年人保护等有害信息及问题展开,比如美国制定了《反垃圾邮件法》《儿童在线隐私保护法》德国制定了《电子媒体法》、《青少年媒体保护州际协议》,韩国制定了《互联网内容过滤法》,新加坡制定了《垃圾邮件控制法案》等专门法。完善的立法体系和专门立法为正当治理程序的构建提供了基础和保障,其中,专门化的立法能够具体规定网络信息治理的手段和程序,相对抽象和概括的普通立法又弥补了专门立法范围过于狭窄、程序性原则规定不足等缺陷。反观我国关于网络信息治理方面的立法,长期存在着缺少顶层设计,立法规范层级低、立法碎片化,简单搬用现实社会管理办法等不足。① 2016 年新颁布的《中华人民共和国网络安全法》一定程度上缓解了上述困境,但由于立法所涉事项众多,针对

① 参见周汉华:《论互联网法》,《中国法学》2015 年第 3 期。

网络信息治理机制的条款依然有限,在精细化、深入度方面仍有很多不足。因此,为构建我国网络信息治理的正当法律程序,我们需要对现有网络信息治理相关立法进行整合、补充与完善,有针对性地制定专门法律,形成系统和完善的网络信息法律体系,并将网络信息治理正当法律程序的基本原则、制度类型与具体内容等进行系统设计,提高相应程序的法制化程度并确保其操作上的可行性。

第三,各国在网络信息治理实践中,比较强调多元治理主体间的协同配合功能,相应程序制度设计既涉及到这些领域也着力于提升这种协同配合功能的更有力发挥。网络信息治理需要政府部门、行业组织、网络企业、意见领袖、网络用户等多主体的共同参与,是多国网络信息治理实践的普遍共识。有效的网络信息治理机制,应当全面关注能够充分发挥上述主体共同作用的实体及程序制度设计。在上述网络法治发达国家的治理实践中,韩国的"违法及有害信息举报中心"设置了多种发现和管理网络有害信息的技术措施,对如何分析和判断网络有害信息作出了较为详细的规定;德国的联邦、州和企业之间的协同治理机制,明确了各主体的目标和职责分工,对网络有害信息的治理实现了合理配合;新加坡对网络运营商实行较宽松的注册登记和分类许可制度,一方面强调规范政府权力,另一方面也重视培养行业自律,明确了各治理主体的法定职责,并为网络企业和网络用户提供了一定的自主空间。这些制度涉及网络有害信息的发现、识别、判定,网络信息治理主体的机构、权力配置以及相互之间的配合,网络运营商的管理以及网络用户的自身责任等方面的问题。这不仅是网络信息治理的实质依据,其本身也体现和代表着一定的程序性流程和规定,是网络信息治理法律程序的重要组成部分,相应的程序设计也以能够更好地激发治理主体的功能并实现相互间的协同联动为目的与宗旨。

四、我国网络信息治理正当法律程序的建构

基于网络媒介的独有特性,针对网络信息的治理过程与手段,相较于传统执法具有一定特殊性。但这并不意味着网络执法可以放弃传统执法所遵循的

程序正当性要求。相反,缘于网络执法牵扯对象和主体的复杂性、网络有害信息传播范围与危害的广泛性、网络执法处置手段和力度的差异性(例如,对网络发帖者处以行政拘留与仅删除其某条发言,效果和力度差异明显甚大),在这一执法过程贯彻正当程序原则显得更为迫切、必要和意义重大。可以说,唯有严格适用正当法律程序原则,方能真正实现网络有害信息治理过程之法治化,并满足在网络信息安全与表达自由等基本权益间保持均衡的网络信息治理宏观模式要求。

(一)网络信息治理正当法律程序原则的引入

正当法律程序原则源于英国法中"自然正义",发达于美国法所继承的"正当法律程序",此后,被世界各国纷纷进行立法确立,正当法律程序原则也成为各国所普遍遵循的一项基本原则。正当法律程序不仅能保障实体正义之实现,其本身也有内在价值。这种内在价值即程序自身的正当性,它在一定程度上取决于程序本身是否符合正义的要求,而不取决于通过该程序所产生的实体结果,相反,甚至决定着结果的正当性。[①] 正是正当程序本身所具有的正义价值,决定了正当程序能够防止行政权力的恣意,保障公民的权利。以政府为代表的各类主体在治理网络有害信息过程中,其所实施的制裁手段或措施,会对网络运营商、网络用户等产生不利影响。为了规范相应主体的治理行为,使其能够有效地达到治理目标同时又避免对相关当事人权益造成不当侵害,必须遵守正当法律程序原则的基本要求。

就我国目前的情况而言,传统的立法和实践均偏重追求结果正义,忽视程序本身的价值,这种观念本身一定程度上不利于正当法律程序的建构和发展。在立法方面,我国仅在《行政处罚法》和《行政许可法》等部分法律中对正当法律程序的具体制度有所规定。而在关于网络信息治理的立法文本中,关于正当法律程序的立法规定则更加缺失,也愈加突出了在该领域引入和建构正当法律程序原则及制度之客观必要。

在执法实践中,由于没有针对网络信息治理的专门立法及相关程序规

---

① 参见周佑勇:《行政法基本原则研究》,武汉大学出版社 2005 年版,第 240 页。

定,政府部门等公权力主体在治理网络有害信息时,依然遵循着传统的执法程序,而且还存在简化、省略相关程序的情形。例如,2014 年 12 月,国家网信办接网民举报,认定迅雷弹窗服务传播色情低俗及虚假谣言信息,责成广东省网信部门对该问题进行查处并关停迅雷资讯弹窗服务。① 在该案件中,国家网信办是决定主体,但实际实施者为广东省网信部门。而且,在处理过程中,决策主体没有向相对人发布通知,也未听取其陈述和申辩。在另外一些案件中,处理机关在网络信息治理过程中,则采取了事先"约谈"的程序。例如,2015 年 1 月 19 日,国家网信办会同工信部、公安部对"中国媒宣网"进行约谈,认定"中国媒宣网"的主办单位"中国媒体宣传工作委员会"是非法组织,网站存在假冒中央部委名义、违规发布或转载时政新闻等严重问题,据此决定将其进行关闭、整顿。② 治理主体在作出最终处理决定前,实施了"约谈"程序,有利于相对人依法充分申辩,能够保证处理结果的客观公正,也能增加相对人信服、尊重和自觉履行处理结论的可能性,应该来说具有积极的正面价值。但是,这种"约谈"只是一种在服务单位发生严重违法违规情形时进行的警示谈话,目的是指出问题、责令改正。③

整体而言,通知、听取陈述与申辩、说明理由、告知救济权利与途径等传统行政执法所固有的关键步骤和环节的缺失,使得网络有害信息之治理过程往往显得简单粗暴,处理结果也经常存在偏颇之处。网络信息浩如烟海,针对有害信息的治理活动往往异常普遍和频繁,如果不充分重视治理过程的正当程序制度建设,将会严重损害网络服务提供商、网络用户等主体的合法权利,也会动摇和破坏网络虚拟空间的规范秩序和权益平衡状态。

---

① 参见《国家网信办关停传播色情信息的迅雷弹窗服务》,新华网,http://news.xinhuanet.com/politics/2014-12/08/c_1113556337.htm,最后访问时间:2017 年 1 月 10 日。

② 参见《国家网信办关闭"中国媒宣网"》,中国政府网,http://www.cac.gov.cn/2015-01/17/c_1114029299.htm,最后访问时间:2017 年 1 月 10 日。

③ 《互联网新闻信息服务单位约谈工作规定》第二条第二款规定:本规定所称约谈,是指国家互联网信息办公室、地方互联网信息办公室在互联网新闻信息服务单位发生严重违法违规情形时,约见其相关负责人,进行警示谈话、指出问题、责令整改纠正的行政行为。

（二）网络信息治理正当法律程序的基本要求

网络信息治理正当法律程序的基本要求指以政府为代表的公权力主体在治理网络有害信息时必须遵循的最低限度的程序规则，它是正确行使网络监管权和保障其他网络参与方利益的程序"底线"。这一基本要求，既要关注到网络治理的特殊性，也要体现正当法律程序本身的理念精神和实质标准。换言之，网络有害信息治理正当法律程序的基本要求，一方面要体现最低限度的程序正义，另一方面也要吻合网络信息治理的基本要求。

其中，就正当法律程序原则本身的基本内容而言，学界的讨论较多也较为成熟。有学者认为，最低限度的程序正义要求至少应包括避免偏私、行政参与和行政公开这三项原则。[①] 也有学者认为行政程序应包含公开、公正、参与和效率原则。[②] 而就网络信息治理原则而言，学界近年也开始热烈讨论并已有部分共识。例如，有学者认为，基于互联网的经济性和文化性，我国互联网管理应遵循最大效益和利益平衡原则。[③] 另有学者认为，我国的网络管理应遵循有限管理原则、最大效益原则和利益均衡原则。[④] 整体上，最大程度保障网络用户合法权益，为网络新兴企业的发展留下必要空间，并在网络信息安全维护与表达自由等基本权益保障间保持均衡，是我国网络信息治理应当遵守的基本原则。笔者认为，网络信息治理的基本要求与正当法律程序的基本内涵能够很好契合，将两者结合起来不仅不存在障碍，而且十分必要。例如，网络治理的有限管理原则要求的是政府在治理网络信息过程中，应该把一部分治理权交由行业组织或企业，由它们参与到治理的整个程序中，这实质上是行政参与原则的体现；最大利益和利益均衡原则要求政府治理网络信息应体现并尊重和协调各方的利益，避免只从公共利益或政府利益着手，这实质上是要求政府在治理过程中避免偏私，以中立的姿态兼顾各方利益；而网络本身的开放性、无国界性以及危害信息的传播速度快、辐射范围广等特征也要求治理有害

---

① 参见周佑勇：《行政法基本原则研究》，武汉大学出版社 2005 年版，第 245—248 页。

② 参见姜明安主编：《行政法与行政诉讼法》，北京大学出版社 2015 年版，第 330—335 页。

③ 参见张明杰：《政府管理互联网应遵循的原则》，《环球法律评论》2001 年第 1 期。

④ 参见钟瑛：《互联网管理模式、原则及方法探析》，《三峡大学学报》（人文社会科学版）2010 年第 1 期。

信息时要遵循公开和效率原则。

结合程序正义的基本要求以及网络本身的固有属性和治理原则,笔者认为,网络信息治理正当法律程序制度之构建,应遵循和体现有限治理、利益均衡、治理公开和治理效率四项基本原则与要求。

第一,有限治理。有限治理一方面指,政府虽然是网络信息治理的主要力量,但并非所有的事项皆应由政府来管理,需要把政府的部分治理权力交由网络行业组织或者网络服务提供商等社会力量予以行使。原因在于,网络空间具有开放、自由、无边界等特点,网络信息浩如烟海,类型庞杂,这决定了政府几乎不可能对网络实施全面监控,即便能勉为其难也将耗费无限的人力和资金成本,并易对公民言论自由造成侵犯,难以达到治理效果。而与此同时,大量网络有害信息直面的第一"把关人",却是各类网络行业组织以及系列具体的网络服务提供商,其能对自己服务范围内的网络有害信息作出最快的反应和采取更加具有针对性的措施。因此,在坚持政府权力与职责的前提下,应将部分治理权赋予行业组织或网络服务提供商,将这些社会治理力量吸纳进入治理的整个过程和程序之中。有限治理第二方面的内涵,即是需要在坚持政府权力自制的同时,开辟和预留新的参与程序机制,为普通网民参与治理过程提供机会。大量的网络用户既是网络治理的对象也是网络治理的参与者,他们可通过陈述和申辩等程序参与治理过程,以实现治理结论的公正、妥当,也可通过举报、建议、评议、监督等渠道方式参与到针对其他主体的网络信息治理过程。当政府机关、网络行业组织或网络企业对网络有害信息的传播者作出相关决定时,应当保障相对方的权利,应允许其参与到过程之中,表达自己的意见。当网络用户(比如未成年人父母)有参与有害信息治理过程的积极性和动力时,以政府为代表的公权力治理主体,应当为其提供畅通的举报、监督渠道,应保证其意见能够得到畅通表达、认真对待和公正采信。

第二,利益均衡。利益均衡要求政府等主体在实施网络信息治理过程中,不受各种利益的不当影响,尤其是不能基于本机关的利益作出决定,应在各方之间保持平衡状态。对网络有害信息的治理涉及公共利益、网络服务提供者、网络行业组织、网络用户等多方利益,基于各方在治理过程中所处的位置以及所具有的权力,其地位并非是完全对等的,治理机关要根据具体的情况按比例分配各方的利益或者应承担的义务。同时,网络有害信息的治理可能涉及多方主体或者一方众多主体,行政机关必须在保持中立的前提下进行利益衡量,不能因为主观偏私而滥用行政权力,不恰当地"省略"或"有选择"地适用程序,为一方或多方谋取不正当的利益,而忽视另一方的利益和程序性权利。简言之,利益均衡要求政府等治理主体在网络有害信息的治理过程中,对待各方主体及利益,既要平等对待,又要避免偏私。这两项要求又需要通过回避、说明理由等具体程序制度加以落实。

第三,公开。行政机关公开行使职权有关事项,一方面能够保障相对人的知情权和参与权;另一方面也能监督行政机关依法用权,防止权力滥用。在网络信息治理方面,公开原则要求相关主体在实施治理权力时,除涉及国家秘密、商业秘密、个人隐私等事项外,必须向利益相关人和社会公开与行使职权有关的事项。政府部门等主体在网络信息治理过程遵守公开原则既契合网络的本质属性,也是实现网络有序治理的必然要求。网络的开放性要求治理机关要公开地行使自己的权力,公布与行使权力有关的事项;网络的虚拟性又决定了相关人难以以"看得见"的方式了解治理机关所作决定的过程及其依据。通过贯彻公开原则,事先公开执法依据,事中公开执法过程,事后公开执法结论,则既满足了网络开放性的要求,又克服了网络虚拟性的特点,能够更好地保护相对人的合法权益并规范治理权力之运行。同时,治理机关充分公开行使权力相关事项,还能保障相关人及时行使权利,增强其决定的权威性和信服力,使相对方更容易接受、配合和自觉履行处理结论,从而提高治理效率,营造良好的协同治理氛围。

第四,效率。效率指在维护各方合法利益的同时,还要保证治理机关治理手段的及时性和有效性。程序是按照一定的步骤、方式、顺序和时限来作出决定的过程,恰当的程序能够使无序工作有序化,并能提高工作效率。网络有害信息的治理过程,面临着多种相互冲突的利益,涉及多方面的当事人和主体,通过推行恰当而有效的程序,可以使复杂的情况简单化,杂乱的工作条理化,从而提高治理效率。而且,由于网络的无国界和快速传播等特性,网络有害信息在网络上的扩散是以几何倍的方式进行的,其涉及的人群和造成的潜在损害难以估量,所以治理机关必须保证治理行动本身的效率,以及时阻却有害信息的传播,避免导致不良影响扩大化。

(三)网络信息治理正当法律程序的具体制度

上述基本原则与价值要求为网络信息治理的正当程序构筑了核心和实质,在此基础上的具体步骤勾连,则可进一步完整展现网络信息治理正当程序之全貌。对于传统的行政执法而言,其正当程序一般需遵循如下流程:受理——事前告知——调查——决定前听取陈述、申辩或举行符合条件的听证——说明理由、教示——决定——事后告知——执行。和传统执法程序不同的是,治理主体在处置网络有害信息时,一般需先对网络有害信息进行初步核实,作出暂时性裁决,再根据调查的情况,在听取当事人意见的基础之上,作出最终裁决。其处理流程可归结为:受理——事前告知——初步裁决——调查——听取陈述、申辩或听证——说明理由——最终决定——事后告知——执行。但在实际的治理过程,容易出现大量的程序性瑕疵,至少包括以下几点:一是往往因部分违法行为人不易及时确定或者数量众多,难以充分保障相对人的陈述及申辩权,也不能很好地使相关人参与到行政决定的过程之中;二是处理过程的说明理由环节缺失,治理机关往往只是简单地以格式化的电子公告或通知方式向相对人送达处理意见与决定,对违法的内容与程度等往往语焉不详;三是在作出处理决定后,不能及时和充分告知相对人处理决定文书、寻求救济的方式与时限等。因此,为落实正当法律程序基本原则之相关要求,我国网络信息治理活动还需相应构建与完善以下的具体程序制度:

第一,行政公开。行政公开是现代程序法治的一项基本要求,指行政机关在作出行政决定时,应当事先公开依据、事中公开过程、事后公开结论。在执法活动中,通过建立行政公开制度,可以明确治理行动的正当性依据,保护行政相对人在受到不利处分时的参与性权利,并及时了解行政机关行政结论的内容以便采取相应补救或救济措施,以维护自身合法权益。网络具有较大的影响力,对其规制涉及到网络服务提供商、网络用户和言论所涉当事人等多方的利益,公开治理的全过程才能避免治理机关不公正和滥用职权的行为,同时也能使各方参与到治理过程中,增强治理机关决定的权威性、妥当性和信服力。根据上述要求,为完成行政公开目标,治理机关在行使网络治理权时,事先应公开拟采取行为的规范依据,做到有法可依;事中应保证处理过程的公开、透明,避免暗箱操作;事后应及时公开作出的决定,以便相对人及时采取救济措施。

第二,行政参与。程序参与性是程序正义最低限度的要求之一,行政参与的基本要求有两项:一是形式上的"在场性",二是实质上有"参与实效"。[①]具体到网络信息的治理实践,行政参与要求行政主体:一是要充分保障参与人的程序性权利,在作出相关的断开链接、关闭账号和用户名等对权益影响较大的措施时,应事先预警通知,并听取相对人的陈述和申辩,[②]符合听证条件的,应依法组织听证。[③]二是治理机关应通过引入大众传播技术,为利害关系人参与网络信息治理过程提供高效通道。在网络信息治理过程,相对人在传统常规途径外,还可借助 BBS、电子邮件、网络即时通讯工具等与治理主体讨论行为过程应考量之事实、证据、法律根据等,其他利害关系人也可参与相应决定的讨论和制作。这种参与理念的转变和技术手段之优化,可增加参与的广度和深度。

第三,通知——删除程序。通知——删除程序主要适用于针对网络造谣、诽谤、侵犯知识产权等网络有害私信息进行,其理论基础在于,对于涉及个人

---

① 参见尹建国:《论"理想言谈情景"下的行政参与制度》,《法律科学》2010 年第 1 期。

② 但由于网络具有匿名性的特点,对网络有害信息的治理应针对不同情况区别对待。对于能确定信息发布人的,应在采取暂时性措施后,听取相关人的意见;对不能确定信息发布人的,应发布相关的公告说明其中的理由。网络虚拟性的特点也决定了听取陈述和申辩的方式不同于传统的行政决定,除了传统当面听取意见的方式外,还可更多通过网络即时通讯工具、电子邮件、弹窗等方式传达。

③ 在网络信息治理过程中,实施听证制度时还应注意以下几个方面的操作要求:(1)充分保证当事人的程序性权利。在听证之前,必须及时通知相对人及利害关系人参与听证。通知内容包括拟作出的行政决定、作出决定所依据的事实、法律依据、是否公开等。但由于网络信息会涉及到众多的利益主体,因此应注意通知期限和通知方式的不同,应在法律规定的期限内提前做出通知,并采取网上公告或电子邮件等方式确保送达。(2)听证主持人的选择应具有中立性。听证的事项如涉及网络技术及信息安全等专业性问题,应保证听证主持人具有一定的专业性和能够知悉听证所涉技术问题,确保听证能够达到应有的效果。(3)对违反听证程序的行为应提供救济。如有未尽到合理通知义务、网络信息涉及隐私不应公开而公开以及听证主持人的选择不公正等问题,应保证当事人及利害关系人有获得救济的权利。

利益的网络有害私信息,一般应根据被侵权人的意愿实施处理措施。根据本书"网络有害信息的范围判定"一章的具体论证和建议,适用该程序的具体要求为:对于实名发布的有害私信息,权利人可向网络服务提供商发出侵权通知,网络服务提供商应删除信息并向信息发布者转送通知;信息发布者接通知后,若认为信息未侵权,可提交反通知;网络服务提供者接反通知后,应恢复信息并转达反通知;权利人接反通知后,若不服可向法院起诉,通过侵权之诉解决民事纠纷;对于还需承担行政违法责任的事由,权利人可同时向行政机关举报、投诉,由行政机关居间决定是否补充实施行政处罚。对于匿名或化名发布的有害私信息,网络服务提供商在接到侵权通知后,因无法向权利人提供反通知和发言者的真实信息,可根据行业自律规则和企业精神、与用户缔结的经营协议等,自主决定是否删除信息。对其处理决定,任何一方当事人不服,均有两种选择:一是以网络服务提供者为被告向法院起诉,由法院根据《侵权责任法》《合同法》等法律判定其是否应删除相关信息,并承担赔偿责任;二是向行政机关举报、投诉,行政机关若认为相关信息构成行政违法,可要求删除并处罚;若认为仅构成民事侵权,应告知举报人通过民事诉讼途径主张权利。

第四,告知和教示。告知和教示指行政主体在作出行政行为过程中,告知相对人行政行为主要内容、理由和根据,相对人在行政过程的参与权利与实现路径,以及相对人不服行政行为的救济权利、方式和时限等事项的一项基本行政程序性制度。[1] 通过告知和教示,行政主体可向相对人开示和解释行政决定和行政裁量环节的具体考量因素,可以涵盖法律规范依据、行政政策、行政惯例、舆论民意、伦理道德、社会预期效果等内容,并告知相对人在参与过程中所享有的权利,对其错误言行进行及时纠正。[2] 如此能更好避免治理主体的单方面行为,保证相对人的及时参与,使相对人权利能够得到及时行使和救济。在网络信息治理活动中,由于治理对象对网络管理法律规范往往不甚了解,也不太清楚治理主体之所以作出相应处理措施的原因和理由,此时,若辅之以告知和教示制度,既可让相对人充分行使陈述和申辩权,也可增强相对人

---

[1] 参见姜明安:《行政程序研究》,北京大学出版社 2006 年版,第 36 页。
[2] 参见方洁:《论行政程序中的教示制度》,《浙江社会科学》2000 年第 6 期。

对处理结论的信服度和自觉履行可能性。同时,对治理主体课以必要的告知和教示义务,也可防止其采用蒙蔽、草率等方式,恣意扩大处罚范围和程度,侵犯当事人合法权利。另外,通过告知和教示,治理主体还可及时纠正相对人错误言行,引导相对人更好地启动申诉、复议、诉讼等救济措施。

第五,说明理由。我国《行政处罚法》第三十一条规定,行政机关在作出行政处罚决定之前,应当告知当事人作出行政处罚决定的事实、理由及依据,并告知当事人依法享有的权利。但在网络信息治理活动中,治理机关在作出处理措施时,经常不详细说明处理原因,往往只是简单通知,告知行为人因"违反网络管理相关法律、法规"而受到处罚或强制。说理程序的缺失,不仅违反现代法治原则,也增加了治理主体恣意行为的可能性,同时削弱了网络信息治理正当性的心理基础。严格法治原则之下,行政机关的说理内容包括行政行为的合法性和正当性理由两个方面。其中,合法性理由包括法律依据、事实依据;正当性理由则针对行政裁量行为展开,主要论证裁量结论之逻辑严密性。[①] 据此,治理主体在处理网络有害信息时,除要说明所考量的法规范因素——法律规范字义、体系结构、立法目的、立法者本意等,还要说明所考量的法规范外因素——社会效果及目的、公共政策、道德舆论、行政惯例等。这些内容又可分解为两个方面:其一,网络信息治理所考量的因素是什么,他们对结论分别有何影响,这些因素与结论间的逻辑关系如何? 其二,这些因素被取舍并对处理结论产生影响的法律依据是什么? 治理主体为何要考量某些因素、排除某些因素,如何依法斟酌各因素之影响力,并最终在各因素共同作用情况下经综合权衡获得结论? 总之,"逻辑上"和"法律上"的正当理由,是严格法治原则下网络信息治理过程的说理环节必不可少的基本内容。

第六,便宜申诉制度。政府部门对网络有害信息采取治理措施,属于一种行政行为,依《行政复议法》和《行政诉讼法》等相关法律、法规之规定,应有复议和诉讼两种救济途径。但在实践操作中,往往面临着三个难题:一是救济成本问题。无论是复议还是诉讼,均耗时持久,且成本高昂。故很难想象普通个

---

① 参见尹建国:《不确定法律概念具体化的说明理由》,《中外法学》2010 年第 5 期。

人会单纯因被删帖、限制发言等,而去大张旗鼓地启动一场复议和诉讼。① 二是责任主体模糊问题。缘于监管主体的重复和多元,以及监管处理程序制度的缺失,很多情况下,相对人在被处理时,难以确定执法主体,从而难以向真正的责任人主张救济权利。三是权责不一致的问题。网络信息的治理主体多元,政府部门是其中的主要力量,但不是唯一力量。行政复议和行政诉讼等救济途径,仅适用于政府部门作出治理决定的案件。但如果治理主体是各类党委部门、网络企业、行业组织等其他主体,相对人事后并不能启动行政复议和行政诉讼救济程序。笔者认为,为解决上述问题,可考虑构建一套网络监管处理的"便宜申诉机制",并促使其真正运转并发挥实质的监督和纠正功能。以惩处力度大小为标准,可将以政府部门为代表的各类主体的网络监管措施分为"弱监管"和"强监管"两种类型。前者一般对相对人权益影响较小,如"删帖""限制发言"等便是此类。后者则一般对相对人财产、人身等权益影响较大,例如对网站进行关闭、对域名进行封锁、对搜索引擎进行大范围过滤,甚至吊销运营商经营许可证等。考虑到"投入——产出"比,相对人一般不会对"弱监管"提起复议或诉讼,此时,构建简单、灵活并行之有效的内部"便宜申诉机制",就显得十分必要。进言之,构建这种申诉机制,具体又有两种不同路径:一是在不同的监管主体内部,分设一个接受申诉并作出审查的机构;二是设立一个独立的专司网络信息监管申诉职能的第三方机构,该机构可受理并处理针对任何网络信息监管行为的申诉。无论构建哪种"便宜申诉机制",相关的监管措施作出后,治理主体均应将结果告知相对人,并对其予以教示,告知其申诉权、诉期、申诉机构名称及联络方式等。如此,可以在复杂的复议和诉讼程序外,为当事人提供一条快捷、方便、颇具操作性的"替代性纠纷解决机制",且可更大限度覆盖所有治理主体所采取的网络有害信息处理措施。

综上所述,重视并遵守网络信息治理的正当法律程序,是规制治理机关权力、保障网络言论自由的客观要求和必然选择。构建我国网络信息治理的正

---

① 因被删帖、屏蔽发言等而去起诉政府部门的行政案件较少,作为民事案件起诉网络服务提供商的案件也不多。2007 年于广东中山发生的一宗"违规发帖被封账号,网民讨要著作权"案具有一定代表性。参见邓新建、吴娇:《违规发帖被封账号 网民讨要著作权 法院判决网站不构成侵权》,《法制日报》2007 年 5 月 9 日。

当法律程序,必须确立有限治理、利益均衡、治理公开和治理效率四项基本原则,并重点构建与完善行政公开、行政参与、告知和教示、说明理由等具体程序。为保障相对人合法权益,还需在维护相对人通过复议和诉讼途径寻求救济的传统权利外,建立符合网络平台独有特点的便宜申诉机制。

第六章 网络信息治理的
统一立法探索

截至目前,我国在维护网络信息安全领域的相关立法仍具有一定程度上的滞后性,尚未建立起与网络技术发展水平相匹配的法律规范制度。这导致在网络治理过程中出现针对执法权合法性的质疑、治理权力滥用、权责不统一、政府干预与公众言论自由保障间矛盾冲突、网络言论侵权事件频发等多方面、多角度的系列问题。可以说,在现代法治社会,为实现网络信息的规范、有序、有效治理,构建一套健全、科学、统一的网络信息监管法律体系是必要前提,它是一切后续治理行动法治化的最基本和最有力保障。

正因如此,"加强网络秩序建设、规范网络信息流通、保障网络安全运转"成为近年来我国党和政府持续关注的重大战略问题。党的十八届四中全会提出要"加强互联网领域立法,完善网络信息服务、网络安全保护、网络社会管理等方面的法律法规,依法规范网络行为"。国家互联网信息办公室2016年12月27日发布的《国家网络空间安全战略》也明确规定:"坚持依法、公开、透明管网治网,切实做到有法可依、有法必依、执法必严、违法必究。健全网络安全法律法规体系,制定出台网络安全法、未成年人网络保护条例等法律法规,明确社会各方面的责任和义务,明确网络安全管理要求。加快对现行法律的修订和解释,使之适用于网络空间。"在此背景下,结合前文针对网络信息治理宏观模式转型和中观制度构建的具体分析,本章拟从梳理我国当前网络信息监管既有立法入手,集约其中的核心规范与优点,反思分析其中仍存在的缺陷与不足,论证制定统一的网络信息监督管理法①的必要性与可行性,并在比较观察域外发达国家与地区典型立法制度基础上,勉力探讨制定网络信息监管统一立法所应遵循的基本原则、制度框架和核心条款设计,以期为我国后续相关立法实践提供参考。

一、网络信息治理既有立法梳理

自 20 世纪 90 年代初互联网在我国起步发展到现在,在 20 多年的时间里,互联网技术伴随着科技的进步有了突飞猛进的发展。它不仅从技术上克服了人与人之间的物理距离,各类新技术、新应用更是层出不穷。如今,网络已经渗透到我国经济、政治、文化及社会生活的各个领域,它已经超越了最初的信息技术系统概念,并发展成为与现实社会息息相关、相互融合的全新社会空间。② 这些新技术、新空间和新问题的出现,对网络信息治理工作也提出了新挑战,涉及网络有害信息治理的技术措施、权限边界、执法程序、判断标准等均是需要面对和解决的难题。二十多年来,我国针对网络空间和网络信息治理的相关立法也在逐步推进,立法机关及政府制定了一系列专门性的法律法规,并将面向传统社会空间的一些治理规则进行了补充、修订或解释,以使其

---

　　① 我国近年一直在积极努力制定网络安全管理相关统一立法,经全国人大常委会 2015 年和 2016 年两次初审,《中华人民共和国网络安全法》最终于 2016 年 11 月 7 日发布,并自 2017 年 6 月 1 日起正式施行。该法颁行后,我国网络安全管理无统一法律文本可依的局面,有了大幅改善。但整体来看,《中华人民共和国网络安全法》的基本内容和功能涵盖了明确网络空间主权、设置网络服务提供者安全义务、完善个人信息保护规则、建立关键信息基础设施安全保护制度和重要数据跨境传输规则等多方面。其对本书所着重讨论的网络有害信息判断标准、网络信息治理主体、网络实名制、网络信息内容分级制度、网络信息治理程序等"网络信息监督管理"方面的问题,均涉及不多。原因在于,《中华人民共和国网络安全法》系网络安全领域的第一部系统立法,其立意高远,所需要关注的各方面问题也比较庞杂,因此难以就某一个方面的问题作出更为细致和更加具有操作性的安排。网络有害信息的判定及其治理机制,属于事关网络安全的一个微观和具体问题,其相较于网络空间安全、网络基础设施建设、数据传输与管理、网络主权等问题,具有一定的独立性,相应的管理规则也有不少差异。为此,在《中华人民共和国网络安全法》出台的前提和基础之上,继续从打击网络有害信息、平衡网络表达自由与网络信息风险控制等角度出发,全面、深入探讨网络有害信息监管之相关统一立法设计,依然十分必要和紧迫,对这一领域的立法研究依然千头万绪、任重道远。

　　② 参见孙午生:《网络社会治理法治化研究》,法律出版社 2014 年版,第 119 页。

能够调整和解决网络新兴社区的各类纠纷与问题。这些法律规范一方面满足了网络空间和网络信息治理的基本要求,但另一方面也暴露出了一些问题与不足,需要进一步完善。

（一）立法现状

我国网络领域的相关立法,从法律文件的效力层级上看,主要集中在行政法规、规章上面,真正上升到法律层面的仅仅有 4 件。而其中的《电子签名法》主要是为了适应电子商务发展,用来规范电子签名行为以及确认电子签名法律效力的,其与网络信息监管之关系并不是十分紧密。近年来,最值得重视和期待的相关立法,是 2016 年 11 月新颁布的《中华人民共和国网络安全法》。总的来说,该法是我国网络领域一项具有标志性意义的重大立法突破。《中华人民共和国网络安全法》是网络安全管理方面的一部基础性法律,它主要针对实践中存在的突出问题,将近些年来理论与实务界达成初步共识的一些成熟看法以制度形式确定了下来(例如网络安全战略与规划、关键信息基础设施的安全审查制度、网络数据安全保障制度、网络个人信息保护制度等),为我国未来的网络安全维护和进一步的立法工作提供了坚实基础和有效保障。为全面反映我国网络既有立法之现状与问题,笔者对我国现行有效的网络治理立法文件进行了梳理和归纳,并以下表方式加以罗列和对比。从形式上看,我国已初步形成了专门立法与传统立法相结合、涵盖网络治理不同领域的网络治理法律规范体系。通过类型化和综合比较,可将相关法律规范划分为五大类别:

类别	文件名称
法律①	《中华人民共和国网络安全法》 《电子签名法》 《全国人民代表大会常务委员会关于维护互联网安全的决定》 《全国人民代表大会常务委员会关于加强网络信息保护的决定》

---

① 其中《电子签名法》于 2005 年实施,2015 年修正;《全国人大常委会关于维护互联网安全的决定》于 2000 年通过,2009 年修正;《中华人民共和国网络安全法》2016 年 11 月 7 日发布,2017 年 6 月 1 日起正式施行。

类别	文件名称
行政法规①	《计算机信息系统安全保护条例》 《计算机信息网络国际联网安全保护管理办法》 《电信条例》 《互联网信息服务管理办法》 《信息网络传播权保护条例》 ……
部门规章	《互联网新闻信息服务管理规定》（国务院新闻办公室、信息产业部） 《互联网安全保护技术措施规定》（公安部） 《互联网电子邮件服务管理办法》（信息产业部） 《通信网络安全防护管理办法》（工信部） 《互联网文化管理暂行办法》（文化部） 《电信网络运行监督管理办法》（工信部） 《规范互联网信息服务市场秩序若干规定》（工信部） ……
司法解释	《关于办理危害计算机信息系统安全刑事案件应用法律若干问题的解释》 《关于审理侵害信息网络传播权民事纠纷案件适用法律若干问题的解释》 《关于审理利用信息网络侵害人身权益民事纠纷案件适用法律若干问题的解释》 ……
其他法律法规的部分章节、条款	《侵权责任法》（第36条等） 《治安管理处罚法》（第29条等） 《消费者权益保护法》（第44条等） 《未成年人保护法》（第66条等） 《刑法》（第246条、285条、286条等） ……

（二）既有立法之特点与不足

从以上列举可以看出，我国网络领域相关立法文件单就数量而言，并不算少。但是就各法律文件出台的背景、目的、内容、实施效果等情况进行综合分析比较，依然可以发现既有立法在以下方面尚存在着一些缺憾与不足：

---

①　其中《计算机信息系统安全保护条例》于1994年发布，2011年修订；《计算机信息网络国际联网安全保护管理办法》于1997年发布，2011年修订；《互联网信息服务管理办法》于2000年发布，2011年修订；《信息网络传播权保护条例》于2006年公布，2013年修订。

1. 整体规划性不足

我国网络治理领域的专门性法律目前主要有四件,其他法律规范文本主要体现为行政法规和部门规章。行政法规和部门规章又大多涌现于 2000 年之后,这一时期正好是我国互联网飞速发展的阶段,相关立法之主要功能即是为了解决网络信息发展过程中涌现出的大量具体的新型问题。同时,为解决司法实践中的法律适用问题,最高人民法院、最高人民检察院也在此期间也连续发布了多个司法解释。整体立法规划不足,应急性比较明显。

这种应急性立法带来了如下几个方面的后果:立法数量急剧膨胀,但各个立法调整的内容过于单一;立法主体多元,有些立法之间缺乏协调性和远瞻性,导致在适用时出现冲突和混乱;应急性立法一定程度上背离了法的稳定性要求;应急性立法规范本身不完善,相当数量的立法内容呈现出多义务而少救济、多控制与监管而少疏导与协调的局面。

2. 相对滞后

滞后性是法的一个不可避免的普遍性缺点,网络治理领域的立法也不例外,且表现地尤为明显。网络治理立法受限于信息技术专业性以及互联网爆发性发展因素的双重影响,网络领域出现的新问题也往往变化无穷,既有立法难以事先完全预测到,也没有恰当的源头控制办法。因此,往往在问题暴露出来以后,相关部门才会加紧研究应对策略。

网络立法滞后性的一个重要体现是互联网功能定位的片面化。传统的互联网,受技术发展的限制,我们一般将其功能定位为信息交流与传输、娱乐、办公、移动通讯的工具。相应的,在这一阶段陆续出台的法律法规、政策均与这些功能相匹配,主要包括互联网基础设施管理规范、网络视听节目与新闻传播规范、互联网电信与通讯规范、互联网文化规范等方面。伴随着网络科技日新月异的发展,各类"互联网+"行动计划接踵而至并蓬勃发展,日益构成网络强国的核心战略之一。① 这些新形态、新业态的出现,彻底颠覆了人们传统的互联网观念。人们在充分享受"互联网+"的时代"红利"之时,也无不在时刻担

① 参见《关于积极推进"互联网+"行动的指导意见》,http://www.gov.cn/xinwen/2015-07/04/content_2890205.htm,最后访问时间:2016 年 7 月 4 日。

忧着网络安全、信息泄露、监管制度的漏洞等缺陷。的确,在"互联网+"时代,网络信息技术在带给人们更多便利的同时,潜在的风险也在与日俱增。相应的,对网络监管、制度构建、法律规范的要求也理当越来越严格、越来越规范。目前,我国正处在"互联网+"时代的开局之年,也是传统的法律法规、政策等适用的过渡期,传统的法律制度显然已经不能完全适应新兴互联网时代的新需求,而与之匹配的相关政策、制度也仍显笼统。所以说,我国网络立法相对滞后,我国在网络立法规范设计和制度构建方面依旧任重而道远。

3. 碎片化

我国网络信息治理在制度上采取的是多部门齐抓共管的监管体制,由此带来的一个弊端是网络信息治理立法上的碎片化。网络信息治理制度的碎片化,容易导致在治理有害信息过程中,遇到利益时各部门互相争利,遇到问题时相互扯皮、推诿塞责。① 碎片化的治理方式还导致监管的分散和不协调,难以有效地应对互联网领域出现的综合性违法行为。多部门长期碎片化立法的结果,使得既有立法呈现出"补丁式"特点,造成我国信息立法体系过于分散,每部规范的调整范围都相对有限,特别是在信息跨境、隐私保护、IT 供应链安全、网络信息治理主体整合等方面尚未能形成统一和综合性的法律规范。② 对于那些跨部门或者不在传统法律部门覆盖范围内的新问题,存在大量的立法真空地带或者不得不简单地将传统法律规则延伸到网络空间,这都大大增加了法律适用的难度。③

4. 不协调性

我国网络治理既有立法数量众多,但相关立法在具体内容和相互关系方面,还存在着一定的不协调性。这种不协调性在立法结构和实体内容两个方面都有一些体现:

一方面,在立法结构上,相当部分立法文本呈现重实体、轻程序,重义务、轻救济,重管制、轻自律的偏态。例如《全国人民代表大会常务委员会关于

---

① 参见张新宝、林钟千:《互联网有害信息的依法综合治理》,《现代法学》2015 年第 2 期。
② 参见马民虎:《从网络安全对社会和经济发展的重要程度来寻求法律对策》,《中国信息安全》2013 年第 2 期。
③ 参见周汉华:《论互联网法》,《中国法学》2015 年第 3 期。

维护互联网安全的决定》《全国人民代表大会常务委员会关于加强网络信息保护的决定》《网络游戏管理暂行办法》等文件中,都规定了网络服务提供商和网络用户的法律责任与义务,但并没有关于执法程序、权力监督与权利救济的规定。2016 年新出台的《中华人民共和国网络安全法》中,也有一些不协调之处。例如,《中华人民共和国网络安全法》的立法目的涉及维护网络主权、网络安全、国家利益、社会利益及个人合法权益等多方面,但该法大部分条文设计都系政府权力性显示以及网络运营商、网络用户的义务性规定,这些条文大都配以"应当……"、"……义务"、"不得……"、"……责任"等文字表述形式。因此,有学者认为该部法律的"管理"意味明显强于"保障"意味。① 另外,该法在"网络信息安全"一章,用了较多条文来规定公民的个人信息保护问题。但实际上,"网络安全法"与"个人信息保护法"二者的侧重点和宗旨是存在较大差异的,个人信息泄漏事件也因频繁发生、危害甚大而有单独立法之必要(当前已有人大代表对此呼吁,未来是否可能借鉴国外单独制定一部"个人信息保护法"。)因此,在"网络安全法"中以较多条文来规定"个人信息保护",一定程度上也会导致立法资源的浪费,并会对将来单独制定"个人信息保护法"构成立法障碍,(现有立法的滞后性,在未来制定新法时会体现地更为明显)到时候难免会出现两部法律条文规范的不协调。

另一方面,在各类立法文本的实体内容方面,存在着执法主体、权限、执法强度和责任方式等方面的不协调。如前文所言,当前在网络治理领域具有行政执法权的主体,仅中央一级的就多达十余个,对应的地方执法主体也是异常复杂,各主体的执法权限存在交叉、混乱和重叠之处。例如,如果发现某互联网公司涉嫌利用网络宣扬邪教、迷信等信息,公安机关、工商部门、文化行政部门、政府新闻办公室、广电主管部门、电信主管部门等均对其拥有执法权。这种"九龙治水"的网络管理模式,不仅严重影响执法效率和效果,还造成大量的执法资源浪费。在执法强度与措施选择上,各部门规章为追求"多、快、好"的执法效果,对网络违法行为经常规定"一封了事"、"一删

---

① 参见张素伦:《网络安全法及其与相关立法的衔接》,《财经法学》2016 年第 3 期。

了事"、"一棒子打死"的惩罚性手段。另外,在责任方式上,由于经常出现行政责任、民事责任和刑事责任的竞合情况,在责任竞合时该如何协调这种竞合关系,当前的法律、法规并没有作出明确规定。主体、权限、强度和责任方式等方面的不协调,不仅破坏了网络治理的公正性,也动摇了治理行动的权威性。

二、网络信息治理统一立法的正当性

基于对现有立法的梳理与反思可以发现,我国在网络信息治理方面的立法,在质量上有待提高,在体系上有待整合统一。在依法治网的大背景下,制定一部统一的网络信息监督管理法,以权威稳定的法律文本来明确网络有害信息的法定范围、治理主体、治理权力,尤其是治理主体的权力边界、程序制度、法律责任等,具有正当性。

(一)网络空间问题化解与秩序维护的迫切需要

我国互联网发展正处于高速度、超规模的膨胀期,根据中国互联网信息中心发布的统计报告显示,截至 2016 年 6 月,我国网民规模高达 7.10 亿,位居全球第一。① 如此庞大的网络用户群体每天活跃在互联网上接收和发布着各种信息,很难想象这是怎样一种异常庞大和复杂的社区。当然,这些信息当中也混杂着大量诸如谣言、诈骗、色情、煽动等有害信息,网络空间在实际上很难像某些学者所坚持的那样,"自由而不混乱,有管理而无政府,有共识而无特权"。② 其需要得到规范治理,伴随着网络技术和网络应用的发展与扩张,一些突出的问题更显棘手,亟待解决。

1. 解决网络行为失范(尤其是网络言论失范)问题

开放、自由、便捷是网络最为重要和为人所珍视的特征,网络的出现为人

---

① 参见中国互联网信息中心网站,http://www.cnnic.cn/gywm/xwzx/rdxw/2016/201608/t20160803_54389.htm,最后访问时间:2016 年 11 月 28 日。
② 参见[美]劳伦斯·莱斯格:《代码:塑造网络空间的法律》,李旭等译,中信出版社 2004 年版,第 4 页。

类自由表达、信息交流与利用提供了一个前所未有的广阔且通畅的渠道。通过互联网，人们可以突破时空限制，畅所欲言，大胆地表达自己的意愿和诉求。通过互联网传播信息，已经成为普通公民一种重要的表达方式。[①] 而我们在关注网络言论"正能量"的同时，也应该认识到任性无序、缺乏理性、无责漫谈的话语形态也使网络空间常常充斥着大量不良信息、语言暴力甚至违法犯罪行为，公民权利、公共秩序、国家利益也因网络言论失范面临着威胁和挑战。[②] 这种违背法律及道德规范的行为，其实质上是已经超过了言论自由限度，我们称之为网络行为失范。网络失范行为是一切网络有害信息的始端，就我国目前的立法状况来说，不论是立法体系还是立法价值取向，均没有一部统一而权威的法律就有效解决网络失范行为（尤其是网络言论失范行为）做出综合规定，不能满足依法治网的现实需求。

2. 正确处理网络舆情

网络舆情一般都是由现实中的各种事件，经网络载体传播、刺激、发酵而形成。网络舆情的发生，往往伴随着群体性、跟风式、一边倒的态势在网络空间无限膨胀。近年来，典型的网络舆情事件有"秦火火造谣案""天津港爆炸造谣案""魏则西事件""雷阳嫖娼案"等。之所以需要关注并规制网络舆情，是因为网络舆情大多首先表现为非理性，在情绪化的作用下网络舆论往往形成一边倒之势，造成普遍社会民意的认知假象，从而不利于公众的理性思考，反而盲目地跟风、宣泄、抨击，最终有可能造成严重的社会失信和秩序混乱。当然，也有一些网络舆情经过发酵是起到了积极作用的。例如，透过"魏则西事件"，媒体和网民揭露出了"莆田系"及某些军队医院的黑幕，促使相关部门对之依法整顿。再者，还有一类网络舆情凸显的是双面效应。例如"雷阳嫖娼案"中，从雷阳案事发生后的进展看，网上凸显出来的舆论声音主要有两种：其一，雷阳是怎么死的？——警察暴力执法、违法执法，进而抨击谩骂警察执法，这其中有监督价值也有不理性声音。其二，该事件引起上级部门重视之后，彻查原因，相关人员被问责——呼声认为这是法治的进步；同时还促使公

---

① 参见罗楚湘：《网络空间的表达自由及其限制——兼论政府对互联网的管理》，《法学评论》2012 年第 4 期。

② 参见许玉镇、肖成俊：《网络言论失范及其多中心治理》，《当代法学》2016 年第 3 期。

安部于事后出台了《公安机关现场执法视音频记录工作规定》。① 面对网络事件的多发性以及网络舆情发展的不可预测性,很有必要出台相关统一的法律制度,来引导和规范网络舆情朝着正当方向发展。

3.界定网络服务提供者安全保障义务的边界

现有法律大多只是规定了网络服务提供者要承担针对网络平台信息的安全保障义务和监管责任,但并没有明确界定保障的边界问题(或者说尽多大程度的安全保障义务)。《侵权责任法》第三十六条规定了网络服务提供者因明显过错而担责的情形,第三十七条规定的安全保障义务则仅限于商场、宾馆、娱乐场所等公共场所,并没有细致和精确规定网络服务提供者的安全保障义务。但现实中却有不少因没有尽到安全保障义务而引起的纠纷,其往往因立法规定的粗放性而导致裁判困境和观点撕裂。典型的一则案例是发生在2010年的"QQ相约自杀案",②该案原告诉请法院判被告腾讯公司承担因没有尽到监管义务的法律责任,一审法院判决腾讯公司承担10%的赔偿责任;二审则是改判驳回原告的该项诉讼请求。该案曾引起社会各界广泛争议,争议的焦点就是腾讯公司作为网络服务提供商,具有履行网络有害信息监管之职权,但其是否有权监督QQ群里面的聊天信息? 这一争议焦点即涉及网络服务提供者的监管边界问题,解决该问题不仅应当考虑到网络秩序发展、网络用户权益保护等因素,还应当兼顾网络服务行业的发展需求。现有分散立法对类似问题并没有做出明确规定,在宏观层面制定一部统一法律,并在其中对类似问题构建专门性规则,可以化解实践和司法审判活动中的诸多争议与分歧。

（二）网络信息政府治理法治化的需求

网络信息需要依靠综合治理,以政府为代表的公共治理则有着难以比拟的优势,其掌握着技术优势、垄断资源,可采用强制手段和行政立法等方式实

---

① 参见《公安部关于印发〈公安机关现场执法视音频记录工作规定〉的通知》,该通知2016年6月14日出台,2016年7月1日起实施。

② 有关"QQ相约自杀案"的详细新闻,参见黄明、董碧水:《"QQ相约自杀案"腾讯公司不担责》,《中国青年报》2012年2月11日。

现全方位治理,能提升网络治理的效力和效率。① 维护政局稳定、网络安全、社会秩序等公共利益,为政府参与网络信息治理提供了正当性和合理性基础。但政府治理网络信息也不是为所欲为的,它始终要面临着权力来源合法性、执法行为规范性的制约。纵观我们现行网络治理的相关法律文本,多由公安部、工商总局、工信部、文化部、政府新闻办公室等网络治理参与主体基于本部门立场制定,各执法主体的权限内容与边界多由部门自己划定,其合法性尚需从立法上予以考量。也没有一部法律清晰地规定各主体在执法过程中的协同配合等问题,当下经常曝出来的"暴力执法""威权执法""钓鱼执法"也与之不无关系。同时,基于网络空间的特殊性,政府对网络空间始终应遵循一种更加严格和审慎的态度,这与目前公民的网络表达权益受到过大压制的现状是相悖的,需要得到规范与矫正。因此,为保障网络使用者的言论自由等基本权益,顺应当下法治政府、法治社会建设的大环境,需要一部统一而权威的法律,来调处上述矛盾,回应上述需求。

(三)完善我国法律体系的必然要求

我国 2011 年 10 月发表的《中国特色社会主义法律体系》白皮书指出,中国特色社会主义法律体系在我国已经形成,我国已在总体上解决了有法可依的问题。② 确实,过去的法治化进程中,我国立法基本上解决了"从无到有"的问题,今后的工作重点应侧重在提高法的质量和可适用性上。据统计,现行互联网治理法律法规中,具有法律性质与行政法规性质的相关立法不到 21%,而法律效力层次较低的部门规章和司法解释所占比例接近 80%。③ 也就是说我们的网络治理立法数量已经足够了,但其质量并没有得到足够保障。现行法律法规中存在的问题,很多也是因为立法层级低、政出多门、立法滞后、立法稳定性与常变常新的互联网发展存在冲突等原因造成的,无法从源头上相对系统和

---

① 参见尹建国:《我国网络信息的政府治理机制研究》,《中国法学》2015 年第 1 期。
② 参见《中国特色社会主义法律体系》,http://www.scio.gov.cn/zfbps/gqbps/Document/1435488/1435488.htm,最后访问时间:2016 年 4 月 1 日。
③ 参见张璁、张力文、刘新吾:《互联网立法监管期待升级版》,《人民日报》2015 年 6 月 10 日。

一劳永逸地解决层出不穷的网络领域新问题。换言之,网络治理立法期待着升级版,如何制定一部高质量、有针对性与可操作性、适应互联网技术常变常新特点的统一法律,成为当前网络治理领域立法工作刻不容缓的时代使命。

总之,在当今时代背景下,人们网络社会生活的比重、分量和现实影响力,在一天天的增加,并且已经展现出将占据人类社会生活之核心位置的发展态势。① 诚如尼葛洛庞帝所断言的:"计算机不再只和计算有关,它决定我们的生存。"②信息技术的发展正从根本上改变着社会形态及人们的生产生活方式、思想观念,网络所发挥的作用也远远超出了起初意义上的"技术手段"或"工具"。这个"虚拟社会"之本质,仍以现实为基础,其运转也终究归于人类行为的决定性作用。因此,网络社会的健康发展,和现实社会一样,也离不开安全、秩序和稳定,现实社会的法治需求在网络社会同样存在。这个新兴社区的规范治理、有序发展,离不开一套系统、完善而统一的法律规范作保障。现有的法律、法规、规章和其他规范性文本,包括《网络安全法》本身,均无法对网络领域的信息治理提供明确、具体和足够的规范依据,一部更加具有操作性和针对性的"网络信息监管"专门立法诚属必要。

三、网络信息治理域外立法的比较观察

网络有害信息治理是世界各国的共同难题和普遍共识,在西方网络法治发达国家,其根据各自国情,在实践发展和学理研究基础上,制定了相应的网络管理统一或单独立法,比较观察域外国家与地区的既有经验,对我国网络有害信息治理统一立法体系之构建,具有重要的启发与借鉴意义。

(一)美国

美国作为全球互联网技术的发源地与集大成地,在网络信息治理方面,拥有相对更为完备的治理机制和法律规范体系。这个法律规范体系囊括的法律

---

① 参见李一:《网络社会治理》,中国社会科学出版社2014年版,前言第1页。
② [美]尼葛洛庞帝:《数字化生存》,胡泳、范海燕译,海南出版社1997年版,第15页。

制度数量较多,涉及面也较为全面,既包括宏观的整体规范,也包括中观和微观的具体规定。概括而言,可以分为以下三个方面:关键基础设施安全立法;规制网络侵权信息立法;规范网络信息传播与表达行为立法。

1. 关键基础设施安全立法

美国较早就意识到了关键基础设施保护的重要性,在围绕关键基础设施界定、保护机构设置、监测预警等方面,通过制定法律规范、发布计划、战略或总统令等方式,已逐步形成了一套相对完善和成熟的关键基础设施保护制度体系。① 1996 年通过的《国家信息基础设施保护办法》,对破坏计算机信息网络基础设施等方面的问题做出了规定。2000 年的《网络信息安全法》较为全面的规定了利用技术手段保护关键基础设施安全的问题。在"9·11"事件后,美国的国家安全观发生重大转变,意识到网络安全的重要性,并随即通过了《爱国者法案》,该法案着重强调了要加强电话和网络电子邮件监管、打击网络恐怖主义和网络攻击等。2002 年美国国会通过了《国土安全法》,该法规定了新成立的国土安全部的机构设置、组织体系、管理职责以及权限等问题。同年的《关键基础设施信息法》对关键基础设施、关键基础设施保护计划、信息共享等方面做了规定。2014 年 12 月,美国国会集中通过了五项与网络安全相关的法案,这其中就包括《国家网络安全保护法》,该法特别关注了与关键基础设施有关的信息共享与事件响应,其中增加了第二百二十六条,并明确了国土安全部的"国家网络安全和通讯整合中心"的职能、组成及其原则,要求其实时在联邦实体和非联邦实体之间共享有关网络安全风险、事件、分析和预警的信息,并为公共和私营部门提供技术协助、风险管理支持等服务。② 2015 年 10 月,美国国会通过了《网络安全信息共享法案》(CISA),该法案鼓励美国企业将信息安全漏洞以及黑客攻击信息等共享给其他企业及政府部门,以加强网络安全的防护。

2. 规制网络侵权行为立法

美国的网络侵权类立法主要体现在规制个人隐私泄露、通信监听、数据保

---

① 参见张莉:《美国保护关键基础设施安全政策分析》,《信息安全与技术》2013 年第 7 期。
② 参见马民虎、王玥、方婷:《美国关键基础设施信息安全监测预警机制演进与启示》,《情报杂志》2016 年第 1 期。

密、网络消费者保护、版权保护等方面,涉及范围比较广泛。其中的法律文件主要包括 1986 年的《电子通信隐私法》,该法对访问电子通信记录文档、政府拦截通信信号的范围与标准等做了详细规定。1998 年的《儿童在线隐私权保护法》,规定了对儿童个人隐私信息的保护和对违法者的处罚责任。为加强网络消费者的数据隐私保护,维系消费者信任,增强消费者信心,2012 年奥巴马政府通过了《消费者隐私权利法案》。此外,美国特别重视网络领域的知识产权保护,其制定了《版权法》《反网络盗版法》《数字千禧年版权法》《防止数字化侵权及强化版权补偿法》等多部法律规范,以规制网络知识产权侵权问题。

3. 规范网络信息的传播与表达行为立法

规范网络信息的传播与表达行为立法,主要针对网络淫秽色情治理、网络谣言传播、网络信息滥用、网络欺诈、反垃圾电子邮件等方面问题展开。网络淫秽色情信息是美国法律严禁传播的,但美国打击网络淫秽色情信息的立法,主要目的是保护未成年人免于接触该类有害信息,其相应立法包括《儿童在线隐私保护法》《儿童互联网保护法》等。在网络信息欺诈与滥用方面,美国制定了《计算机欺诈与滥用法》。该法将故意非法或者超出权限进入计算机系统,借此窃取国家秘密、金融档案信息等行为界定为犯罪。为适应电子商务的发展需求,通过认可和实行电子签名和记录来消除电子商务障碍,美国颁布并建议在各州实施《统一电子交易法》。为禁止不请自来的商业电子邮件发件人隐藏其信息来源与内容,减少垃圾邮件和不请自来的色情邮件,美国通过了《反电子邮件垃圾法》。

基于上述介绍可以看出,美国在网络信息治理领域的立法,主要采取的是分散立法模式。但其比较关注各立法间的相对独立和互补问题,因此虽名目繁多,但并不令人感觉过于混乱。每一部法律都有较为明确的调整和规制范围,由此也构成了美国网络信息治理的完整立法规范体系。

(二)德国

德国是世界上互联网普及率最高的国家之一,据统计已经超过 80%。[①]

---

① 参见黄翱:《一张图看懂全球互联网普及率变化:拉美已超中国?》,http://www.thepaper.cn/newsDetail_forward_1268270,最后访问时间:2016 年 6 月 26 日。

由于庞大的网民数量和网络普及程度,德国的网络环境也较为复杂,这促使其一直着力推进网络信息化建设工作,并尤为重视通过立法的方式来维护网络空间的数据安全和信息安全问题。①　在这样的背景下,德国立法通过不断的融合和改进,逐步建立起了一套完善的网络信息监管法律体系,其主要构成部分如下:

1.《基本法》

德国《基本法》涉及网络信息监管的规范,主要体现在第一章"公民基本权利"中。其第五条第一款规定:"人人有以语言、文字及图画自由表示及传布其意见之权利,并有自一般公开之来源接受知识而不受阻碍之权利。出版自由及广播与电影之报导自由应保障之。检查制度不得事先设置。"该条规定了人们享有出版、广播以及电影报导的自由和权利,不得通过事先审查的方式实施禁止。该法第十条第一款也强调,不得侵犯书信秘密、邮件和电讯秘密等权利。但同时第二款对此条关于人们的通信、电讯秘密权利也设置了限制条款,即前项规定如若损害到"保护自由民主的基本原则"或者危及了"联邦的存在或安全"时,可以依法进行限制。

2.《联邦数据保护法》

德国《联邦数据保护法》自 1977 年生效以来,已经经过了五次修正,可见其地位的重要性。该部法律主要针对的是个人信息数据的保护,在保护个人数据权利的同时,也对数据的利用做出了诸多限制。通过历次的修正和完善,该法与时俱进,在不断扩展新兴信息技术数据的传播、收集和储存范围的同时,数据的种类和保护范围也得以不断扩大。在信息数据的保护和监管方面,数据保护官和数据监管机构的权力不断扩张,为国家利益和社会公共利益等而进行的合法数据拦截,则获得了更多的权力基础和法律依据。②

3.《电信法》

德国《电信法》颁布于 1996 年,2004 年和 2012 年作出了两次修订,该法

---

①　参见黄志雄、刘碧琦:《德国互联网监管:立法、机构设置及启示》,《德国研究》2015 年第 3 期。

②　参见马民虎、冯立杨:《德国联邦数据保护法的发展趋势》,《图书与情报》2009 年第 1 期。

是一部调整电信领域竞争关系的法律。该法的目的在于通过技术中立的管制,促进电信领域的竞争及电信设施的改进,保障提供充分的电信服务。该法规定的内容较多,分别对电信业务管制、监管机构、用户保护等问题进行了全面的规定,其中尤为重视用户个人隐私权的保护问题,该法为德国电信监管提供了重要的法律依据。值得一提的是,2010年德国联邦宪法法院判决宣告《电信法》第113a条和113b条无效,原因是该条款违反了德国《基本法》第10条之"通信与电讯秘密"的规定。德国依照该判决规定,电信服务商除为了结算电费而有必要保留用户信息外,一旦电信链接结束,即应删除用户个人的信息。[①]

4.《信息与通讯服务法》

《信息与通讯服务法》又称"多媒体法",该法于1997年生效,被称为世界上第一部全面调整互联网法律关系的成文法律规范。[②] 该法在"网络服务商的法律责任处理、个人数据保护、规范电子签名、加强青少年网络保护"等方面做了全面规定。该法颁布时共11条,内容包括三部新法:《电信服务法》《电信服务数据保护法》和《电子签名法》;并对《刑法典》《危害青少年的文字作品传播法》等几部法律作了修订。之后又在2007年颁布《电子交易统一法》,该法内容包括一部新法——《电子媒体法》和其他三部法律的修正案,同时废止了1997年的《电信服务法》和《电信服务数据保护法》。

5.《青少年媒体保护州际协议》

《青少年媒体保护州际协议》于2003年实施,此后经历了五次修正,是德国各联邦州共同签署的一份州际协议。根据该协议的一般规定,其目的是为了统一保护儿童和青少年不受电子信息媒体及电子传播媒体中有害信息的侵害,防止受其中有损人尊严或其他损害刑法典所保护法益的提供品之损害。该协议规定的内容主要有:禁止性提供品及妨害青少年成长的提供品;广播电视、电信媒体等提供的节目内容;青少年媒体保护委员会;违法者的惩罚等。在信息监管方面,遵循的是"受监管的自我监管"原则,采用"自我规制"与"审

---

① 参见颜晶晶:《传媒法视角下的德国互联网立法》,《网络法律评论》2012年第2期。
② 参见颜晶晶:《传媒法视角下的德国互联网立法》,《网络法律评论》2012年第2期。

慎监管"并行的策略,并得到社会的普遍认可。①

6.《信息技术安全法案》

2015 年德国联邦内政部公布了经过修订的《信息技术安全法》提案,该法案具有以下五个目的:改善商业领域关键基础设施信息安全;提高在线公民信息安全标准;强化德国联邦信息安全办公室权限;扩大联邦刑事警察局对于计算机犯罪的职权范围;保护德国政府及各联邦行政机构的信息安全。该法案的适用范围涉及能源、水电、交通、电信等多个关键基础设施领域。该法案的通过将使德国互联网变得更加安全,对相关领域的保护和网络监管更加具有针对性和执行力。

从德国互联网监管相关立法可以看出,其采取的是联邦与各州立法并立的模式,二者相互配合,又协调统一。而且,为顺应多变的互联网发展,德国在法律修订上也注重灵活多变,曾对多部互联网领域的法律进行修正或废止。在网络信息监管方面,其遵循的是行业组织"自律"与专门监管机构"他律"相结合的方式。这种颇具特色的立法方式,较好适应了互联网发展的特点,提升了德国网络监管制度的实效性和可行性。

(三) 新加坡

新加坡对待网络治理一直持谨慎而严苛的态度,奉行的是法治严明、秩序为先的治理宗旨。其具有从严控制报刊、广播、影视等传媒的法治传统,以期望能够抑制社会治理成本与风险。在互联网普及之后,其依旧秉持严苛监管模式,希望通过建立全面且严格的法律制度,来堵截有害信息在互联网上的传播。② 具体来说,新加坡在网络服务机构的行业准入、行为操作规则、网络信息安全、电子交易安全、个人信息保护等方面,均制定有相关法律制度规范。

根据《广播法》和《分类许可证制度》的规定,新加坡主要通过注册登记制和分类许可制两种制度实现对本国网络服务主体的控制与管理。凡是在该国从事网络服务的机构和企业,都必须满足法定的资格条件,依法在其媒体发展

---

① 参见颜晶晶:《传媒法视角下的德国互联网立法》,《网络法律评论》2012 年第 2 期。
② 参见贺炯:《新加坡:互联网监管疏堵兼顾》,《法制日报》2012 年 9 月 4 日。

管理局进行登记,并受《互联网行为规范》的约束。为了能更好地执行《广播法》的相关规定,新加坡媒体发展管理局依计划颁布了《互联网操作规则》。该规则明确规定了网络服务提供商的禁止性义务,以及审查、报告和协助执法的义务;禁止向用户传播含有违反公共利益、公共安全和秩序、淫秽色情、暴力、种族歧视等的禁止性材料。同时还规定,网络服务提供商需对传播信息内容承担无可推卸的责任。在应对垃圾邮件方面,新加坡国会于2007年通过了《垃圾邮件控制法》,该法案规定公司未经许可不能将电子邮件、文字或多媒体信息发送给消费者;广告类邮件的发送需注明广告性质和发送人的真实电子邮件地址,违反者将被处以高额罚款。① 为加强网络用户个人信息及隐私权的保护,新加坡国会于2012年通过了《个人信息保护法案》的专项立法,该法明确规定,非经当事人许可,禁止机构、个人或者手机应用软件平台私自收集、披露或使用用户的个人信息,禁止向用户发送商业推送类信息。此外,新加坡还制定了《电子交易法》,以维护电子交易安全;制定了《计算机滥用法》,以防范计算机系统被滥用、信息被篡改或泄露,并维护关键基础设施的安全。

　　在实现对互联网有效监管,建立全面而严格法律制度的同时,新加坡政府也注重保护公民的网络言论自由,鼓励网络用户和网络服务商加强自律,文明上网。同时,其还组建"新媒体咨询委员会",邀请公众参与制定互联网监管的法规与政策,吸纳和反馈民间意见,以向政府提供处理建议等。② 这种"刚柔兼济"的治理方式,一定程度上有效保证了新加坡各项法律制度的顺利实施。

（四）韩国

　　相对于那些奉行网络自由主义的国家来说,韩国政府对待网络信息监管的态度则是截然相反,其扮演的是主导者与控制者的角色。在机构设置上,韩国通过设立网络安全委员会,下设道德委员会、专家委员会的方式,协同违法

---

① 参见赵雯君、马宁:《新加坡网络安全法律法规与管理体制》,《中国信息安全》2013年第6期。

② 参见赵雯君、马宁:《新加坡网络安全法律法规与管理体制》,《中国信息安全》2013年第6期。

及有害信息举报中心,共同负责网络日常巡逻、制定网站内容分级标准、有害信息的鉴别与评定标准、有害信息的监控与举报等工作。因为网络攻击事件频发,韩国还于 2010 年在国防部下设立"信息安全司令部",专注于提升和维护本国网络安全方面的工作。此外,韩国政府还于 2002 年至 2012 年期间在全国范围内强制推行"网络实名制",成为世界上首个强制推行网络实名制的国家。当然,这些机制出台和运行之背后,均少不了大量的法律规范作为支撑。

韩国网络监管立法体系采取的是普通法与专门法相结合的方式。其中,普通法主要包括《刑法》《青少年保护法》《版权法》等,还有有关电子商务、多媒体产业、信息通信等关键基础设施方面的法律规范,例如《互联网多媒体广播电视产业法》《电信通信工作法》《促进信息化基本法》《电信事业法》等。这些普通法里面均有涉及网络信息内容管制、信息保护、网络信息服务提供者行为规制等方面的内容。在网络监管的专门法方面,韩国制定有《促进信息通信网络利用以及信息保护法》,该法旨在促进信息通信网络的利用和保护信息通信网络用户的个人信息,同时强化信息通信服务业的职责;韩国还有专门规定个人信息保护问题的《个人信息保护法》,详细列明了个人信息公开、使用等规则,专门规定了窃取、侵犯个人信息的法律责任及损害赔偿标准等问题。韩国 2001 年还颁布《不当互联网站点鉴定标准》及《互联网内容过滤法令》,规定可对互联网内容实施鉴定与过滤,这为网络内容的审查和监管提供了法律依据。另外,韩国《通信秘密保护法》规定了通过电子邮件等方式发送不当文字、图片,造成严重损害时的刑事制裁措施等。

(五)小结与启示

比较观察美国、德国、新加坡和韩国等国既有的法律规范可以发现,各国均高度重视网络领域的立法工作。法治视野下,为实现网络治理权的审慎行使,需要构建一套完整涵盖网络规制模式、规制范围、组织体系、操作程序、审查原则等方面内容的系统法律制度,以作为权力运行的行动指南和基本依据。美国作为互联网技术的发源地和集大成地,其国会、政府和法院通过发布立法、行政命令及司法判例的方式,构筑起了一个涉及网络信息安全治理全局各方面问题的完整法律体系。这些法律制度,既有综合性立法,又有专门性立法。德国则更加偏重于制定综合性立法,着力于将网络信息规制的相关制度融入综合立法体系。新加坡和韩国的网络管制较为严苛,其尤其注重对个人信息保护和网络信息内容规范的的单独性立法,这在其立法体系上均有明确和具体的体现。发达国家的相关立法,既明确了权力主体规制网络信息的种种权力,也为权力运行的程序与边界等作了严格限缩。相比之下,我国是一个典型的成文法国家,针对网络新兴领域的治理活动本应制定更为严格、完善的法律规范。但直至目前,我国在网络方面的立法仍严重不足。既有立法一方面存在着位阶较低、体系分散之不足;另一方面,在具体制度的科学性、合理化、完整度等方面也存着着明显欠缺。① 尤其是对网络信息规制的原则、网络信息规制的程序、当事人对政府规制行为不服的救济机制等问题之规定,更是严重缺失。为此,我国有必要结合本土实践,并参考他国成熟作法,首先修订、完善既有各类规范的核心条款,并在此基础上着手制定一部统一的网络信息监管相关立法。唯有如此,方可适应现实需要,并妥善解决网络发展可能引发的各类信息安全纠纷问题。②

四、网络信息治理统一立法的基本原则

法的基本原则是法的灵魂,任何国家的法律都不可能没有基本原则。③法的基本原则贯穿于法的具体规范之间,同时又高于具体规范,它体现法的总体思想和价值理念,并对指导立法、执法和司法工作都有着非常重要的作用。网络信息治理领域的立法也不例外,明确该领域立法应当恪守的基本原则,不仅可以为立法活动提供重要理论依据,也可以为后续的执法和司法活动明确方向、奠定基础。党的十八大以来,以习近平同志为核心的党中央从国家宏观战略设计、治理理念创新等角度出发,就网络信息安全和网络信息治理等提出

---

① 参见郑晓均:《加快虚拟网络立法,促进社会管理创新》,《红旗文稿》2011 年第 16 期。

② 参见尹建国:《美国网络信息安全治理机制及其对我国之启示》,《法商研究》2013 年第 2 期。

③ 参见姜明安:《行政法与行政诉讼法》,北京大学出版社 2015 年版,第 64 页。

了一系列的新思想、新论断,党的十八届四中全会进一步提出要加强网络立法,依法规范网络行为,维护网络秩序。这些新思想、新论断、新要求,都是我国制定网络信息治理统一立法应当关注、遵守和回应的指导原则。同时,网络信息治理属于社会管理的一个微观场域和具体表现形式,现代法治尤其是行政法治的一些基本原则,无疑也应普遍适用于这一领域。在确立网络信息治理统一立法之指导原则时,应当同等兼顾国家大政政策和现代行政法治的双方面要求。

就既有学术研究而言,已有学者就网络信息治理立法应遵循的基本法律原则展开讨论,不同学者的看法既有差异也有一定共性。例如,张小罗认为,网络信息治理应当遵循以下三个方面的基本原则:一是合法性原则,即法律本身的制定要合法,权利的来源要合法,权利的行使要合法。二是程序正当性原则,即执法的程序应当合法、公开、正当、便民,这样才符合法治政府建设的要求。三是比例原则,即国家权力干预网络社会要把握好力度,平衡各方的利益,管得太死,则公民无自由,放的过宽,则不利于有害信息的治理。① 孙午生在《网络社会治理法治化研究》一书中,将这些基本原则归纳为:一是平衡适度原则,即国家监管网络信息时,必须留有适度空间,在治理与自由间寻求适当平衡。二是比例原则,即行使公权力所要达到的治理目的与公民权利的侵害之间要有一个合适的比例,它包括妥当性、最小侵害性和比例性三个方面。三是遵循规律原则,即对于网络社会的监管要采用更有利于网络社会发展的方式实施,它包括技术手段、执法方式、权衡利弊等。四是兼收并蓄,特色治理原则,即既要吸收国外借鉴性的好方法,又要结合本国基本国情,发展特色治理模式。② 韩德强、王冀鲁等则认为,网络空间之法律规制应遵循两大基本原则:一是一般性原则,包括合宪性原则、法治原则、民主原则、科学性原则。二是特别原则,包括保障安全原则、技术中立原则、促进互联网发展原则和权利保障原则。③ 另外,还有一些学者提出网络信息治理应遵循表达自由原则、尊重隐私原则、协同共治原则等。

---

① 参见张小罗:《论网络媒体之政府管制》,知识产权出版社 2009 年版,第 103—112 页。
② 参见孙午生:《网络社会治理法治化研究》,法律出版社 2014 年版,第 110—112 页。
③ 参见韩德强、王冀鲁等:《网络空间法律规制》,人民法院出版社 2015 年版,第 13—19 页。

通过以上论述可以看出,学术界虽然对网络立法的基本原则尚存分歧,但共识已经开始形成,既有观点基本糅合了现代行政法治基本原则与网络空间治理规律两个方面的因素。但有些原则,在针对性和科学性等方面尚有待取舍、整合。例如,合法性原则——它作为行政法的一项最基本原则,相当于是一切行政行为的前提和基础要求,其可以适用于行政部门法的一切领域。网络信息的治理与监管,一定程度上可以视为行政法部门内的一个分支,因此必然且应当遵从合法性原则。泛泛提出合法性原则,并不能充分体现网络信息治理立法原则之针对性与基本特色。再如,平衡适度原则和比例原则之内涵有重叠——前者指网络治理与网络自由之间的平衡,它所体现的是行政权与公民自由权的合理配置问题;后者指立法目的之达成与人民之负担要达成最优比例,它所反映的也是如何在公权力干预与对私权利的最小损害间达到合理状态的问题。综合这两个原则来看,其实是可以合二为一的,即行政均衡。总体而言,网络信息治理立法之基本原则,一方面应符合行政法治的根本目的和价值理念,另一方面也应突出网络社区治理的独有特色,需要具有一定的概括性、认同度和专业性。笔者在综合分析以上所有观点基础上,结合网络信息治理的特点和价值追求,尝试提出以下五个方面的统一立法原则:

（一）维护网络信息安全原则

在网络化和信息化迅猛发展的今天,电信、金融、能源、交通、国防等领域的网络信息已经深度融合到我们社会生活的方方面面,云计算、大数据、物联网等新的技术和应用也正在影响和改变着我们的生活方式。如此复杂的网络环境之中,牵涉到国家和亿万人民的利益安全,可以说维护网络信息安全俨然已构成网络社会存在和发展的首要原则,也是我们在制定统一立法时应当时刻恪守的根本原则。网络社会要想稳定、可持续的发展,迫切需要稳固的网络信息基础设施建设和有效的网络信息安全保障机制。制定网络信息监督管理法之主要目的即是确保以政府为代表的公权力机关介入维护网络信息安全有法可依,且边界分明。因此,维护网络信息安全原则应当成为指导相关立法的一项基本原则,是毋庸置疑的。

（二）保障网络表达自由原则

人们进行网络社会活动的重要方式之一就是参与网络信息的表达与传播。世界上很多国家的法律均对言论自由持高度保护立场。例如，美国《宪法》修正案第一条规定："国会不得制定关于下列事项的法律：……限制言论自由或出版自由……"。德国《基本法》第五条第一款规定："……人人都有以语言、文字和图像自由表达和传播的权利……"。我国《宪法》第三十五条也明确规定："中华人民共和国公民有言论、出版、集会、结社、游行、示威的自由。"该条款将公民的言论自由视作一项基本的政治权利来加以规定，由此可见言论自由在公民权利中的重要性。

不过，自由固然重要，但也不是绝对的，它必须在不触碰法律底线和遵守基本伦理道德的情形下行使，它是一种安全和秩序基础上的相对自由。如今，浩如烟海的网络信息也对网络安全带来了新的威胁与挑战。以政府为代表的公权力机关介入治理网络信息，具有必要性也获得了一定的社会共识与认可。但在这个过程中，不可避免地又会损害到民众的表达自由权益，两者之间无时不刻不存在着一种辩证矛盾。然而，法律的目的正是为了维护和扩大自由，而不是限制或废除自由。受法律支配的人类社会生活实践已经无数次证明，哪里没有法律，哪里的自由就将缺失。① 因此，在尊重人权、重视法治的当今社会，无论网络信息应当接受治理的呼声和必要性有多高，在治理过程中，尤其是在制定治理法律规范过程中，必须充分重视表达自由权益之维护问题。在立法之全程，都要重申并切实贯彻落实保障网络表达自由之基本原则。

（三）行政均衡原则

现代行政法面临的一个核心问题是如何将国家权力的行使保持在适度、必要的限度之内，特别是在法律不得不给执法者留下相当的自由空间之时，如何保证裁量是适度的，不会为目的而不择手段，不会采取总成本高于总利益的行为，这是行政法治建设的一大难题。② 解决这个问题需要通过在各种相关

① 参见［英］洛克：《政府论》（下篇），叶启芳、翟菊农译，商务印书馆1964年版，第36页。
② 参见余凌云：《行政法讲义》，清华大学出版社2014年版，第83页。

利益间权衡、取舍,通过维护一种恰当比例,来实现各种利益间的相对均衡,这也体现了行政均衡原则的基本目的与功能。根据行政法一般理论,行政均衡原则应包括两项具体要求:一是行政手段与行政目的之间的均衡,手段应具有适度性和正当性,以确保损害最小;二是各法益相称(利益或价值的均衡),①若不遵守法益相称,将可能导致行政行为无效,还可能导致国家赔偿。网络信息安全维护与网络表达自由保障,就是一对典型的具有冲突特点的利益关系。通过行政均衡原则来实现两者间的平衡,则属于网络信息治理立法和适用过程中应当慎重考虑的一大难题,也是应当坚守的一项基本原则。

(四)正当法律程序原则

随着法治程度的不断提高,程序正当性问题日益为人们所重视。如今学术界的普遍共识是,程序正当性与最终结果的实质正义间有着内在的关联,②两者关联密切且具有相对独立的价值。在西方法治发达国家,正当程序原则是其行政法上带有普遍共识的重要基本原则。③ 在我国,"重实体、轻程序"的传统积弊在网络信息治理问题上依然严重,其结果是增加了治理权力滥用的随意与恣意风险。从法理上讲,正当程序原则包括程序正当和程序公开等多方面的内容,它强调程序正义的理念应当贯穿于行政行为的全过程,尤其是行政主体拟作出限制或减损相对人合法权益的行政行为时,必须恪守正当法律程序的基本要求,包括事前告知、说明根据和理由、事中听取陈述和申辩、事后提供相应的救济途径等。另外,程序正当与否还是事后行政行为接受司法审查的必要对象。按照正当法律程序原则之要求,我国网络信息治理相关立法应在通知——删除、行政参与、教示、行政公开、说明理由等系列具体程序构建与完善方面,作出更多、更全的规定与设计。

---

① 法益相称又称利益或价值的均衡,指行政行为介入时,不可避免的会打破原来权益分配的秩序,从而引起双方或者多方间利益的冲突,在这种情况下必须进行利益的衡量,以求最有价值的解决方式。

② 参见余凌云:《行政法讲义》,清华大学出版社2014年版,第102页。

③ 参见姜明安:《行政法与行政诉讼法》(第六版),北京大学出版社2015年版,第74页。

(五)政府监管与社会监管相结合原则

如前文所言,我国的网络信息治理,政府目前依然处于主导地位,行业自律等社会监督力量未能得到充分发挥。政府主导式的治理方式,不仅导致了很多权力滥用现象,还往往因未能充分调动更为广泛的社会治理力量,而影响治理效率,导致各类网络有害信息依旧泛滥。在网络社会日趋复杂化的今天,单靠某一方力量来治理好网络几乎是不可能的,而让政府逐步远离网络信息治理的"最前线",将更多的任务交由网络企业和行业组织完成,则是世界性的主流趋势。具体来说,政府行为立基于国家实力和国家强制力保障之上,其主导优势可在网络基础设施建设和网络物理空间安全维护方面得以延续和强化,包括网络企业、行业组织、网络用户等在内的其他社会力量可以承担配合、协作功能。① 但在网络舆论规范与引导、网络有害信息治理领域,则要淡化或减少政府的主导作用,更多强调各类社会治理力量的积极参与和功能发挥。以网络行业组织为代表的社会治理力量,相较于政府的直接干预式治理,具有诸多独特优势,他们在相关领域通常掌握更高的专业知识和更直接的实践知识。非正式的自律规则往往也更灵活,能够减少决策成本。而且建立在自律和自愿基础上的规则和决定,还易于被自觉接受并执行。② 法治视野下,针对网络有害信息的行政监管与社会监管之间,应当是互相协调、互相配合、相互监督的关系。且在大多数情况下,应当搭建社会内部监控为主、行政外部监督为辅,社会自律为主、行政强制干预为辅的治理格局。

五、网络信息治理统一立法的主要制度构建与条款设计

从国外网络信息治理经验与我国治理实践的现实需要出发,我国网络信息治理的关键在于政府等部门要逐渐克服传统管控思维、更多坚持柔性治理与间接治理理念,理性接受与应对新型的网络舆情环境及其所引发的执政压力,实现政府治理理念由管控到协商、从被动到主动、从强制到疏导的系列积

---

① 参见张志安:《网络空间法治化——互联网与国家治理年度报告(2015)》,商务印书馆2015年版,第8页。

② 参见张小罗:《论网络媒体之政府管制》,知识产权出版社2009年版,第182—183页。

极转变。① 在立法方面,则要尽快改变现行法规、规章纷杂混乱的局面,修复现行制度的内在缺陷,增强相关条文的科学性、可操作性,最终提升统一立法质量。笔者通过对网络信息治理既有相关法律、法规、规章的梳理与比较,对本书前述章节内容和基本观点的总结与归纳,并在借鉴国外成熟立法经验的基础上,就我国"网络信息监督管理法"的基本框架、主要制度与核心法条,草拟了如下建议,并就立法理由予以了简要说明,勉力为后续立法实践提供初步借鉴:

网络信息监督管理统一立法建议分为六个部分,包括总则、监管机制、权利和义务、监管措施及适用、监管程序、执法监督与救济。

（一）总则

本章宜从总体上阐述我国网络信息监管的立法目的与基本要求,具有总括性、原则性和宣示性,是指导整部法律的总纲。本章要点宜包括:立法目的与宗旨;适用范围;网络有害信息基本范围;基本原则;协同监管;权力监督。建议主要规定如下几个方面的问题:

1. 立法目的与宗旨

建议条款拟定为:为了规范网络信息的传播、流通与利用,维护网络空间的安全和秩序,保护公民、法人和其他组织网络环境下的合法权益,促进网络产业和网络社会的健康发展,制定本法。

立法理由:无论制定何种立法,立法目的均不可或缺,一般情况下也应当将这种目的形成为具体的法律条文。② 按照立法的传统惯例,立法目的宜设置于总则的开篇部分。"网络信息监督管理法"之立法目的与宗旨设计主要基于以下三个方面的考虑:一是网络信息的传播、流通和利用需要加强规范,传播、流通和利用自由应当以合法性和规范性为前提。二是只有化解了网络空间中日益突出的隐私、安全、侵权、反动等风险和威胁,才能使国家、社会和

---

① 参见张志安:《网络空间法治化——互联网与国家治理年度报告（2015）》,商务印书馆2015年版,第10页。

② 参见周旺生:《立法学》,法律出版社2009年版,第485页。

个人充分享受网络稳定发展带来的各项利益。三是针对网络空间和网络信息的监管,既要维护安全秩序,也要高度重视网络用户的表达自由、信息利用等基本权益,并关注网络新兴产业和网络社区本身的可持续发展问题,秩序、权利与效益应当得到均衡对待。

2. 适用范围

建议条款拟定为:在中华人民共和国境内从事建设、经营、维护和使用网络,以及对网络信息的监督和管理,适用本法。

立法理由:本法的适用对象为网络用户及为维护网络空间运转而从事网络建设、运营和维护的组织和个人。另外,本法也是有关监管机关、行业组织等从事网络信息监管和执法的依据,相关主体的执法权限也受本法制约。

3. 网络有害信息基本范围

建议条款拟定为:本法所称网络有害信息,指利用互联网进行制作、复制、发布、传播的含有危害国家利益、违反社会公共利益、侵犯他人合法权益内容的信息,包括文字、图片、影音视频等形式。

任何组织或者个人不得利用网络发表、传播含有危害党和国家安全,泄露国家秘密,颠覆国家政权,破坏国家统一,损害国家荣誉和利益,煽动破坏民族仇恨、民族歧视、民族分裂的有害信息。

任何组织或者个人不得利用网络发表、传播含有损害社会公德、社会优秀文化传统,侵害民族风俗习惯,扰乱社会秩序,破坏社会稳定,含有淫秽、色情、暴力、凶杀、恐怖内容的有害信息。

任何组织或者个人不得利用网络发表、传播含有侮辱、诽谤他人,侵犯他人隐私、商业秘密等合法权益的有害信息。

立法理由:本条是关于网络有害信息范围的界定,采取的是概括加列举式的条款设计模式。在我国,国家、社会、个人的三分结构往往被作为讨论权力、权利、制度等现实问题的基本背景。① 故在网络有害信息的类型划分上,宜根据有害信息针对对象和权益之不同,将其划分为网络政治性有害信息、网络社

---

① 参见李拥军:《论市民社会的权利——对个人、社会、国家权力关系的一种解析》,《华东政法学院学报》2005 年第 4 期。

会性有害信息和网络有害私信息三类。①

这样划分的主要价值在于,治理主体在进行网络信息监管时可针对不同类型的有害信息采取差异化的治理措施。对于网络政治性言论,要慎重对待,应当摒弃"家长制作风",坚持宽松治理立场。正如习近平总书记所讲的,开明的国家治理,需要营造一个宽松的舆论表达环境,让人们能够自由批评、监督政府,实现权利的规范有序行使。② 对于网络社会性有害信息,由于其形式多样,涉及面广,危害性也强,是网络信息治理的重点。故对此类有害信息要保持警觉态度,应遵循"明显而即刻危险"的标准对其加以限制。对于网络有害私信息,它针对的往往是个人、组织自身的合法权益,这类信息的侵害对象较为特定,一般不涉及国家或者社会公共利益或涉及较少,故在治理此类信息时,应当充分尊重当事人意愿,其"有害性"理应以被侵权人自行提出异议为前提。③

4.基本原则

建议条款拟定为:国家保护公民、法人和其他组织依法行使网络表达、利用等基本权利,提升网络信息安全和服务水平,保障网络信息有序自由流通。

网络信息监督管理应当尊重互联网发展规律,坚持政府监督、行业自律、网络企业和公众参与相结合的原则。

网络信息监督管理应当遵守正当法律程序原则。

立法理由:以政府为代表的各类主体在治理网络有害信息时,应当坚持行政均衡原则,即应维护网络信息内容安全,也应保障网络用户的表达自由等基本权益,还应关注网络新兴产业的健康发展问题,故在各类利益间保持平衡,是网络信息治理应当恪守的首要原则。同时,网络信息治理活动本身是复杂的,其涉及面广,仅靠政府部门难以完成全局治理任务,故应充分调动行政治理、行业自律和社会治理等多维力量,通过多方面的协同配合达致最佳治理效果。另外,现代行政法治原则也对网络信息治理的正当法律程序提出了更多、

---

① 参见尹建国:《我国网络有害信息的范围判定》,《政治与法律》2015 年第 1 期。
② 参见《习近平在第十二届全国人民代表大会第一次会议上的讲话》,《人民日报》2013 年 3 月 17 日。
③ 参见尹建国:《我国网络有害信息的范围判定》,《政治与法律》2015 年第 1 期。

更高的要求,健康有序的治理程序,不仅是依法治网的基本要求,也能够确保实质治理行为和决定的妥当与合理。

5. 协同监管

建议条款拟定为:国家成立统一的网络安全和信息化建设领导机构,制定实施国家网络安全和信息化发展战略、宏观规划和重大政策,统筹、指导、协调和督促有关部门加强网络信息内容的监督管理。

网络行政主管部门在法律规定的范围和幅度内,依法行使网络有害信息的认定、处理等执法权力。

网络行业组织和机构有权制定网络行业自律规范、产品和服务规范、行业评价规范等,依法积极参与网络有害信息治理工作。

其他组织和个人可以对危害网络安全、扰乱网络秩序的有害信息依法行使举报、批评、建议等权利。

立法理由:如本书第八章所言,我国网络信息的现有治理主体,包括行政机关、党委部门、行业组织、网络企业、意见领袖、网络用户等多种类型。现有治理主体尚存在职责不清、职能交叉重复、权责不统一、联动机制不健全等诸多不足。重构一套"职能清晰、权责统一、层级分明、分工协作"的组织系统,是实现网络信息治理法治化的基本保障。为达致该目标,有多种改革建议可兹参考:一是单设网络信息政府主管部门;二是实现电信、广电与互联网等管理部门的"大一统";三是构建网络信息协调管理工作机制。法治视野下,网络信息治理主体之重构应兼收并蓄各改革方案之优点,应在"综合协同"的大前提下,通过适用相对集中行政处罚权制度,对传统行政主体的职能进行精简重构,同时限制党委等部门的具体执法权,并进一步发展行业组织、网络企业、舆情领袖及普通网民等社会主体正面的治理参与权。治理主体的重构设想,可通过本条得到具体体现与落实。

6. 权力监督

建议条款拟定为:任何组织或个人不得滥用网络信息监督管理权力,超越法律规定的范围和幅度,对公民、法人或者其他组织合法利用网络表达观点、思想的自由进行限制或剥夺。

公民、法人或者其他组织有权依法对网络监管部门的工作进行监督。

公民、法人或者其他组织对网络监管部门所给予的处罚或强制措施,享有陈述、申辩的权利;对处罚或强制措施不服的,有权依法申请复议或者提起诉讼;因监管部门违法行为受到损害的,有权依法要求赔偿。

立法理由:网络信息监管和对监管权力的监督间,是一种相互制约的辩证关系。本条从保护网络用户表达自由、信息利用等基本权益角度出发,明确了网络有害信息治理权应当接受法律保留原则限制的核心要求,立法者和执法者应当通过制度设计和具体落实,确保网络信息安全维护与网络表达自由保障等权益得到同等重视与兼顾。

（二）治理机制

治理机制反映了我国网络信息治理的整体制度设计和倾向,它既包括宏观层面的基本政策,也包括微观层面的具体制度,具有前瞻性和可操作性,是实现网络治理法治化的核心。本章应将我国网络信息治理近年来的成熟理论和有效经验以制度的形式确定下来,其主要应包括以下几个部分:网络自律机制;网络文化宣传与教育;未成年人特殊保护制度;网络信息内容分级制度;网络实名制度。

1. 网络自律机制

建议条款拟定为:网络行业组织和网络运营企业应当恪守职业道德,加强行业自律,制定和推行自律准则和行动指南,依法进行网络运营工作,为用户提供安全、可靠的信息通信服务。

立法理由:自律是道德进行社会控制的重要机制,它与法律之间存在相互依存、相互促进的关系。与更为关注人们内心良知与动机因素的道德不同,法律主要调整的人与人之间的外部行为与外部关系。有学者指出,道德与法律"都在热切地推行某些行为标准,没有它们,人类社会将难以存续,而在这许多基本标准中,法律和道德彼此声援补充,构成社会生活的经纬。"①"使道德规范得以实现的并不是外部的物理性强制与威胁,而是人们对道德规范所固有的正当性的内在信念。因此,道德命令所诉诸于的乃是我们的内在态度、我

---

① 参见[英]丹尼斯·罗伊德:《法律的理念》,张茂伯译,新星出版社2005年版,第43页。

们的良知。"①显然,道德机制作为社会控制的一种方式,具有法律以及其它外力方式所不具有的优势。正因如此,我国一贯强调道德治理的重要性,并将德治与法治同等视为现代国家治理体系的重要组成部分。网络社会的治理同样如此,其在践行法治的同时,也离不开网络行业的自律和自治,良善的网络治理应是网络法治和网络自律相结合的运行机制。

2. 网络文化宣传与教育

建议条款拟定为:国家重视和发展网络文化的宣传、教育,倡导文明上网,鼓励人们自觉抵制不良网络文化的传播。

立法理由:网络德治的推行,既需要行业组织与网络运营者的自发行动,也需要国家整体层面的战略设计和积极参与。互联网空间作为现代国家治理的重要领域之一,不能忽视道德治理的作用。在因袭法律治理、政策导向的基础上,同样需要重视和发挥道德规范的优势,需在法律的体系与规范之中融入或体现道德的精神与力量,要实现两者的相辅相成,彼此配合。② 设置本条的目的之一,即是将道德手段以法律形式明确下来,以作为网络治理的重要方式。具体到实践环节,后续还可制定进一步的细则或操作规范,鼓励和引导网络参与主体在网络信息获取、发布、浏览以及网络社会交往、网络服务提供等方面,加强自我约束和自我控制,建立自审、自查制度,善待和善用自身的网络行为,尊重和维护他人的网络权益及网络社会的整体利益。

另外,网络用户网络素养和教育水平的提升,对于净化网络环境也起着至关重要的作用。国家相关部门还应当组织网络文化宣传,科普网络知识教育、上网防护技能等,以此培养人们特别是青少年群体文明上网、健康上网、安全上网的意识。

3. 未成年人特殊保护制度

建议条款拟定为:国家通过制定网络管理政策与制度,在必要范围内为过滤网络有害信息提供技术支持,切实保护未成年人免受网络有害信息侵害。

---

① 参见[美]博登海默:《法理学——法律哲学与法律方法》,邓正来译,中国政法大学出版社 2004 年版,第 389 页。

② 参见龙静云:《道德治理:国家治理的重要维度》,《华中师范大学学报》(人文社会科学版)2015 年第 3 期。

未成年人的监护人应当切实履行监督和管理职责,警惕和预防网络有害信息侵入,引导未成年人安全文明上网。

网络公共营业场所应当提供安全健康的上网环境,依法采取相应技术手段,对未成年人上网采取必要的限制接入、过滤和屏蔽等措施。

立法理由:在网络日益普及的今天,如何在保障未成年人享受网络信息社会便利化的同时,更好地为其创造健康的上网环境,规避网络有害信息的负面影响,是各国普遍面临的重要议题。许多国家和地区都已经在立法实践中对此作出努力,整体而言,相应立法模式主要有专门立法保护和分散立法保护两种。

其中,专门立法保护的典型国家是美国。① 为保护未成年人的在线活动,美国国会先后通过《抵制儿童色情法》《传播庄重法》,规定了制作和传播侵犯未成年人合法权益网络有害信息的法律责任。② 在美国最高法院通过"雷锗诉美国公民自由联盟案"判决《传播庄重法》限制淫秽言论之外其他言论违宪和无效之后,③美国国会于 1998 年又通过了《儿童在线保护法》,以限制未成年人在网络上接近任何对其有害的材料。然而,该法实施不久又遭到地区法院对其颁发的禁止令,和《传播庄重法》的命运一样,2004 年最高法院支持了地区法院对该法实施的禁止令,判决该法违宪。在这种情况下,美国又于2000 年 12 月通过《儿童互联网保护法》,规定希望获得联邦政府资助购买电脑或接入网络的学校和图书馆,必须加装相应过滤软件,以屏蔽"属于淫秽或儿童色情的图像,防止未成年人获取对其有害的材料"。④ 上述法律从制定、废止到再制定,始终都是围绕着针对未成年人的专门立法保护与保护成年人言论自由这样一对矛盾问题展开,尽管过程曲折,但最终还是在两者间实现了基本平衡,美国针对未成年人网络保护的专门立法也自此进入"过滤"时代。

英国则是采取分散立法保护模式的典型国家,英国对未成年人网络活动

---

① 本书"网络信息治理的域外经验及其启示——以美国为例"一章,对美国未成年人网络权益保护相关立法及判例也有较为详尽的介绍。

② 参见张志安:《网络空间法治化——互联网与国家治理年度报告(2015)》,商务印书馆2015 年版,第 52—55 页。

③ See Reno v.American Liberties Union,117 S.Ct.2329(1997).

④ See Children's Internet Protection Act(CIPA),P.L.106-554,20 U.S.C.§7001.

的保护主要是通过其他各类立法的具体条款和相关判例法来实现的。例如,英国《1994 年刑事正义和公共秩序法》规定,电子传输可以被认为是一种出版行为,其在第八十四条原条款"照片"之后增加了"虚拟照片"表述;2001 年出台的《2011 年电子出版物法》,对电子出版物的范围和管理制度作出了新的规定。[1] 上述条款均可适用于针对未年人网络信息保护的司法案件。1991 年11 月,还曾出现一宗因犯罪嫌疑人在网络下载有伤风化的儿童照片,而被认定违法并被判处四个月监禁的典型司法案件。[2]

我国对于未成年人网络权益的立法保护,目前主要采取分散立法模式。例如,我国《未成年人保护法》第三十三条、三十四条规定"国家采取措施、推广新技术预防未成年人沉迷网络"、"禁止向未成年人出租、出售、传播含有淫秽、暴力等的图书、报刊、网络信息";第三十六条规定"中小学校周边不得设置上网营业场所"。从法律条文内容来看,规定地尚较为简略,有关未成年人隐私泄露、网络犯罪、自主接触有害信息等方面的问题还没涉及。在网络日益普及并构成未年人学习、休闲、娱乐必不可少场域和工具的今天,更进一步重申对未成年人网络合法权益保护的必要性,并明确各类主体的相应职责与义务,十分必要。本条的设置,拟通过"三阶层"的方式来实现对未成年人安全上网、文明上网权益之保障。这三个阶层各自发挥着不同的作用:在国家层面上,主要通过政策制定、技术措施来履行宏观监管职责;在未成年人监护层面,家长、学校等监护主体应当履行好教育、引导、预防和具体监督义务,引导未成年人养成文明上网意识,识别并自觉抵制网络有害信息;网络公共营业场所则应当采取严于普通人上网的措施,规范未成年人的网络使用和参与活动,相关措施可以包括禁止接入、屏蔽和过滤等具有强制性的干涉手段,并可结合网络信息内容分级制度具体实施,但必须符合法律规定的范围和强度。

4.信息内容分级管理制度

建议条款拟定为:国家依法对暴力、淫秽(性)、粗俗语言、歧视等网络信息内容实行分类、分级管理,各监管主体、行业组织、网络企业等应当遵循分

---

[1] 参见张志安:《网络空间法治化——互联网与国家治理年度报告(2015)》,商务印书馆2015 年版,第 48 页。

[2] See R.v.Bowden,2 ALL ER 420(2002).

类、分级标准,履行各自的职责和义务。

　　立法理由:网络信息内容分级能在维护未成年人网络合法权益的同时,最大限度减少对公众表达自由等基本权益之侵犯,在我国推行该机制具备正当性。在美、英、德等地,网络信息内容分级业已广泛采用,并发展出系列成熟分级方法与实体制度。比较借鉴相关经验并结合我国实际,可从多维角度对我国网络信息内容分级机制予以建构:分级应遵循法益均衡,政府监督、行业自律和公众参与相结合及正当法律程序原则;分级信息范围应集中于暴力、淫秽(性)、粗俗语言、歧视四方面;年龄分级可区分为所有人群、六周岁以上、十周岁以上、十四周岁以上、十八周岁以上五个级别;分级主体宜定位于行业组织下设的委员会;应从定级、过滤认证和定级异议三方面完善相应程序设计。①该条是针对网络信息内容分类、分级制度的整体规定,关于具体的分级信息范围、分级层级、分级程序、异议救济等问题,可通过发布实施细则等方式作出更进一步规定。

　　5. 网络实名制

　　建议条款拟定为:网络用户在从事电子商务、电子金融、电子政务、网游等网络行为时,应当向网络运营平台提供个人真实身份信息。

　　网络运营平台等获取网络用户个人信息的机构,应当建立完善的信息安全保障机制,切实保护用户的信息安全。除因涉嫌违法、犯罪、侵权原因,由公安机关、人民法院或者人民检察院等依照法定程序调取信息外,不得向任何主体泄露网络用户个人信息。

　　立法理由:诸多案件证明,表达匿名性是网络言论趋于失序、非理性或暴力的重要原因之一。② 近年来,网络实名制度构成我国网络信息治理实践中呼声很高的一项重要实体制度,推行该制度有利于增强网络用户的规约意识和责任意识,能够有效防范网络造谣、诽谤、侮辱、煽动等侵权、违法和犯罪行为。但全面、彻底、强制式的网络实名制,又可能限制公民表达自由权和批评监督等合法权益。因此,我国网络实名制的实施必须被严格界定在有限的范

---

　　① 参见尹建国:《网络信息内容分级机制研究》,《中国行政管理》2016 年第 10 期。
　　② 参见肖燕雄、陈志光:《匿名、假名与实名之别——以铜须事件为例解析网络论坛中的网民行为》,《当代传播》2007 年第 4 期。

围之内。目前来看，我国网络实名制适宜采用"前台自由，后台实名"的间接实名制，且应首先从信息安全威胁程度更高的电子商务、电子金融、电子政务、网游等行业和领域展开，社区论坛、即时通讯平台、博客等自媒体空间则应待社会共识进一步成熟时再考虑全面推广。同时，为保障网络实名制得到实际的贯彻落实，还需辅之构建与完善个人信息数据保护、"双网分离"的网络身份信息管理及网络取证等具体的配套支撑制度。

（三）监管措施及责任

"监管措施及适用"在整部立法和实际执法过程中均居于中心地位。就法条设计而言，本部分内容应当立足现实，要兼具必要性、合理性和可操作性。综合本书前述章节内容及域外网络信息治理相关立法，网络信息治理的具体处理措施，大致可以分为四类：技术性措施，主要包括删除、关键词屏蔽、断开链接等；申戒性措施，主要包括警告、通报批评、计入社会信用档案等；强制类措施，主要包括封禁账号、关闭网站、查封相关设备等；处罚类措施，主要包括人身罚和财产罚两种形式。这几类措施，可根据案件的具体情况，选择其中的一种或几种适用。本章立法拟包括以下几个方面的问题：监管措施类型；网络服务提供商监管措施；通知——删除规则；网络用户法律责任；网络服务提供商法律责任。

1. 监管措施类型

建议条款拟定为：网络信息监督管理机关发现含有本法所规定有害内容的网络信息时，可以通知网络服务提供商采取必要技术性措施阻止该有害信息传播，并可依法对相关责任主体作出警告、通报批评、罚款、拘留等处罚措施。

立法理由：本条是关于监管措施类型和具体适用的概况性规定，具体选择哪种监管措施，应当结合所查处有害信息的性质、影响范围、可能造成的危害程度等因素综合考量。但在处置网络有害信息及其责任主体时，应当严格恪守法定标准、范围和幅度。另外，在倡导"柔性监管""间接治理"的大背景下，网络行政监管机关在发现网络有害信息时，应当首先要求网络运营商采取必要措施；仅在情势紧急、危害性大或者网络运营商没有相应的能力达到阻止有害信息传播目的时,监管机关方可自行采取相应强制手段。同时,网络行政监管主体对责任主体采取处罚、强制措施时,还需有法律和行政法规的明文规定,不得恣意行政,具体的处罚措施和力度可以通过整合既有其他立法条文内容和发布实施细则的方式进一步明确。网络行政监管机关对有害信息和责任主体所采取的强制和处罚措施,属于行政复议和行政诉讼的受案范围,当事人不服处理措施的,还可以依法寻求法律救济。

2. 网络服务提供商监管义务

建议条款拟定为:网络服务提供商发现其经营的网站、平台存在法律明文规定的有害信息传播时,可以采取删除、屏蔽、断开链接等技术措施以阻止该有害信息的传播。

立法理由:网络服务提供商既是网络信息监管的对象,也负有一定的监管职责。在作为监管参与者时,他们主要是基于与网络用户之间的"服务协议"开展活动的。在网络用户选择使用运营商产品或服务前,一般均需要进行注册,并接受相应服务协议,该服务协议中一般都对网络服务提供商可以采取的监管措施作有规定。例如《腾讯服务协议》中就有这样的规定:"如果腾讯发现或收到他人举报您发布的信息违反本条约定,腾讯有权进行独立判断并采取技术手段予以删除、屏蔽或断开链接。同时,腾讯有权视用户的行为性质,采取包括但不限于暂停或终止服务,限制、冻结或终止 QQ 号码使用,追究法律责任等措施。"[1]依照该服务协议,腾讯公司在必要的时候有权采取这些措施,腾讯公司的这种权力其实也为大多网络服务提供商所共享。

3. 通知——删除规则

建议条款拟定为:网络用户认为网络信息存在侮辱、诽谤、侵犯个人名誉权、隐私权、商业秘密、知识产权等情形时,有权向网络服务提供商和网络行政主管机关提出异议。

权利人向网络服务提供商发出侵权通知后,网络服务提供商应当删除信息并向信息发布者转送通知;信息发布者接通知后,若认为信息未侵权,可提

---

[1]　参见《腾讯服务协议》,http://www.qq.com/contract.shtml,最后访问时间:2016 年 10 月 9 日。

交反通知;网络服务提供商接反通知后,应恢复信息并向权利人转达反通知;权利人接反通知后,若不服可依法向人民法院提起侵权诉讼。

立法理由:对于涉及个人利益的网络有害私信息,一般应根据被侵权人的意愿实施处理措施。具体而言,对于实名发布的有害私信息,权利人可向网络服务提供商发出侵权通知,网络服务提供商应删除信息并向信息发布者转送通知;信息发布者接通知后,若认为信息未侵权,可提交反通知;网络服务提供者接反通知后,应恢复信息并转达反通知;权利人接反通知后,若不服可向法院起诉,通过侵权之诉解决民事纠纷;对于还需承担行政违法责任的事由,权利人可同时向行政机关举报、投诉,由行政机关居间决定是否补充实施行政处罚。对于匿名或化名发布的有害私信息,网络服务提供商在接到侵权通知后,因无法向权利人提供反通知和发言者的真实信息,可根据行业自律规则和企业精神、与用户缔结的经营协议等,自主决定是否删除信息。对其处理决定,任何一方当事人不服,均有两种选择:一是以网络服务提供者为被告向法院起诉,由法院根据《侵权责任法》《合同法》等法律判定其是否应删除相关信息,并承担赔偿责任。二是向行政机关举报、投诉,行政机关若认为相关信息构成行政违法,可要求删除并处罚;若认为仅构成民事侵权,应告知举报人通过民事诉讼途径主张权利。通过建立信息发布、利用者和权利人间的身份披露机制,搭建双方的沟通交流渠道,畅通和鼓励司法求诉路径,可压缩政府的滥权风险,也降低其涉入私益纠纷的法律风险,还可最大程度保护信息发布和利用者的合法权益。这种"通知——删除"规则,不仅有本书"网络有害信息的范围判定"一章所列具体理由,也有域外成熟立法可供参考。例如,韩国《促进信息通信网络利用以及信息保护法》第四十四条之二规定:以公开于众为目的通过互联网提供的信息侵犯他人私生活或有损他人名誉的,被侵权人可通过存管该信息的人说明侵权事实,并要求删除,信息通信服务提供者应当在第一时间采取删除、临时措施等必要措施,并立即通知信息发布人。①

4. 网络用户法律责任

建议条款拟定为:网络用户擅自利用互联网发布、传播有损国家、社会、他

---

① 参见中宣部政策法规研究室、北京大学互联网法律中心编:《国外互联网法律文件选编》,学习出版社 2014 年版,第 1016 页。

人利益的言论、文字、图片、音视频等,应当依法承担相应的法律责任。

立法理由:本条是关于网络用户法律责任的概括性规定。一般来说,网络用户利用网络散布违法、犯罪信息的行为可以归纳为三类:第一类是危害国家安全等利益,这种行为带有煽动性和颠覆性,危害性大,后果严重,在严格限定其范围基础上,要给予严厉打击。第二类是实施扰乱社会秩序、破坏社会稳定的违法行为,主要包括利用互联网散布淫秽、色情、赌博、暴力、凶杀等信息,或者虚构事实、散布谣言以此扰乱社会秩序。第三类是实施危害个人或者组织利益的行为,主要表现为泄露他人隐私、侮辱、诽谤、谩骂他人、侵犯他人(组织)知识产权、商业秘密等。执法机关要结合具体情况,并参照治安管理处罚法、刑法等的规定来区别对待,其中可能涉及的责任方式有民事责任、刑事责任、行政责任等。行为人受到行政处罚后不影响受害人依法要求其承担民事赔偿责任,也不能以行政责任代替刑事责任。

5. 网络服务提供商法律责任

建议条款拟定为:网络服务提供商明知或应知自己经营的网站存在违法或犯罪信息而不及时采取有效措施消除损害的,应当依法承担相应的法律责任。

网络服务提供商接到被侵权人删除有害信息的合法通知后,怠于采取相应措施,导致被害人损失扩大的,应当就被害人扩大部分的损失承担损害赔偿责任。

立法理由:网络服务提供商承担法律责任的原因主要有以下两种情形:一是专门为从事违法犯罪活动而成立网络运营公司;二是由于自身的过错,没有履行应尽的监管义务,导致违法或侵权结果。前者性质恶劣,危害性大,这样的经营主体应当依法取缔;后者则要区别对待,要考量其过错大小和造成的危害后果等因素,来判断其相应法律责任。其民事责任之承担,要符合《中华人民共和国侵权责任法》第三十六条的相关规定。

(四)监管程序

程序合法是网络信息治理法治化的重要标准和基本要求之一,我国既有网络信息管理法律法规大多主要规定实体法方面的内容,涉及程序问题的立法条款较少,需要得到重点补充与完善。根据本法适用主体、调整对象和权利义务关系内容等特点,本法所涉及的法律程序宜包括以下几个方面的问题:程序性原则;一般程序;救济程序;简易程序。

1.程序性原则

建议条款拟定为:网络信息监督管理部门在进行网络执法时,应当采取有助于目的实现的手段和措施。可以采用多种方式时,应当选择对相对人损害最小的方式。

网络信息监督管理部门在执法过程中,应当平等对待利益相关主体,公开执法依据与过程,保障相对人的程序参与性权利。

立法理由:本条是关于网络信息治理执法程序原则的概况性规定,具体包括有限治理(比例)原则、公平原则、公开原则、参与原则等内容。执法程序性原则是贯穿于执法过程始终、执法主体必须遵循的基本行为准则。

2.一般程序

建议条款拟定为:网络信息监督管理部门发现涉嫌有害的网络信息时,应当及时启动监管程序,做好立案或受案登记工作,并依法通知相对人或举报人。

网络信息监督管理部门在执法过程中,应当告知行政相对人拟采取行政措施的理由、依据、过程和结果,并公平听取相对人的陈述、申辩及其他意见。

立法理由:网络信息领域的执法程序参照传统领域的行政执法,大致流程可细化为:登记→立案→通知相对人→调查→听取陈述和申辩→做出决定→送达并告知救济权利→执行。经调查取证后,如果排除了有害信息嫌疑的,应当终结案件的审查与处理;如果确属有害信息,则应根据有害信息类型、责任承担人等,由相关执法主体进一步作出行政决定措施;若发布的有害信息涉嫌犯罪的,应当由监管机关移送刑事侦查机关处理。同时,在调查过程中,如果有明确相对人,应当保证其程序参与性权利,包括听取其陈述、申辩和说明理由等。在作出处理决定后,还应当充分告知相对人的救济权利和期限

3.救济程序

建议条款拟定为:网络信息监督管理部门做出行政处罚决定的,应当依法宣告并送达决定书,并告知相对人对处理决定不服的救济途径和期限。

立法理由:行政行为成立之后,并非必然生效,还须履行告知程序。原因在于,若不告知相对人行政决定,有违自然公正原则,侵犯了相对人的知情权,损及其救济权利,还容易导致行政恣意专横。但在网络信息执法领域,找不到相对人的情况较为常见,这需要综合考虑采用多种送达方式的必要性与可能性。常见的送达方式有直接送达、邮寄送达、委托送达等,对于无法采取以上方式送达的,还可以采用公告方式送达。同时,在行政决定中,还应当告知相对人不服决定的救济期限和救济渠道。

4. 简易程序

建议条款拟定为:散布或者传播网络有害信息,违法事实清楚、情节轻微、当事人明确、能够及时有效控制危害后果的,执法人员可以当场采取监管措施,做出警告或限期删除、断开链接的处罚或强制决定。

立法理由:根据行政法一般理论和惯例,在执法过程中适用简易程序,必须满足以下几项条件:一是违法事实清楚,行为人无异议,即有行为人散布或传播网络有害信息的证据和事实。二是行为人的违法行为情节轻微,尚未造成严重后果。三是责任人明确具体。四是有害信息能够得到及时有效的控制。适用简易程序需要满足当场性的要求,即当场发现,当场处理,但也要恪守《行政处罚法》等法律、法规关于现场执法的程序性要求。

(五)执法监督与救济

任何权力都有被滥用的可能,不受监督和制约的权力也必然导致腐败。我国《行政处罚法》《治安管理处罚法》《行政诉讼法》《行政复议法》等都规定了行政相对人对行政违法行为的监督和寻求救济的权利。在网络信息治理领域,执法人员不作为、滥用权力等风险同样存在,相对人对网络执法行为享有监督权,对执法主体涉嫌违法的行为当然也有权寻求救济。本章应包括以下几个方面的内容:监督主体;监督内容;责任与救济。

1. 监督主体

建议条款拟定为:网络信息监督管理人员从事执法工作,应当自觉接受上级机关、纪检部门、公民、媒体和其他社会主体的监督。

立法理由:在我国,对行政执法活动的现行监督体系根据监督主体之不同,可分为内部监督和外部监督两类。其中,内部监督主要指行政机关自身的监督或者上级的监督;外部监督主要包括国家权力机关的监督、司法机关的监督和公民社会的监督。在这些监督类型之中,公民社会的监督最为普遍和广泛,个案行政相对人的监督则发挥着基础作用。

2. 监督内容

建议条款拟定为:网络信息监督管理人员应当依法、公正办理案件,文明执法,不得滥用职权、徇私舞弊。

网络服务提供商、网络用户发现网络信息监督管理人员滥用职权,违反法定程序执法,或者徇私舞弊怠于行使监管职权的,有权向其主管部门、纪检部门等检举、控告;收到检举、控告的机关,应当依职责及时调查并作出处理。

立法理由:推进依法行政,加快建设法治政府是全面推进依法治国的核心内容。依法行政要求执法工作人员全面履行职责,对其不作为、乱作为、失职、渎职等违法行为应当追究相应法律责任,网络信息执法领域也不例外。在网络信息执法过程中,由于执法活动涉及范围宽泛,类型多样,执法主体不可避免地会出现违规、违法现象,容易造成相对人权益的客观损害。因此,规定网络行政执法权应当合法、文明行使,十分必要。另外,网络信息执法所针对的相对人主要包括网络服务提供商和网络用户两类,执法机关的任何执法行为都牵涉到他们的切身利益。法律也应当明确赋予他们监督主体的资格,应充分保障他们有提出异议、申诉、控告、检举等监督权利。

3. 责任与救济

建议条款拟定为:依法负有网络信息监督管理职责的行政部门或其工作人员,滥用职权、怠于履行职责、徇私舞弊的,应由其主管部门依法给予行政处分。情节严重,构成犯罪的,依法追究其刑事责任。

违法或不当网络信息监督管理行为侵犯他人合法权益,造成他人人身或者财产等损害的,应当依法承担赔偿责任。

网络服务提供商、网络用户对网络信息监督管理部门的行政处罚、行政强制等行政决定不服的,有权依法申请行政复议或者提起行政诉讼。

立法理由:对于行政不作为、乱作为、滥用职权等违法行为,执法主体不仅要对相对人承担行政赔偿的法律责任,执法人员自身还面临接受行政处分甚至承担刑事责任的风险,这体现了权力与责任相一致、有权利必有救济的基本法律精神。具体的行政责任承担方式、行政赔偿范围、行政复议或诉讼途径,应当严格遵守我国《行政机关公务员处分条例》《国家赔偿法》《行政复议法》《行政诉讼法》等相关法律、法规的明文规定。

参考文献

一、译作

[1][美]亚历山大·米克尔约翰:《表达自由的法律限度》,侯健译,贵州人民出版社 2003 年版。

[2][美]西摩·马丁·李普塞特:《政治人——政治的社会基础》,张绍宗译,上海人民出版社 1997 年版。

[3][美]西伯特等:《报刊的四种理论》,中国人民大学新闻系译,新华出版社 1980 年版。

[4][美]劳伦斯·莱斯格:《代码:塑造网络空间的法律》,李旭等译,中信出版社 2004 年版。

[5][美]埃瑟·戴森:《2.0 版数字化时代的生活设计》,胡泳等译,海南出版社 1998 年版。

[6][美]凯斯·桑斯坦:《网络共和国:网络社会中的民主问题》,黄维明译,上海人民出版社 2003 年版。

[7][美]曼纽尔·卡斯特:《网络星河:对互联网、商业和社会的反思》,郑波、武炜译,社会科学文献出版社 2007 年版。

[8][美]格拉德·佛里拉等:《网络法——课文和案例》,张楚等译,社会科学文献出版社 2004 年版。

[9][美]麦库姆斯:《议程设置:大众媒介与舆论》,郭镇之、徐培喜译,北京大学出版社 2008 年版。

[10][美]沃纳·赛佛林等:《传播理论:起源、方法与应用》(第 5 版),郭镇之等译,中国传媒大学出版社 2006 年版。

［11］［美］杰弗逊:《杰弗逊选集》,朱曾汶译,商务印书馆1999年版。

［12］［美］约翰·D.泽莱兹尼:《传播法:自由、限制与现代媒介》,张金玺、赵刚译,清华大学出版社2007年版。

［13］［美］韦恩·奥弗贝克:《媒介法原理》,周庆山等译,北京大学出版社2011年版。

［14］［美］尼葛洛庞帝:《数字化生存》,胡泳、范海燕译,海南出版社1997年版。

［15］［美］博登海默:《法理学——法律哲学与法律方法》,邓正来译,中国政法大学出版社2004年版。

［16］［英］丹尼斯·罗伊德:《法律的理念》,张茂伯译,新星出版社2005年版。

［17］［英］安德鲁·查德威克:《互联网政治学:国家、公民与新传播技术》,任孟山译,华夏出版社2010年版。

［18］［英］弗里德利希·冯·哈耶克:《法律、立法与自由》(第一卷),邓正来等译,中国大百科全书出版社2000年版。

［19］［英］洛克:《政府论》(下篇),叶启芳、翟菊农译,商务印书馆1964年版。

［20］［英］密尔:《论自由》,程崇华译,商务印书馆1998年版。

［21］［法］福柯:《权力的眼睛:福柯访谈录》,严锋译,上海人民出版社1997年版。

［22］［法］马里旦:《人权与自然法》,倪建民译,载法学教材编辑部:《西方法律思想史资料选编》,北京大学出版社1983年版。

［23］［苏］尼·布哈林:《历史唯物主义理论》,李光谟等译,人民出版社1983年版。

［24］［美］麦库姆斯:《议程设置理论概览:过去,现在与未来》,郭镇之、邓理峰译,《新闻大学》2007年第3期。

［25］［韩］丁相朝:《韩国互联网监管制度发展现状——一位韩国法学教授对互联网监管制度的意见》,孟可待译,《信息网络安全》2009年第8期。

二、中文著作

[26]李良荣:《当代世界新闻事业》,中国人民大学出版社 2002 年版。

[27]孙午生:《网络社会治理法治化研究》,法律出版社 2014 年版。

[28]张小罗:《论网络媒体之政府管制》,知识产权出版社 2009 年版。

[29]中国社会科学院新闻研究所编:《中国共产党新闻工作文件汇编》(下卷),新华出版社 1980 年版。

[30]张志安主编:《网络空间法治化——互联网与国家治理年度报告(2015)》,商务印书馆 2015 年版。

[31]胡耀邦:《关于党的新闻工作》,人民出版社 1985 年版。

[32]新华社新闻研究所编:《新闻工作文献选编》,新华出版杜 1990 年版。

[33]李希光:《媒体的力量》,南方日报出版社 2002 年版。

[34]张昆:《大众媒介的政治社会化功能》,武汉大学出版社 2003 年版。

[35]邹谠:《二十世纪中国政治》,牛津大学出版社 1994 年版。

[36]李永刚:《我们的防火墙:网络时代的表达与监管》,广西师范大学出版社 2009 年版。

[37]李一:《网络社会治理》,中国社会科学出版社 2014 年版。

[38]中国人民共和国国务院新闻办公室编:《中国互联网状况》,人民出版社 2010 年版。

[39]何精华:《网络空间的政府治理——电子治理前沿问题研究》,上海社会科学院出版社 2006 年版。

[40]杜敬明等:《互联网时代的法律探索》,法律出版社 2004 年版。

[41]喻国明主编:《中国社会舆情年度报告(2010)》,人民日报出版社 2010 年版;

[42]杜骏飞主编:《沸腾的冰点:2009 中国网络舆情报告》,浙江大学出版社 2010 年版。

[43]黄鸣刚:《公共危机中的网络舆论预警研究——以浙江省为例》,中国广播电视出版社 2009 年版。

[44]卓泽渊:《法的价值论》,法律出版社 1999 年版。

[45]张文显:《法理学》,高等教育出版社、北京大学出版社 2007 年版。

[46]张建华:《信息网络传播权保护条例释义》,中国法制出版社 2006 年版。

[47]李道刚:《德国语境中的思想表达自由与约束——取宪政哲学理论和广播电视实践的双维视角》,法律出版社 2009 年版。

[48]陈新民:《行政法学总论》,台湾三民书局 1997 年版。

[49]林子仪:《言论自由与新闻自由》,台湾月旦出版社有限公司 1993 年版。

[50]周佑勇:《行政法基本原则研究》,武汉大学出版社 2005 年版。

[51]钟忠:《中国互联网治理问题研究》,金城出版社 2010 年版。

[52]汪波:《中国网络监督与政府治理创新(1994 — 2012):"四维制衡"视角透析》,北京师范大学出版社 2013 年版。

[53]王锡锌:《行政程序法理念与制度研究》,中国民主法制出版社 2007 年版。

[54]韩德强等:《网络空间法律规制》,人民法院出版社 2015 年版。

[55]余凌云:《行政法讲义》,清华大学出版社 2014 年版。

[56]姜明安:《行政法与行政诉讼法》(第六版),北京大学出版社 2015 年版。

[57]周旺生:《立法学》,法律出版社 2009 年版。

[58]许秀中:《网络与网络犯罪》,中信出版社 2003 年版。

[59]刘锐:《信息监控与网络治理:社会化媒体实名制研究》,华中科技大学出版社 2013 年版。

[60]唐慧西:《网络信息政府监管法律制度研究》,武汉大学出版社 2015 年版。

[61]中宣部政策法规研究室、北京大学互联网法律中心编:《国外互联网法律文件选编》,学习出版社 2014 年版。

[62]杨君佐:《网络信息经济治理模式研究》,电子工业出版社 2011 年版。

[63]郭明飞:《网络发展与我国意识形态安全》,中国社会科学出版社

2009 年版。

[64]尹建国:《行政法中的不确定法律概念研究》,中国社会科学出版社2012 年版。

三、中文期刊

[65]王世伟:《论信息安全、网络安全、网络空间安全》,《中国图书馆学报》2015 年第 2 期。

[66]张新宝、林钟千:《互联网有害信息的依法综合治理》,《现代法学》2015 年第 2 期。

[67]周汉华:《论互联网法》,《中国法学》2015 年第 3 期。

[68]王明国:《全球互联网治理的模式变迁、制度逻辑与重构路径》,《世界政治与经济》2015 年第 3 期。

[69]蔡翠红:《国家——市场——社会互动中网络空间的全球治理》,《世界政治与经济》2013 年第 9 期。

[70]罗楚湘:《网络空间的表达自由及其限制——兼论政府对互联网内容的管理》,《法学评论》2012 年第 4 期。

[71]孙佑海:《我国网络信息安全立法急需解决的若干重大问题》,《中国信息安全》2014 年第 9 期。

[72]许玉镇、肖成俊:《网络言论失范及其多中心治理》,《当代法学》2016 年第 3 期。

[73]彭珺、高珺:《计算机网络信息安全及防护策略》,《计算机与数字工程》2011 年第 1 期。

[74]时飞:《网络过滤技术的正当性批判——对美国网络法学界一个理论论争的观察》,《环球法律评论》2011 年第 1 期。

[75]黄晓斌、邱明辉:《网络信息过滤中的分级体系研究》,《中国图书馆学报》2004 年第 6 期。

[76]张志铭:《内容分级制度视角下的网络色情淫秽治理》,《浙江社会科学》2013 年第 6 期。

[77]陶文昭:《网络实名制可行吗?》,《红旗文稿》2008 年第 12 期。

[78]马艳华:《网络实名制相关法律问题探析》,《河北法学》2011年第2期。

[79]周永坤:《网络实名制立法评析》,《暨南学报》(哲学社会科学版)2013年第2期。

[80]杨福忠:《公民网络匿名表达权之宪法保护——兼论网络实名制的正当性》,《法商研究》2012年第5期。

[81]叶皓:《从被动应付走向积极应对——试论当前政府和媒体关系的变化》,《南京大学学报》(哲学·人文科学·社会科学版)2008年第1期。

[82]田中阳、刘焕宇:《近代报刊"喉舌论"考辨》,《湖南文理学院学报》(社会科学版)2007年第3期。

[83]李华:《喉舌论之再认识》,《新闻知识》2007年第11期。

[84]李拥军:《论市民社会的权利——对个人、社会、国家权力关系的一种解析》,《华东政法学院学报》2005年第4期。

[85]陈力丹:《"第四权力"》,《新闻传播》2003年第3期。

[86]赵喜儒:《大众传媒成为美国"第四权力"的原因》,《阴山学刊》2008年第1期。

[87]曾晓阳:《"第四权力"的法理思考——以公法与私法相互融合为视域》,《甘肃政法学院学报》2009年第5期。

[88]赵文荟:《美国政府与媒体关系给中国新闻管理的启示》,《现代传播》2007年第5期。

[89]刘建明:《"第四权力说"的历史滑落》,《现代传播》2006年第4期。

[90]林爱珺:《在信息公开中建构政府、媒体、公众之间的良性互动关系》,《现代传播》2009年第2期。

[91]陈隽:《论新媒体时代的政府形象》,《赤峰学院学报》(汉文哲学社会科学版)2009年第11期。

[92]王升华:《政府与媒体的互动关系》,《中共中央党校学报》2009年第4期。

[93]李本义、袁自贤:《公共危机事件中政府与媒体良性互动关系的构建》,《湖北大学成人教育学院学报》2008年第2期。

[94]董媛媛:《论美国"网络中立"及其立法价值》,《新闻大学》2011 年第 2 期。

[95]秦前红、陈道英:《网络言论自由法律界限初探——美国相关经验之述评》(下),《信息网络安全》2006 年第 5 期。

[96]杨君佐:《发达国家网络信息内容治理模式》,《法学家》2009 年第 4 期。

[97]邵志择:《表达自由:言论与行为的两分法》,《美国研究》2002 年第 1 期。

[98]候建:《言论自由及其限度》,《北大法律评论》第 3 卷第 2 辑,法律出版社 2001 年版。

[99]张西明:《从 Non-regulation 走向 Regulation——网络时代如何保障言论自由》,《法学》2001 年第 7 期。

[100]吴飞、林敏:《政府的节制与媒体的自律——英国传媒管制特色初探》,《浙江大学学报》(人文社会科学版)2005 年第 2 期。

[101]邢璐:《德国网络言论自由保护与立法规制及其对我国的启示》,《德国研究》2006 年第 3 期。

[102]郑晓均:《加快虚拟网络立法,促进社会管理创新》,《红旗文稿》2011 年第 16 期。

[103]孙笑侠、郭春镇:《法律父爱主义在中国的适用》,《中国社会科学》2006 年第 1 期。

[104]萧功秦:《后全能主义时代的来临:世纪之交中国社会各阶层政治态势与前景展望》,《当代中国研究》1999 年第 1 期。

[105]陈力丹:《表达自由与传媒自律》,《新闻界》2005 年第 5 期。

[106]张小罗:《网络媒体政府管制的正当性研究》,《政治与法律》2009 年第 12 期。

[107]彭前卫:《试析网络时代的国家信息安全》,《探求》2003 年第 5 期。

[108]吴飞、林敏:《政府的节制与媒体的自律——英国传媒管制特色初探》,《浙江大学学报》(人文社会科学版)2005 年第 2 期。

[109]石萌萌:《美国网络信息管理模式探析》,《国际新闻界》2009 年第

7 期。

[110]陈晓云:《韩国网络治理现状及启示》,《新闻与传播研究》2010 年第 6 期。

[111]严久步:《国外互联网管理的近期发展》,《国外社会科学》2001 年第 3 期。

[112]张平主编:《网络法律评论》,法律出版社 2004 年版。

[113]张明杰:《政府管理互联网应遵循的原则》,《环球法律评论》2001 年第 1 期。

[114]钟瑛:《互联网管理模式、原则及方法探析》,《三峡大学学报》(人文社会科学版)2010 年第 1 期。

[115]姜明安:《行政程序研究》,北京大学出版社 2006 年版,第 36 页。

[116]方洁:《论行政程序中的教示制度》,《浙江社会科学》2000 年第 6 期。

[117]乌静、白淑英:《论我国互联网管制的政策主体与能力提升问题》,《黑龙江社会科学》2009 年第 4 期。

[118]聂娟:《我国媒介自律模式研究——评北京网络媒体协会创新网络自律机制》,《人民论坛》2011 年第 14 期。

[119]黄道丽:《我国网络安全监管主体法律问题研究》,《网络安全技术与应用》2010 年第 4 期。

[120]余红:《网络论坛舆论领袖筛选模型初探》,《新闻与传播研究》2008 年第 2 期。

[121]丁汉青、王亚萍:《SNS 网络空间中"意见领袖"特征之分析——以豆瓣网为例》,《新闻与传播研究》2010 年第 3 期。

[122]李良荣、张莹:《新意见领袖论》,《现代传播》2012 年第 6 期。

[123]柳旭东:《意见领袖在社群媒体传播中的维度》,《新闻与传播研究》2011 年第 6 期。

[124]刘锐:《微博"意见领袖"初探》,《新闻记者》2011 年第 3 期。

[125]李洪雷:《论互联网的规制体制——在政府规制与自我规制之间》,《环球法律评论》2014 年第 1 期。

[126]江凌、张水海:《相对集中行政处罚权制度:发展历程、实施情况与基本经验——城管执法体制改革 12 年回顾》,《行政法学研究》2008 年第 4 期。

[127]曾峻:《相对集中行政处罚权与中国行政执法体制的改革:以城市管理为例》,《政治学研究》2003 年第 4 期。

[128]宋好:《微博时代"意见领袖"特点探析》,《今传媒》2010 年第 12 期。

[129]顾品浩、蒋冠:《突发性公共事件中的网络意见领袖分析》,《情报杂志》2013 年第 5 期。

[130]张健:《"网络推手":现状及其规范引导》,《中州学刊》2012 年第 4 期。

[131]胡凌:《商业网络推手现象的法律规制》,《法商研究》2011 年第 5 期。

[132]李红:《中国反垃圾邮件之路——政府指导、行业自律、网民监督、全面治理》,《中国信息安全》2010 年第 2 期。

[133]高戈坤:《工信部整顿互联网出台〈办法〉征集意见 专家呼吁增加网民参与渠道》,《通信世界》2011 年第 4 期。

[134]赵雯君、马宁:《新加坡网络安全法律法规与管理体制》,《中国信息安全》2013 年第 6 期。

[135]郑晓均:《加快虚拟网络立法,促进社会管理创新》,《红旗文稿》2011 年第 16 期。

[136]龙静云:《道德治理:国家治理的重要维度》,《华中师范大学学报》(人文社会科学版)2015 年第 3 期。

[137]张莉:《美国保护关键基础设施安全政策分析》,《信息安全与技术》2013 年第 7 期。

[138]马民虎、王玥、方婷:《美国关键基础设施信息安全监测预警机制演进与启示》,《情报杂志》2016 年第 1 期。

[139]黄志雄、刘碧琦:《德国互联网监管:立法、机构设置及启示》,《德国研究》2015 年第 3 期。

［140］马民虎、冯立杨：《德国联邦数据保护法的发展趋势》，《图书与情报》2009 年第 1 期。

［141］颜晶晶：《传媒法视角下的德国互联网立法》，《网络法律评论》2012 年第 2 期。

［142］马民虎：《从网络安全对社会和经济发展的重要程度来寻求法律对策》，《中国信息安全》2013 年第 2 期。

［143］谢晓娟、金国峰：《网络空间法治化建设的路径分析》，《马克思主义研究》2016 年第 8 期。

［144］张诗蒂：《政府、媒体和公众关系的动态平衡》，《四川大学学报》（哲学社会科学版）2005 年第 1 期。

［145］刘青等：网络违法信息的传播及其治理，《计算机安全》2006 年第 11 期。

［146］毛志雄：《成都市"6·5"公交车燃烧事件处置始末》，《中国应急管理》2009 年第 8 期。

［147］王升华：《政府与媒体的互动关系》，《中共中央党校学报》2009 年第 4 期。

［148］杨清惠、梁小立：《国内"微博第一案"终审落槌》，《中国审判》2011 年第 10 期。

［149］叶皓：《美国政府的媒体应对机制及其启示》，《江海学刊》2008 年第 2 期。

［150］张明海、肖潇：《从重庆"钉子户"事件看媒体与政府的关系》，《新闻知识》2007 年第 7 期。

［151］谢新洲、王秀丽：《"议程设置"理论在互联网环境下的实证研究》，《中国记者》2004 年第 2 期。

［152］孙瑞灼：《网上言论边界亟待法律厘清》，《青年记者》2008 年第 16 期。

［153］熊静波：《表达自由和人格权的冲突与调和——从基本权利限制理论角度观察》，《法律科学》2007 年第 1 期。

［154］陈桃生：《网络环境中的言论自由及其规制》，《贵州大学学报》（社

会科学版)2006年第1期。

[155]黎尔平:《前苏联持不同政见者问题与表达自由》,《太平洋学报》2007年第11期。

[156]王四新:《限制表达自由的原则》,《北京行政学院学报》2009年第3期。

[157]杨君佐:《发达国家网络信息内容治理模式》,《法学家》2009年第4期。

[158]黎尔平:《前苏联持不同政见者问题与表达自由》,《太平洋学报》2007年第11期。

[159]应松年:《行政救济制度之完善》,《行政法学研究》2012年第2期。

[160]张新宝:《侵权法立法模式:全面的一般条款+全面列举》,《法学家》2003年第4期。

[161]周佑勇:《裁量基准的正当性问题研究》,《中国法学》2007年第6期。

[162]江必新:《完善行政诉讼制度的若干思考》,《中国法学》2013年第1期。

[163]孟薇、张彬:《互联网网络内容分级体制的探讨及研究》,《北京邮电大学学报》(社会科学版)2008年第6期。

[164]陈晓云:《韩国网络治理现状及启示》,《新闻与传播研究》2010年第6期。

[165]欧树军:《网络色情的法律规管》,《网络法律评论》2007年第1期。

[166]武向阳、贺晓娜:《关于网络端口过滤的法律思考》,《信息网络安全》2005年第6期。

[167]王玉:《网络信息过滤的法律监督体系构建》,《情报科学》2005年第4期。

[168]简淑茹、吴孟芸:《网路强制分级之隐忧:我国网路内容管制政策之探讨与建议》,《广播与电视》第28期。

[169]石同云、章晓英:《美国电影审查与分级制度(上)》,《电影艺术》2004年第3期。

［170］戴姝英：《电视节目分级——美国特色的低俗内容监管》，《新闻界》2008 年第 6 期。

［171］严怡宁：《透视法国电视节目分级制》，《电视研究》2007 年第 3 期。

［172］燕道成：《国外网络游戏管理及启示》，《中国青年研究》2009 年第 8 期。

［173］叶慧娟：《网络游戏分级制度比较研究》，《华东理工大学学报》（社会科学版）2011 年第 2 期。

［174］周佑勇：《行政法的正当程序原则》，《中国社会科学》2004 年第 4 期。

［175］姜方炳：《制度嵌入与技术规训：实名制作为网络治理术及其限度》，《浙江社会科学》2014 年第 8 期。

［176］邓佑文、李长江：《虚拟财产的物权保护》，《社会科学家》2004 年第 2 期。

［177］于志刚：《关于网络空间中刑事管辖权的思考》，《中国法学》2003 年第 6 期。

［178］刘守芬，孙晓芳：《论网络犯罪》，《北京大学学报》（哲学社会科学版）2012 年第 3 期。

［179］刘刚：《我国网络实名制的缘起、争论及可能出路》，《电子科技大学学报》（社科版）2015 年第 4 期。

［180］周永坤：《网络实名制立法评析》，《暨南学报》（哲学社会科学版）2013 年第 2 期。

［181］蔡德聪、刘素华：《"网络实名制"与网络不良信息治理》，《中国行政管理》2012 年第 11 期。

［182］徐振增：《民主政治视野下的网络实名制——基于当前网络后台实名注册管理制度的再思考》，《河北法学》2012 年第 9 期。

［183］张欢、杨霖：《身份映射关系：网络实名制的法理基础》，《山西高等学校社会科学学报》2009 年第 4 期。

［184］王雪飞、张一农、秦军：《国外互联网管理经验分析》，《现代电信技术》2007 年第 5 期。

[185]王靖华:《美国互联网管制的三个标准》,《当代传播》2008 年第 3 期。

[186]赵华明:《论网络隐私权的法律保护》,《北京大学学报》(哲学社会科学版)2002 年 S1 期。

[187]胡凌:《中国网络实名制管理:由来、实践与反思》,《中国网络传播研究》第四辑。

[188]皮勇、胡庆海:《论网络实名制不应"独行"》,《信息网络安全》2006 年第 5 期。

[189]艾云:《韩国互联网安全治理结构、特点》,《信息网络安全》2007 年第 12 期。

[190]栾静菊:《韩国网络监管对中国网络监管的启迪意义》,《传媒与法》2015 年第 1 期。

[191]高荣林:《韩国废除网络实名制引发的反思》,《传媒观察》2012 年第 11 期。

[192]刘卫东:《〈爱国者法〉及其对美国公民权利的影响》,《美国研究》2006 年第 1 期。

[193]王国珍:《新加坡的网络监管和网络素养教育》,《国际新闻界》2011 年第 10 期。

[194]肖燕雄、陈志光:《匿名、假名与实名之别——以铜须事件为例解析网络论坛中的网民行为》,《当代传播》2007 年第 4 期。

[195]李静、王晓燕:《新加坡网络内容管理的经验及启示》,《东南亚研究》2014 年第 5 期。

[196]尹建国:《论"理想言谈情景"下的行政参与制度》,《法律科学》2010 年第 1 期。

[197]尹建国:《不确定法律概念具体化的说明理由》,《中外法学》2010 年第 5 期。

[198]尹建国:《美国网络信息安全治理机制及其对我国之启示》,《法商研究》2013 年第 2 期。

[199]尹建国:《政府与网络新媒体相互关系的反思与重构》,《科技与法

律》2013 年第 3 期。

[200]尹建国:《我国网络有害信息的范围判定》,《政治与法律》2015 年第 1 期。

[201]尹建国:《我国网络信息的政府治理机制研究》,《中国法学》2015 年第 1 期。

[202]尹建国:《网络信息内容分级机制研究》,《中国行政管理》2016 年第 10 期。

[203]尹建国:《我国网络信息治理主体之反思与重构》,《中国行政管理》2017 年第 7 期。

四、外文资料

[204]David R.Johnson & David Post,"Law and Borders—The Rise of Law in Cyberspace",48 *Stanford Law Review*(1996).

[205]Mark S.Nadel,"The First Amendment's Limitations on the Use of Internet Filtering in Public and School Libraries:What Content Can Librarians Exclude?",78 *Texas Law Review*(2000).

[206]Cass R.Sunstein,"The First Amendment in Cyberspace",104 *Yale Law Journal*(1995).

[207]William S.Byassee,"Jurisdiction of Cyberspace:Applying Real World Precedent to the Virtual Community",30 *Wake Forest Law Review*(1995).

[208]John T.Delacourt,"The International Impact of Internet Regulation",38 *Harvard International Law Journal*(1997).

[209]Jack L.Goldsmith,"Against Cyberanarchy",65 *University of Chicago Law Review*(1998).

[210]Lawrence Lessig,"The Zones of Cyberspace",48 *Stanford Law Review*(1996).

[211]R.Reidenberg,"Lex Informatica:The Formulation of Information Policy Rules Through Technology",76 *Texas Law Review*(1998).

[212]Pamela Samuelson,"Privacy As Intellectual Property?",43 *Stanford*

Law Review(1996).

[213] Lawrence Lessig, "The Regulation of Social Meaning", 62 *University of Chicago Law Review*(1995).

[214] Joel R. Reidenberg, "Governing Networks and Rule-Making in Cyber-space", 45 *Emory Law Journal*(1996).

[215] Lawrence Lessig, "The Limits In Open Code: Regulatory Standards And The Future Of The Net", 14 *Berkeley Technology Law Journal*(1999).

[216] Mark A. Lemley, "The Law and Economics of Internet Norms", 73 *Chicago-Kent Law Review*(1998).

[217] Aron Mefford, "Lex Informatica: Foundations of Law on the Internet", 5 *Indiana Journal of Global Legal Studies*(1997).

[218] Jack Goldsmith, "Regulation of the Internet: Three Persistent Fallacies", 73 *Chicago-Kent Law Review*(1998).

[219] Eric A. Posner, "Law and Social Norms: The Case of Tax Compliance", 86 *Virginia Law Review*(2000).

[220] James Macgregor Burns, etc., *Government by the People*, 4th edition, London: Pearson, 2002.

[221] Vint Cerf, "Internet Access Isn't a Human Right", *New York Times*, January 5, 2012.

[222] Peter Wolcott, etc., "A Framework for Assessing the Global Diffusion of the Internet", 2 *Journal of the Association for Information Systems*, (2001).

[223] Shanthi Kalathil and Taylor C. Boas, *Open Networks, Closed Regimes: The Impact of the Internet on Authoritarian Rule*, Washington D.C.: Carnegie Endowment for Intl Peace, 2003.

[224] Ronald Deibert, etc., *Access Denied: The Practice and Policy of Global Internet Filtering*, Cambridge: The MIT Press, 2008.

[225] Terence Lee, "Internet Control and Auto-regulation in Singapore", 3 *Surveillance & Society*(2005).

[226] Dan L. Burk, "Virtual Exit in the Global Information Economy", 73

Chicago-Kent Law Review(1998).

[227] Lewis S. Malakoff, "Are You My Mommy, or My Big Brother? Comparing Internet Censorship in Singapore and the U.S.",8 *Pacific RIM Law & Policy Journal*(1999).

[228] Richard A.Epstein,E.Allan Farnsworth,Ronald J.Gilson etc., *Constitutional Law*,third ed.,New York: Aspen Publishers,1996.

[229] Lazarsfield P.F.,Berelson,B.and Gauset,H., *The People's Choice: How the Votes Makes Up His Mind in a Presidential*, New York: Columbia University Press,1948.

[230] Christopher Osakwe, *The Bill of Rights for the Criminal Defendant in American Law*, *in Human Rights in Criminal Procedure*, Boston: Martinus Nijhoff Publishers,1982.

[231] Jeffrey(Chien-Fei)Li, "Internet Contral or Internet Censorship? Comparing The Contral Models Of China, Singpore, and United States To Guide TaiWan's Choice",14 *University of Pittsburgh Journal of Technology Law and Policy*,(2013).

[232] Rob Frieden, "Assessing the Merits of Network Neutrality Obligations at Law,Medium and High Network Layers",115 *Penn State Law Review*(2010).

[233] Kevin Werbach , "Off The Hook",95 *Cornell Law Review*(2010).

[234] Philip J.Weiser, "The Future of Internet Regulation", 43 *U. C. Davis Law Review*(2009).

[235] Yochai Benkler, "A Free Irresponsible Press: Wikileaks and the Battle over the Soul of the Networked Fourth Estate",46 *Harvard Civil Rights Civil Liberties Law Review*(2011).

[236] Edward J.Eberle, "Public Discourse in Contemporary Germany", 47 *Case Western Reserve Law Review*(1997).

[237] Ben Wagner, "The Politics of Internet Filtering: The United Kingdom and Germany in a Comparative Perspective",1 *Journal of Politics*(2014).

[238] Computer Security Act of 1987(Pub.L.100-235,40 U.S.C. § 759).

［239］National Information Infrastructure Protection Act of 1996（Pub. L. 104-294,H.R.3723）.

［240］Cyber Security Information Act of 2000（Pub.L.106-223,H.R.4246）.

［241］Critical Infrastructure Information Act of 2002（Pub.L.107-296,H.R. 5005）.

［242］Freedom of Information Act of 2007（Pub. L. 110 - 175, 5 U. S. C. § 552）.

［243］Privacy Act of 1974（Pub.L.93-579,5 U.S.C. § 552a）.

［244］Electronic Communication Privacy Act of 1986（Pub.L.99-508,18 U. S.C. § § 2510-2522）.

［245］Cyberspace Electronic Security Act of 1999（H.Doc.106-123）.

［246］The U.S.A.Patriot Act of 2001（Pub.L.107-56,H.R.3162）.

［247］Communication Decency Act of 1996（Pub. L. 104 - 104, 47 U. S. C. 230）.

［248］Homeland Security Act of 2002（Pub.L.107-296,44 U.S.C. § 3549）.

［249］Children's Online Privacy Protection Act of 1998（Pub.L.105-277,15 U.S.C. § 6501-6506）.

［250］Children's Internet Protection Act of 2001（Pub.L.106-554,47 U.S.C. § 254）.

［251］Computer Fraud and Abuse Act of 1984（Pub.L.98-473,18 U.S.C. § 1030）.

［252］The Digital Millennium Copyright Act of 1998（Pub.L.105-304,H.R. 2281）.

［253］New York Times Co.v.United States,403 U.S.713（1971）.

［254］United States v.O'Brien,391 U.S.367（1968）.

［255］Tinker v.Des Moines Independent Community School District,393 U.S. 503（1969）.

［256］Martin v.Struthers 319 U.S.141（1943）.

［257］Grayned v.City of Rockford,408 U.S.104（1972）.

［258］Bethel School District No.403 v.Fraser,478 U.S.675(1986).

［259］Schenck v.United States,249 U.S.47(1919).

［260］Abrams v.United States,250 U.S.616(1919).

［261］R.v.Bowden,2 ALL ER 420(2002).

［262］Near v.State of Minnesota Ex Rel.Olson,283 U.S.697(1931).

［263］Roth v.United States,521 U.S.844(1997).

［264］Reno v.American Civil Liberties Union,521 U.S.844(1997).

［265］United States v.American Library Association,539 U.S.194(2003).

五、报刊资料

［266］武和平:《让媒体说话天塌不下来》,《中国青年报》2007 年 4 月 20 日。

［267］杜跃进:《计算机网络与信息安全》,《中国信息导报》2000 年第 7 期。

［268］戴建华:《应整合网络信息的政府监管主体》,《学习时报》2012 年 5 月 21 日。

［269］戴军:《英国:多管齐下依法监管网络》,《光明日报》2012 年 12 月 23 日。

［270］白阳:《英国严管新兴网络通信工具》,《人民日报》2012 年 6 月 13 日。

［271］赵士兵:《"自干五"是社会主义核心价值观的坚定践行者》,《光明日报》2014 年 11 月 15 日。

［272］梁发芾:《网络实名制从网评员做起》,《中国青年报》2010 年 5 月 19 日。

［273］唐明灯:《网事不如烟:互联网时代,更要坚持正确价值观》,《时代周报》2011 年 2 月 24 日。

［274］张新宝:《依法治理网络有害信息》,《中国社会科学报》2014 年 6 月 13 日。

［275］班玮:《推出新标准保护青少年　德国要对网络内容分级》,《人民

日报》2010 年 10 月 18 日。

[276]莽九晨:《韩国不断加强互联网管理》,《人民日报》2012 年 12 月 26 日。

[277]张伯晋、关仕新:《五位法学家眼中的网络实名制》,《检察日报》2012 年 1 月 12 日。

[278]刘丹:《网络实名制的法经济学分析》,《网络法律评论》2012 年第 2 期。

[279]黄明、董碧水:《"QQ 相约自杀案"腾讯公司不担责》,《中国青年报》2012 年 2 月 11 日。

[280]张璁、张力文、刘新吾:《互联网立法监管期待升级版》,《人民日报》2015 年 6 月 10 日。

[281]贺炯:《新加坡:互联网监管疏堵兼顾》,《法制日报》2012 年 9 月 4 日。

[282]宋珏:《韩国网络实名制兴废记》,《南方周末》2012 年 1 月 12 日。

[283]温宪等:《希拉里演讲推销"网络自由"批评中国管制网络信息》,《环球时报》2010 年 1 月 22 日。

[284]杨丽明:《希拉里妄议"网络自由"连番指责中国》,《中国青年报》2011 年 2 月 17 日。

[285]沈逸:《美国国务卿希拉里强势推出"互联网自由"战略 互联网绑上美国外交政策战车》,《文汇报》2011 年 2 月 27 日。

[286]管克江等:《希拉里谈网络遭国际舆论批评:美国持双重标准》,《人民日报》2010 年 1 月 26 日。

[287]朱大可:《从芙蓉姐姐看丑角哄客与文化转型》,《东方早报》2005 年 6 月 27 日。

[288]辛明:《九部门部署网络和手机"扫黄"专项行动》,《中国青年报》2012 年 2 月 28 日。

[289]王皓:《用奉献精神营造网络蓝天》,《北京日报》2007 年 5 月 14 日。

[290]廖洁、李霁:《南方都市报评选 2011 年网络公民榜》,《南方都市报》

2012 年 1 月 7 日。

[291]朱巍:《希望任建宇获释不仅是个案的胜利》,《新京报》2012 年 11 月 20 日。

[292]黄庆畅:《网络谣言,如此炮制》,《人民日报》2013 年 8 月 22 日。

[293]白炜:《一批网络传播淫秽色情信息案件宣判》,《中国文化报》2010 年 11 月 27 日。

[294]苏显龙:《网络表达如何拒绝"暴力"》,《人民日报》2008 年 6 月 27 日。

[295]朱光泽:《成都一男子因泄露王立军案航班信息被拘留》,《成都日报》2012 年 10 月 13 日。

[296]谭人玮:《"普通网友转帖被拘"追踪一张图导致被拘 5 天》,《南方都市报》2008 年 5 月 9 日。

[297]孟威:《宽容有度的德国网络内容监管制度》,《中国社会科学院院报》2008 年 2 月 14 日。

[298]张莹:《湖南又一次开创依法行政先河》,《潇湘晨报》2010 年 8 月 10 日。

[299]李罡:《未成年人犯罪半数上网诱发》,《北京青年报》2004 年 7 月 25 日。

[300]唐明灯:《网络水军的喧嚣与边界》,《时代周报》2010 年 2 月 16 日。

[301]石扉客:《解剖一只网评猿》,《南都周刊》2009 年 6 月 19 日。

[302]张辉:《从网络实名制谈互联网管理机制创新》,《中国科学报》2013 年 11 月 11 日。

[303]吴琳琳:《快播被罚的背后》,《北京青年报》2014 年 6 月 23 日。

[304]俸奎:《发布虚假信息扰乱视听 山寨版"微成都"被依法取缔》,《成都商报》2016 年 4 月 13 日。

[305]欣文:《公安部等十三部门开展专项行动,依法整治网络有害信息》,《中国文化报》2008 年 1 月 26 日。

[306]王晶晶:《网游分级标准研究有初步成果》,《中国青年报》2010 年 1

月 14 日。

[307]何海宁:《重庆公务员编写短信针砭时弊被刑拘始末》,《南方周末》2006 年 10 月 19 日。

[308]王俊秀:《青年发帖举报家乡违法征地遭跨省追捕被囚八日》,《中国青年报》2009 年 4 月 8 日。

[309]宋识径:《兰州失业教师陈平福发帖被控颠覆国家政权案撤诉》,《新京报》2012 年 12 月 18 日。

[310]范子军:《公民言论的边界与行政执法的境界》,《西安日报》2012 年 3 月 1 日。

[311]刘洋:《女模假冒警花晒暴露照,招摇撞骗罪被判 9 个月》,《新京报》2012 年 11 月 29 日。

[312]王梅:《广州警方:女子借爱国之名煽动破坏地铁被警告》,《京华时报》2012 年 9 月 17 日。

[313]刘宏:《"范跑跑"事件不能止于道德谴责》,《法制日报》2008 年 6 月 13 日。

[314]沈峥嵘、李自庆:《博客第一案一审原告胜诉,对规范博客产生影响》,《新华日报》2006 年 8 月 3 日。

[315]王建军:《首例博客告博客案原告一审胜诉》,《法制日报》2006 年 9 月 12 日。

[316]郭志霞、张学军:《法院判定重庆某报社报道失实构成侵权,文清打赢官司》,《北京娱乐信报》2006 年 12 月 8 日。

[317]高健、滕晓丽:《文清状告〈重庆商报〉》,《北京日报》2006 年 10 月 31 日。

[318]王文波:《围绕网络引发的各类纠纷日益增多,法官建言——网上言论当守法度与公德》,《人民政协报》2009 年 4 月 27 日。

[319]成薇:《网络发帖侮辱老师,学生被判名誉侵权》,《法治快报》2007 年 9 月 10 日。

[320]颜斐:《张馨予出庭,被告还未"找到"》,《北京晨报》2013 年 2 月 26 日。

[321]杨清惠、梁小立:《国内"微博第一案"终审落槌》,《中国审判新闻月刊》2011年第68期。

[322]王庆环:《针对"夸大了"的"邹恒甫微博",北大认为言论当负责任》,《光明日报》2012年8月31日。

[323]李丹丹:《我国将成立网络安全审查委员会》,《新京报》2017年2月5日。

后　记

放眼世界,在西方网络发达国家,关于网络信息是否及应当如何接受治理,学术界与实务界大致存在三派立场:一是明确反对权力干预的网络自由主义学派,该学派推崇网络自治,强烈拒绝公权干预;二是突出强调技术控制的网络现实主义学派,该学派强调网络秩序主要可通过技术手段得以维护;三是赞成立法规制、政府介入的网络管制学派,该学派赞成针对网络信息的政府管制立场。整体观之,西方学界已基本达成网络信息应接受必要监管的共识,分歧和差异主要集中于审查模式、控制范围和程度等方面。

在我国,网络信息安全威胁与网络信息治理策略与边界问题,也日益为社会各界所关注和重视。近年来,网络泄密、网络色情、网络欺诈、网络诽谤、网络煽动、网络恐怖主义等逐渐成为网络安全新的威胁因素。实践中也出现了"人肉搜索"、"3Q之战"、谷歌出走、金山泄密、任建宇案、陈平福案、邹恒甫微博事件、艾滋针刺造谣、各类"门"事件等热点事件。域外针对我国网络信息治理的特别观察与评论(以希拉里有关"互联网自由"的演说为典型),也不断涌现,并不乏偏见、误解与指责。网络信息安全已由传统上相对单一的病毒入侵,转化为一种源头更广泛、形式更多样的多发性社会问题,并有愈演愈烈之势。可以说,作为一个处于转型期的发展中国家,无论是外在的挑衅、批判、暗中破坏,还是内在的利益冲突、舆情盲动、权力(利)滥用等,我国现时的网络信息治理工作面对着无尽难题。凡此种种均表明,作为网民数量全球第一,网络治理初始待兴,政府治理传统独特之国度,我国继续深入推进网络有害信息治理相关研究十分必要。

网络信息治理的域内外学术共识与客观实践均表明,健康网络秩序之维护,有赖于政府、行业组织、网络企业、网络用户等多方力量的协作配合、共同推动。而政府治理无论是从便捷性还是有效性角度看,均是其中的主导力量。网络新兴媒体的出现,不仅打破了我国媒介传播的既有格局,还为我们监督政府、表达政见、反映心声提供了弥足珍贵的公共言论表达渠道。网络交互性、匿名性、"人人可成为自媒体"的特点,更使得它为国人所重视和珍视。

在法治视野下,以政府为代表的公权力主体介入治理网络有害信息,具有正当性,但也不可避免地面临着一个突出难题:如何应对干预言论自由的质疑,如何证成政府监管的正当性,并实现政府干预与言论自由保护间的适度均衡?在网络无处不在的现代社会,政府对网络信息疏于监管,无异于放纵和渎职,将令互联网陷入一片混乱的沼泽,最终将会影响并破坏我们生存的真实世界的各项秩序。在错综复杂、乱象丛生又满载希望的网络热土上,政府该如何发挥作用、践行职责,又保持开放自由、适可有度,是法治政府、责任政府、有限政府背景下,考验政府执政智慧与能力的一项系统工程。

正是基于以上时代背景与学理认识,我自 2013 年初开始着手围绕"我国网络有害信息的治理机制"问题展开相关研究,希望在充分关注并客观评价网络表达自由弥足珍贵、网络信息安全事件频发这一现实国情基础上,通过实践比较、理论分析,对我国网络有害信息治理的理论基础、实践经验、宏观模式、微观制度及法律保障机制等进行系统研究与探索。

在本书写作过程中,我已围绕相关专题撰写了独立论文,并作为前期成果公开发表,其中的代表性成果包括:《我国网络信息的政府治理机制研究》(载《中国法学》2015 年第 1 期)、《网络信息内容分级机制研究》(载《中国行政管理》2016 年第 10 期)、《我国网络信息治理主体之反思与重构》(载《中国行政管理》2017 年第 7 期)、《美国网络信息安全治理机制及其对我国之启示》(载《法商研究》2013 年第 2 期)、《我国网络有害信息的范围判定》(载《政治与法律》2015 年第 1 期)等。上述刊物的吴雷老师、熊洋老师、戚建刚老师、闻海老师等责编以及外审专家,对文稿进行了悉心审阅、精当斧正。文章发表后,接受了学界同仁的检验与指正,并深得教益。在此,谨向他(她)们致以最真诚的感谢与崇高的敬意!

最后需要说明的是,网络有害信息的治理机制是一个大问题,涉及多学科、多角度的系列问题,本书仅集中于从行政法角度讨论了网络有害信息治理的部分问题,研究的广度和深度均较为有限。本书研究的中心思想与立论基础,也一直勉力意图在网络信息安全维护与网络表达自由等权益保障间寻求均衡。但囿于水平和视野,其中仍然不免有观点疏漏甚至立场偏颇之处,出版之际依然诚惶诚恐,真诚地敬请学界前辈与读者诸君多多赐教指正!

尹建国　谨识

于江城·东湖之畔